LA EXTINCIÓN DE COMUNIDADES DE BIENES Y SU SUJECIÓN AL IMPUESTO SOBRE TRANSMISIONES PATRIMONIALES ONEROSAS

ALFONSO SANZ CLAVIJO

LA EXTINCIÓN DE COMUNIDADES DE BIENES Y SU SUJECIÓN AL IMPUESTO SOBRE TRANSMISIONES PATRIMONIALES ONEROSAS

ARANZADI

Editorial Aranzadi, S.A.U.
C/ Collado Mediano, 9
28231 Las Rozas (Madrid)
Tel: 91 602 01 82
***e-mail*:** clienteslaley@aranzadilaley.es
https://www.aranzadilaley.es/aranzadi

Primera edición: 2024

Depósito Legal: M-20648-2024
ISBN versión impresa con complemento electrónico: 978-84-1078-426-0
ISBN versión electrónica: 978-84-1078-425-3

Diseño, Preimpresión e Impresión: Editorial Aranzadi, S.A.U.
Printed in Spain

A ti que sigues logrando que
«cada vez, entre tus brazos, cada vez,
despierta una canción y nace un beso»

Índice General

Prólogo

La monografía que el lector tiene entre manos o sencillamente a la vista en una pantalla, es una muestra del resultado de la observación de una realidad, en este caso marcadamente jurídica, que se analiza como un objeto de conocimiento aprehensible que lo es desde distintos puntos de observación. El objeto analizado son las comunidades de bienes, y más en concreto, su extinción. A partir de ahí el autor, con unas premisas metodológicas que declara, estrictamente jurídicas, las sigue a lo largo de la obra, y así lo recuerda en cada ocasión en que procede para fijar los hitos de su investigación.

La casuística de las comunidades de bienes es elevadísima, tanto en lo que se refiere a su creación, permanencia y extinción. La realidad de la extinción de la comunidad de bienes, o copropiedades o condominios, y su relevancia tributaria, Alfonso Sanz Clavijo la acota aún más como objeto de observación, limitando el análisis, y por ello, también las propuestas de soluciones cuando puede haberlas, al ámbito del Impuesto sobre transmisiones patrimoniales onerosas (TPO), una de las tres modalidades del legalmente denominado Impuesto sobre transmisiones patrimoniales y actos jurídicos documentados (ITPAJD), y más concretamente a la sujeción al mismo. Pero con carácter previo, sienta las raíces con un análisis, también jurídico, pero desde una perspectiva del Derecho Civil, dado que, al margen el principio de calificación, se está ante el análisis de un impuesto esencialmente formalista que en muchas ocasiones toma como referencia para delimitar el gravamen formas jurídicas con origen en otras ramas del Derecho. Quizás en este punto los problemas de la *actio communi dividundo* no son relevantes ni presentan especialidad alguna en el ámbito tributario, cuando como consecuencia de la extinción, el adjudicatario o más propiamente el adquirente de los bienes es un tercero respecto de los comuneros, pero sí mantiene toda su problemática tributaria cuando el adjudicatario no es un tercero.

Con delectación, Alfonso Sanz se sumerge en la problemática que la extinción de las diversidades de tipos de comunidades de bienes, de objeto plural, de pluralidad de comuneros sobre bienes singulares, incluso con distintas fechas de adquisición de cuotas, y lo hace desde la perspectiva de la modalidad del impuesto que grava las transmisiones onerosas, desgranando los distintos supuestos que puedan dar lugar a excesos de adjudicación y las distintas hipótesis de extinción parcial, de la divisibilidad o no, y con el análisis de la no siempre homogénea jurisprudencia, en la que también hay casos de posición mayoritaria, frente a votos particulares no menos fundados, que quizás en un futuro la interpretación minoritaria pase a dejar de serlo, como ocurrió en relación con la tributación de los intereses de demora.

No se limita al estudio y análisis de la jurisprudencia del Tribunal Supremo y de otros Tribunales cuando han abordado cuestiones no residenciadas ante el primero, sino que también lleva a cabo una tarea que puede calificarse de filigrana, al contrastar con esa jurisprudencia el seguimiento de los pronunciamientos que la Administración lleva a cabo en resoluciones de los Tribunales Económico-Administrativos y en las respuestas de la Dirección General de Tributos a las consultas formuladas por los contribuyentes.

Como digo, desde la perspectiva de la modalidad del impuesto que grava las transmisiones patrimoniales onerosas del ITPAJD, Alfonso Sanz observa la poliédrica figura de la comunidad de bienes y su extinción. Quizás alguna consideración sobre las relaciones de incompatibilidad entre el gravamen por transmisión onerosa, y la cuota gradual de los documentos notariales de la modalidad de Actos Jurídicos Documentos, hubiera dado una visión más completa de las hipótesis que se pueden dar para los obligados tributarios en esos casos, pues la no sujeción a TPO, comporta la sujeción a AJD. O la sujeción a TPO, cuando el exceso de adjudicación es gratuito, conlleva la sujeción al Impuesto sobre Sucesiones y Donaciones, cuestión sobre la que sí se llevan a cabo algunas consideraciones en la obra. Del mismo modo que la sujeción al Impuesto sobre Sucesiones y Donaciones, comporta la no sujeción a la citada cuota variable de AJD si se acepta y divide la herencia. Son muchas más las caras del poliedro que quedan fuera del objeto de estudio, pues la extinción de la comunidad de bienes puede tener repercusión en distintos impuestos del sistema tributario, y cuyo análisis no procede en una obra con el objeto delimitado. Quizás en un futuro, el propio autor acometa, de forma sucesiva o discontinua, el análisis. Donde ahora sí puede haber diferencias respecto de lo tradicionalmente aplicado, es en relación a la nueva regulación de la sujeción y cuantificación del Impuesto municipal sobre el incremento de valor de los terrenos de naturaleza urbana, al que ya no se puede decir que se le proyectarán los mismos efectos de sujeción o no en los mismos términos que en el ITPAJD, por las nuevas hipótesis de sujeción o no al citado impuesto municipal.

Centrar exclusivamente el estudio en la sujeción o no a la modalidad de transmisiones patrimoniales onerosas del ITPAJD, comporta también tener en cuenta la problemática que determinadas extinciones de comunidades de bienes pueden presentar en relación con la sujeción, y por tanto la gestión del impuesto. Singularmente en los casos de patrimonio colectivo, en cuanto a la posible materialización o no de las cuotas de los comuneros solo en parte de los elementos que constituyen el objeto plural de la comunidad de bienes o, si debe comprender todos los elementos de ese patrimonio colectivo. Esta última hipótesis puede conllevar la sujeción a distintos sujetos activos del tributo cuando haya bienes situados en distintas Comunidades Autónomas o también bienes muebles, dado el carácter cedido del tributo. Quizás esta circunstancia puede abundar en la conveniencia de que la extinción puede llevarse a cabo sobre parte de los bienes que integran el objeto plural, o lo que es lo mismo, entender que hay pluralidad de comunidades de bienes con objeto unitario.

De las distintas interpretaciones jurisprudenciales que la obra muestra, sí quiero hacer una breve consideración sobre uno de los argumentos que en alguna ocasión se utiliza para fundar la improcedencia de la sujeción a la modalidad de TPO. En la sentencia de la sala 3.ª del Tribunal Supremo 1502/2019, de 30 de octubre de 2019 (Rec. 6512/2017), profusamente analizada en la obra prologada, se dice que la no obtención de beneficio ni ganancia patrimonial, comporta la no sujeción a TPO, partiendo de que en el negocio jurídico escriturado se perseguía la división de la cosa común, *«en la que se especifican los derechos que correspondían al comunero que transmite sus participaciones, recibiendo éste una parte equivalente sustitutiva de su cuota ideal en ambos condominios y, finalmente, que los condueños no han obtenido beneficio ni ganancia patrimonial, lo que determina la aplicación de nuestra jurisprudencia descrita en fundamento de derecho anterior y entender que resultaba procedente tributar por AJD»*. El impuesto sobre TPO no integra entre sus elementos relevantes para quedar sujeto al mismo la existencia o no de beneficio o ganancia, sino únicamente la existencia de traslación patrimonial, que no se gravará cuando se den los supuestos de indivisibilidad u otros legalmente establecidos, y la apreciación de esa inexistencia de negocio traslativo comportará la no sujeción, tanto si se toma como referencia el valor de adquisición de la participación, como si es realizándose sobre el valor de los bienes o de la participación en los mismos en el momento de la extinción (pues difícilmente el comunero que recibe la parte equivalente sustitutiva de su cuota ideal aceptará la valoración del momento de la constitución de la comunidad). Esa diferencia de valores de adquisición y enajenación sí será relevante para apreciar si ha habido o no ganancia patrimonial, pero con relevancia en el impuesto que grava la obtención de renta, nunca en el de TPO.

Si el lector ha llegado hasta aquí antes de entrar a la parte sustantiva de la monografía, y en ella se adentra con la idea de una lectura continuada, le puedo anticipar que le resultará sencilla, clara y ágil. Ahora bien, si se afronta como tantas veces ocurre en las que se van dando saltos entre epígrafes o parte de estos no subsiguientes, fundamentalmente para encontrar el argumento que favorezca la interpretación que se pretende reforzar, el lector va a tener fácil localizar el lugar donde se aborda la cuestión, atendido el detallado sumario de la obra, quedando así también satisfecho el lector tipo «saltamontes».

A Alfonso Sanz Clavijo, si la memoria no me falla, le conocí personalmente con ocasión de la celebración, en el otoño de 2019, del homenaje que con ocasión de su jubilación se le hizo en la ciudad de Jerez al Profesor Francisco Escribano López, a quien tantas cosas me unen y por quien siento una gran admiración. En aquellas fechas, Alfonso me contó que comenzaba a poner los pies en la Secretaría General de la Universidad de Cádiz. Desde entonces, su compromiso con la gestión universitaria no ha finalizado, lo cual muestra de buen grado su condición de servidor público más allá de su función docente e investigadora, función esta última que no se ha oscurecido a la sombra de la gestión universitaria, sino que ha mantenido un ritmo constante. En el desarrollo de esas actividades volvimos a coincidir en una extenuante tarde, la del 13 de marzo de 2023, en la que impartí la conferencia «El tratamiento fiscal de la extinción del condominio», en la sesión de Aula Abierta de la Cátedra de Derecho Notarial de la Universidad de Alicante, y digo extenuante porque el debate y respuestas a cuestiones planteadas se extendió casi tres horas, y entre el público se encontraba Alfonso. Que yo expusiera, sin duda de modo más general y sintético, cuestiones sobre las que él pensaba tratar, o ya estaba tratando, y ser testigo de ello, seguro que, para bien o para mal, han influido para pedirme que prologara el libro.

Termino ya, felicitando al autor, pues como si de un certificado de Agencia de Calidad se tratara, el libro da cumplida respuesta a la problemática de la investigación proyectada, esto es, a la relevancia tributaria, no siempre homogéneamente resuelta por los Tribunales, de la sujeción o no a la modalidad de TPO del ITPAJD en la procelosa extinción de comunidades de bienes. Fuera de la transmisión a terceros, la divisibilidad o no de los bienes es la cuestión crucial en la mayoría de los casos, y no siempre coinciden en la apreciación de la divisibilidad o no, los comuneros u obligados tributarios, la Administración Tributaria, los Tribunales Económico-administrativos, y los Tribunales de Justicia, y no hay que olvidar que la realidad de la extinción de las comunidades de bienes se proyecta también, no sin sorpresas y según los casos, en más impuestos, estatales, locales, o gestionados por las Comunidades Autónomas.

Sagunto, Playa Corinto-Almardá, agosto de 2024

Germán Orón Moratal

Catedrático de Derecho Financiero y Tributario

Universitat Jaume I de Castellón

Abreviaturas

AJD	Actos Jurídicos Documentados
CC	Real Decreto de 24 de julio de 1889 por el que se publica el Código Civil
DGRN	Dirección General de los Registros y del Notariado
DGT	Dirección General de Tributos
FD	Fundamento de Derecho
IIVTNU	Impuesto sobre el Incremento de Valor de los Terrenos de Naturaleza Urbana
IRPF	Impuesto sobre la Renta de las Personas Físicas
ISyD	Impuesto sobre Sucesiones y Donaciones
ITP-AJD	Impuesto sobre Transmisiones Patrimoniales y Actos Jurídicos Documentados
LGT	Ley 58/2003, de 17 de diciembre, General Tributaria
LIRPF	Ley 35/2006, de 28 de noviembre, del Impuesto sobre la Renta de las Personas Físicas y de modificación parcial de las Leyes de los Impuestos sobre Sociedades, sobre la Renta de No Residentes y sobre Patrimonio
OS	Operaciones Societarias
RITP-AJD	Real Decreto 828/1995, de 29 de mayo, por el que se aprueba el Reglamento del Impuesto sobre Transmisiones Patrimoniales y Actos Jurídicos Documentados
STS	Sentencia del Tribunal Supremo
STSJ	Sentencia del Tribunal Superior de Justicia
TEAC	Tribunal Económico-Administrativo Central
TPO	Transmisiones Patrimoniales Onerosas
TRLITP-AJD	Real Decreto Legislativo 1/1993, de 24 de septiembre, por el que se aprueba el Texto refundido de la Ley del Impuesto

	sobre Transmisiones Patrimoniales y Actos Jurídicos Documentados
TS	Tribunal Supremo
TSJ	Tribunal Superior de Justicia

Introducción

En el último lustro, especialmente en los años 2019 y 2020, se han sucedido y consolidado ciertas sentencias de la Sala Tercera del Tribunal Supremo —en particular, las SSTS de 26 de junio de 2019 (RJ 2019, 2772), de 30 de octubre de 2019 (RJ 2019, 4348) y de 17 de diciembre de 2020 (RJ 2020, 5009)— que han modificado, con cierta profundidad, el *status quo* de la sujeción de la extinción de comunidades de bienes al Impuesto sobre Transmisiones Patrimoniales Onerosas. Estas sentencias, que se examinarán con la debida atención en los Capítulos 2 y 3 de este trabajo, han mejorado la caracterización de los excesos de adjudicación, han aclarado ciertos presupuestos para la aplicación del supuesto de no sujeción previsto en el artículo 7. 2 letra B) TRLITP-AJD, han completado el tratamiento en el impuesto de las denominadas extinciones parciales, etc.

Consecuencia de lo anterior, para lograr un adecuado entendimiento del instaurado régimen fiscal de la extinción de comunidades de bienes en el ITP-AJD —modalidad TPO— es necesario contar con una obra en la que se complete el análisis de esa nueva doctrina jurisprudencial del Alto Tribunal. Este trabajo creemos que materializa una respuesta (suficiente al menos) a esa necesidad, pues en el mismo, con la estructura que se dirá, se da buena cuenta de las sentencias del Tribunal Supremo antes referidas y, además, se traen a colación los principales precedentes administrativos en la materia. La consecución de este otro objetivo del trabajo que ahora se presenta entendemos que es igualmente conveniente, ya que de esta forma podrá verificarse si las nuevas tesis sentadas por el Tribunal Supremo sobre el gravamen de la extinción de comunidades de bienes en concepto de ITP-AJD —modalidad TPO— encuentran reflejo en la doctrina administrativa conformada, fundamentalmente, por las resoluciones del TEAC y de la DGT.

Sentados los objetivos de este trabajo, sucede sin embargo que su Capítulo 1 va a dedicarse a una cuestión ajena a lo tributario; concretamente, en el mismo se analiza cómo el Código Civil regula la existencia de comunidades de bienes y la extinción de éstas. El análisis de esa regulación contenida en el Código Civil estimamos que representa un *prius* lógico imprescindible para un adecuado entendimiento de los interrogantes y problemáticas descritas en el párrafo primero, pues, sin completar esa exégesis, el tributarista no podrá comprender la sujeción o no de la extinción de comunidades de bienes al Impuesto sobre Transmisiones Patrimoniales Onerosas en tanto que el mismo se construye sobre conceptos *iuscivilísticos* tales como la especificación de derechos, la división económica contemplada en el artículo 1062 CC al que se remite el artículo 7. 2 letra B) TRLITP-AJD, etc.

Una vez analizada la regulación en el Código Civil de la extinción de comunidades de bienes, en el Capítulo 2 se profundiza en los distintos escenarios de sujeción al ITP-AJD —modalidad TPO— que pueden presentarse en relación con los hechos, actos o negocios jurídicos que resulten efectivamente extintivos de la situación de comunidad de bienes. Sin restarle relevancia a lo tocante al supuesto de no sujeción al impuesto previsto en el artículo 7. 1 letra A) TRLITP-AJD *a contrario* para los casos en que las referidas operaciones constituyan meras especificaciones de derecho, lo cierto es que la cuestión fundamental que se afronta en este Capítulo 2 es la concerniente a la sujeción de los excesos de adjudicación al ITP-AJD —modalidad TPO— y, sobre todo, a la no sujeción de los mismos *ex artículo* 7. 2 letra B) TRLITP-AJD.

En efecto, en el Capítulo 2 se presta especial atención, por un lado, a la caracterización de los excesos de adjudicación que realiza la STS de 26 de junio de 2019 (RJ 2019, 2772) mejorando aquélla establecida veinte años antes por la STS de 28 de junio de 1999 (RJ 1999, 6133) y, por otro lado, a la definición de los presupuestos cuya concurrencia se exige para poder aplicar el último de los referidos supuestos de no sujeción al impuesto. En la definición de esos presupuestos se destaca la especial incidencia de la STS de 30 de octubre de 2019 (RJ 2019, 4348), pues esta resolución jurisdiccional, por una parte, fija los distintos escenarios que pueden presentarse en relación con el requisito de la adjudicación a uno sólo de los comuneros del objeto (plural) de la comunidad de bienes que se extingue y, por otra parte, aclara ciertas vicisitudes que se han presentado respecto al requisito de la satisfacción en dinero de la compensación que corresponde al comunero no adjudicatario —concretamente, la STS de 30 de octubre de 2019 (RJ 2019, 4348) va a legitimar la asunción de deuda con garantía hipotecaria y la dación en pago como medios para la satisfacción en dinero de tal compensación e, igualmente, va a superar la ya pretérita doctrina de la Administración Tributaria sobre la deducción de permutas en las extinciones simultáneas de comunidades de bienes—.

Finalmente, en el Capítulo 3 se abordan las consecuencias tributarias que en el ITP-AJD —modalidad TPO— tienen las denominadas extinciones parciales de comunidades de bienes —o lo que es lo mismo, aquellas operaciones que no resultan totalmente extintivas de la situación de comunidad de bienes en tanto que la cesación de la indivisión no es plena—.

En relación a las extinciones parciales subjetivas —entendidas éstas como las transmisiones de cuotas que determinan la salida de uno o varios comuneros permaneciendo el resto (con una participación aumentada) en situación de comunidad de bienes y sin alteración del objeto de la misma—, se dirá que la STS de 26 de junio de 2019 (RJ 2019, 2772) renueva y amplía los pronunciamientos al respecto de la STS de 12 de diciembre de 2012 (RJ 2013, 1033), concluyéndose en consecuencia que tales operaciones quedan sujetas al impuesto en la medida que tienen carácter dispositivo, no extintivo de la situación de comunidad de bienes, y que la mismas no comportan una especificación del derecho de los comuneros que abandonan la indivisión. Esa atención a las consecuencias tributarias en el ITP-AJD —modalidad TPO— de las extinciones parciales subjetivas se completa con el análisis de una cuestión conexa afrontada igualmente en la STS de 26 de junio de 2019 (RJ 2019, 2772); queremos decir, esta resolución jurisdiccional, a modo de excepción de la conclusión expuesta, va a aceptar la no sujeción al impuesto de transmisiones de cuotas entre comuneros similares a las antes descritas pero que sí resulten extintivas de la comunidad de bienes, excepción que no va a extenderse a otras transmisiones de cuotas entre comuneros a pesar de la pretensión al respecto ampliamente motivada en el interesante voto particular que se formula a la STS de 26 de junio de 2019 (RJ 2019, 2772).

Last but not least, el Capítulo 3 se cierra con el análisis de la STS de 17 de diciembre de 2020 (RJ 2020, 5009), resolución jurisdiccional que viene a establecer la no sujeción al impuesto de las extinciones parciales objetivas —entendidas éstas, de acuerdo con la DGRN, como las operaciones en que se adjudican uno o varios elementos del objeto de la comunidad de bienes a uno o varios comuneros que abandonan la misma, subsistiendo los restantes (con una participación aumentada) en situación de indivisión respecto al resto de elementos no adjudicados— al atribuírsele a las mismas carácter extintivo de la comunidad de bienes. Esta tesis del Tribunal Supremo materializa una posición avanzada en el tratamiento tributario de la extinción de comunidades de bienes en el ITP-AJD —modalidad TPO—, posición avanzada coincidente con la circunstancia de que a estas operaciones también se les atribuye carácter extintivo pleno en el ámbito *iuscivilísticos*, a pesar de que la cesación de la indivisión no sea plena.

Capítulo 1

La extinción de la comunidad de bienes en el Derecho Civil

SUMARIO: I. PRESUPUESTOS Y NOTAS ESENCIALES DE LA COMUNIDAD DE BIENES. II. PRESUPUESTOS PARA LA EXTINCIÓN DE LA COMUNIDAD DE BIENES. *II.A. La cesación de la indivisión: una primera problemática con las comunidades de bienes sobre una pluralidad de cosas o derechos. II.B. La división de la cosa común: la divisibilidad del objeto de la comunidad de bienes y los supuestos de indivisión previstos en el Código Civil.* II.B.1. Comunidades de bienes cuyo objeto es divisible: El principio de igualdad o semejanza de los lotes, las compensaciones en metálico y otra problemática en relación con las comunidades de bienes con objeto plural. II.B.1.a) Las compensaciones en metálico como medio para conseguir la semejanza entre los lotes. II.B.1.b) La división del objeto de la comunidad de bienes en los supuestos de extinción de comunidades de bienes con objeto plural o patrimonios colectivos. II.B. 2. Comunidades de bienes cuyo objeto no es divisible: La indivisibilidad, sus supuestos y las consecuencias que comporta tal consideración. II.B.2.a) La indivisibilidad del objeto de las comunidades de bienes: Conceptualización y supuestos de indivisibilidad según la jurisprudencia del Tribunal Supremo. II.B.2.b) Las consecuencias de la indivisibilidad del objeto de las comunidades de bienes: Adjudicación del objeto a una única persona y compensación a los comuneros que entregan su cuota.

I. PRESUPUESTOS Y NOTAS ESENCIALES DE LA COMUNIDAD DE BIENES

Acorde con lo dicho en la Introducción, el propósito fundamental de este Capítulo 1 del trabajo es delimitar qué debe entenderse por extinción de comunidad de bienes desde la óptica del Derecho Civil, para, posteriormente, verificar que la delimitación que de ese negocio jurídico se hace es adecuadamente aprehendida en el Derecho Tributario. Pero antes de afrontar ese menester, es conveniente realizar unos breves apuntes sobre un *prius* lógico a la propia operación de extinción: La existencia de comunidad de bienes.

Pues bien, en lo que interesa, el artículo 392 CC dispone que «*Hay comunidad cuando la propiedad de una cosa o un derecho pertenece pro indiviso a varias personas*». Atendiendo a este precepto —en relación con lo dispuesto en el artículo 399 CC *ab initio* («*Todo condueño tendrá la plena propiedad de su parte y la de los frutos y utilidades que le correspondan*»)—, la doctrina y la jurisprudencia han deducido los siguientes elementos o presupuestos fundamentales de necesaria concurrencia para deducir la existencia de una comunidad de bienes ordinaria, romana o por cuotas:

A) Pluralidad de titulares o comuneros.

B) Sobre la propiedad de una cosa o derecho.

En relación con este presupuesto interesa hacer los siguientes apuntes. Por un lado, existe cierta discrepancia en cuanto a si el objeto de la comunidad de bienes puede recaer también en derechos personales y no sólo en el derecho de propiedad u otros derechos reales. A favor de que el objeto de las comunidades de bienes se extienda a derechos personales léase a algunos autores[1] y véase, por todas, el Fundamento de Derecho Segundo de la STS de 14 de noviembre de 1998 («*El artículo 392 del Código Civil se refiere tanto a la propiedad como a otros derechos, lo que autoriza a que se puedan tener en comunidad no sólo bienes y derechos reales, sino también créditos*»). En otro sentido mas no discrepante, DÍEZ-PICAZO considera que «*No hay duda de que en el art. 392 CC se encuentra incluida la comunidad de los derechos reales distintos del dominio. La cotitularidad de un derecho de crédito se rige por las normas relativas a las obligaciones mancomunadas y solidarias*»[2].

Y, por otro lado, se discute si la comunidad de bienes puede deducirse respecto a una sola cosa o derecho o puede darse también, al mismo tiempo, respecto a varias cosas o derechos. Surge así la idea de la comunidad de bienes sobre una pluralidad de cosas o derechos o patrimonio colectivo, situación aquella en la que, de concurrir ciertos cánones de identidad, en vez de existir tantas comunidades de bienes como cosas o derechos de los comuneros, se entiende que existe una única comunidad de bienes respecto

1. ECHEVERRÍA SUMMERS, F. M.: «Comentarios al art. 392 del CC» en «Comentarios al Código Civil», Aranzadi, Cizur Menor, 2009.
2. DÍEZ-PICAZO Y PONCE DE LEÓN, L.: «Fundamentos de Derecho Civil Patrimonial», tomo III, 5.ª edición, Aranzadi, Cizur Menor, 2008, página 1011.

a todos. Para poder discernir cuando existe una situación u otra, desde el ámbito profesional se han perfilado ciertos cánones de identidad cuya concurrencia denota que se está ante un patrimonio colectivo, apuntando que:

> *«habrá un patrimonio colectivo en una única comunidad cuando haya identidad de partícipes, dichos partícipes en todos los bienes mantengan una misma participación y las reglas aplicables a la comunidad sean iguales para todos los bienes que la integran»* [3].

No obstante, el Alto Tribunal señalara en cierta ocasión que ello puede resultar una distinción bizantina[4], creemos, por el motivo que se dirá, que esta cuestión de la existencia de un patrimonio colectivo sí que puede —*rectius* podía— tener cierta relevancia a efectos fiscales en cuanto a cuál es el origen de las cosas o derechos con que se satisface cierta compensación que surge en el momento de la extinción de la comunidad de bienes de que se trate. Y decimos podía porque, recientemente, la Sala Tercera del Tribunal Supremo ha apuntado lo siguiente al respecto:

> *«resulta estéril, desde el punto de vista fiscal, la polémica que sugiere la parte recurrida sobre la existencia de una o de varias comunidades de bienes, en tanto que, como apunta la parte recurrente, dentro del ámbito civil se reconoce, también el llamado patrimonio colectivo, en el que un patrimonio conformado por bienes y derechos perteneciente en común a varias personas procedente de distintos negocios jurídicos intervivos y/o mortis causa que, en caso de no regularse especialmente como en algunos supuestos, se rige por las normas civiles propias de la comunidad de bienes; sin que al efecto sea relevante ni el título de adquisición, ni si se conformó mediante negocios jurídicos simultáneos o sucesivos»* [5].

C) Asignación a cada comunero de una cuota proporcional abstracta o parte alícuota *«respecto del todo»*, limitada por *«por la existencia de los derechos de los demás cotitulares»*.

Sin profundizar en la compleja cuestión subyacente que es la de las distintas teorías sobre la naturaleza jurídica de la comunidad de bienes y decantándonos entre éstas por la de la propiedad plúrima total como la más apegada a su regulación en el Código Civil, nota esencial de la comunidad de bienes romana es que, frente a las denominadas germánicas o en mano común, cada comunero es titular, en plena propiedad, de una cuota proporcional abstracta sobre todo el objeto de la misma, o en palabras del Tribunal Supremo, *«sobre todos y cada uno de los bienes* [...] *objeto del condomi-*

3. JUÁREZ GONZÁLEZ, J. M.: «La tributación en el ITP y AJD de las disoluciones de comunidades».
4. Véase la STS de 16 de febrero de 1991 (RJ 1991, 1443) y, siguiendo a la misma, las SSTS de 30 de julio de 1999 (RJ 1999, 6360) y de 1 de abril de 2009 (RJ 2009, 4133).
5. FD Tercero de la STS de 26 de abril de 2024 (JUR 2024, 145292).

nio», «*respecto del todo, sin que pueda referirse —asignarse— a partes concretas*»[6]. Un resumen sumario de las teorías sobre la naturaleza de la comunidad de bienes puede verse en el Fundamento de Derecho Segundo de la resolución de la DGRN de 11 de noviembre de 2011 y, sobre la preferencia al respecto por la teoría de la propiedad plúrima total, véase el Fundamento de Derecho Cuarto de la STS de 28 de mayo de 1986 (RJ 1986, 2832), antecedente primordial de esta teoría.

Aunque en el ejercicio de esta cuota el comunero está «*limitado por la existencia de los derechos de los demás cotitulares*»[7], éste sin embargo puede, y sin afectar a la situación de indivisión, transmitir su cuota al resto de comuneros o a un tercero sin mayores limitaciones. A los efectos que se dirán, interesa destacar desde ahora que ese negocio jurídico de transmisión de la cuota o derecho del comunero no puede *prima facie* equipararse, por la circunstancia advertida (no afectación a la situación de indivisión), a una extinción de la comunidad de bienes de que se trate.

II. PRESUPUESTOS PARA LA EXTINCIÓN DE LA COMUNIDAD DE BIENES

Esbozado entonces el concepto de comunidad de bienes, tanto la doctrina científica como la jurisprudencia coinciden en identificar otra nota básica inherente a la situación de comunidad de bienes: La acción de división de la cosa común[8] que *ex* artículo 400 CC («*Ningún copropietario estará obligado a permanecer en la comunidad. Cada uno de ellos podrá pedir en cualquier tiempo que se divida la cosa común*») asiste a cualquier comunero de forma

6. FD Quinto de la STS de 16 de febrero de 1991 (RJ 1991, 1443) y FD Cuarto de la STS de 19 de mayo de 2006 (RJ 2006, 3047).
En la primera de las resoluciones, describiendo esta nota esencial de la comunidad de bienes romana en confrontación con la germánica, se afirma que «*mientras dure la indivisión, a cada condueño (porque esa es la esencia del condominio de tipo romano, que sigue nuestro Código Civil, a diferencia de la comunidad germánica) le corresponde una cuota ideal o abstracta sobre todos y cada uno de los bienes, física y registralmente individualizados, objeto del condominio*».
7. FD Primero de la STS de 6 de abril de 2016 (RJ 2016, 4290), que, tras relacionar los otros presupuestos básicos de la comunidad de bienes, apunta respecto a éste que «*En la comunidad se produce una concurrencia de derechos sobre la cosa, siendo cada derecho limitado por la existencia de los derechos de los demás cotitulares*». En idéntico sentido, las resoluciones jurisdiccionales del Tribunal Supremo que sustentan la teoría de la propiedad plúrima total desde la originaria STS de 28 de mayo de 1986 (RJ 1986, 2832).
8. Materialización del aforismo *nemo invitus compellitur ad communionem*, en el FD Primero de la STS de 4 de abril de 1997 (RJ 1997, 2637), citando numerosos antecedentes jurisprudenciales en el mismo sentido, se naturaliza la acción de división de la cosa común como «*una de las características del condominio*».

permanente e incondicionada. O en palabras de la Sala Primera del Alto Tribunal:

> *«La acción de división ("actio communi dividundo") es indiscutible por los demás partícipes, incondicional e imprescriptible»*[9].

Esta referencia a la *actio communi dividundo* sirve para enlazar con el propósito fundamental de esta primera parte del trabajo, como dijimos, la precisa delimitación de qué debe entenderse por extinción de la comunidad de bienes y de cuáles son los presupuestos o requisitos de necesaria concurrencia para hallarse ante tal negocio jurídico.

Pues bien, para afrontar el análisis de la extinción debe partirse de una premisa tradicionalmente aceptada cual es que la situación de comunidad de bienes es intrínsecamente transitoria por ser antieconómica y altamente susceptible de generar conflictos entre los comuneros (o como reza el aforismo «*communio est mater discordiarum*»). Por tales razones, el ordenamiento jurídico no sólo no tutela el vínculo entre los comuneros de comunidad de bienes romana, sino que coherentemente facilita la disolución de la misma con el reconocimiento en los términos visto de la acción de división de la cosa común.

Así, en referencia al artículo 400 CC, es reiterado el pasaje jurisprudencial que sigue descriptivo de la premisa anterior:

> *«Se contienen en dicha norma los dos caracteres fundamentales de la comunidad de bienes: a) Su naturaleza incidental o transitoria; y b) La inexistencia de vínculo, a falta de pacto entre los particulares, por el cual los comuneros se encuentren obligados a permanecer en la comunidad. El Código Civil, inspirado en el carácter no definitivo, poco rentable y desfavorable con el que concibe la situación de comunidad, concede al comunero una acción para exigir que se divida la cosa común»*[10].

Aunque el resultado de la extinción de la comunidad de bienes puede alcanzarse mediante diversos hechos, actos o negocios jurídicos (la consolidación en una sola mano del objeto de ésta, la extinción de tal objeto, etc.), en las líneas y apartados que continúan, siguiendo a DÍEZ-PICAZO, vamos a centrar la explicación al respecto atendiendo fundamentalmente a una de las formas más comunes de extinción de la comunidad de bienes: La acción

9. FD Segundo de la STS de 19 de octubre de 2012 (RJ 2012, 10112).
En idéntico sentido, véanse también la STS de 30 de noviembre de 2010 (RJ 2011, 1158).

10. FD Cuarto de la STS de 30 de noviembre de 2010 (RJ 2011, 1158).
En idéntico sentido, véanse también las SSTS de 1 de abril de 2009 (RJ 2009, 4133) y de 30 de abril de 2009 (RJ 2009, 2904).

de división de la cosa común[11]. No obstante lo anterior, y respecto a escenarios en que no exista litigiosidad entre los comuneros, debe reconocerse que en la práctica la extinción de las comunidades de bienes se alcanza frecuentemente mediante otros negocios jurídicos, particularmente, como veremos en el próximo Capítulo, mediante la transmisión entre comuneros de sus cuotas abstractas[12].

Aceptado entonces el disfavor del ordenamiento jurídico hacia las comunidades de bienes por los motivos expuestos, la extinción de las mismas en general —y en particular, el ejercicio de la acción de división de la cosa común— está llamada a incidir en los presupuestos antes vistos cuya concurrencia determina la existencia de situación de comunidad. O lo que es lo mismo, esos hechos, actos o negocios jurídicos extintivos de la referida situación de comunidad deben, en los términos que se dirán, determinar el cese de la pluralidad de titulares sobre la cosa común y permitir la transformación de sus cuotas abstractas «*respecto del todo*» en una propiedad exclusiva y separada sobre una parte de la esa cosa común.

A modo de resumen de lo dicho sobre estos aspectos generales de la extinción de las comunidades de bienes, léase el mejor esbozo que de los mismos hace el Tribunal Supremo:

> ***«Las situaciones de indivisión en los estados de comunidad de bienes, son tenidas en las legislaciones modernas como transitorias****, al actualizarse el aforismo de la jurisprudencia romana "communio est mater discordiarum",* ***por lo que la transformación del derecho por cuota de condominio en propiedades privadas e individualizadas, viene a ser la regla normal que se ha de procurar****, ya que encuentra aval firme no sólo en razones estrictamente jurídicas, sino también económicas e incluso sociales, para posibilitar convivencias más armónicas»*[13].

---

11. DÍEZ-PICAZO Y PONCE DE LEÓN, L.: «Fundamentos de Derecho Civil...», *op. cit.*, páginas 1036 y ss.
Un análisis más profundo de las causas de extinción, distinguiendo entre aquellas comunes a la propiedad y aquellas específicas de la comunidad, lo realiza ABELLA RUBIO, J. M.: «La división de la cosa común en el Código Civil», 2.ª edición, Dykynson, Madrid, 2005, páginas 25 a 91.
12. Junto a los precedentes doctrinales mencionados en el pie de página anterior debe mencionarse el más reciente trabajo de KLAUS JOCHEN, A. D.: «El contrato de extinción parcial de la comunidad de bienes, ¿un embrollo jurídico? Comentario a la RDGSJyFP de 20 de diciembre de 2022», Cuadernos Civitas de Jurisprudencia Civil número 123/2013, en el que este Profesor se ocupa especialmente de las causas de extinción de las comunidades de bienes que tienen lugar mediante un acuerdo de voluntades.
13. FD Cuarto de la STS de 19 de octubre de 1992 (RJ 1992, 8085).

II.A. LA CESACIÓN DE LA INDIVISIÓN: UNA PRIMERA PROBLEMÁTICA CON LAS COMUNIDADES DE BIENES SOBRE UNA PLURALIDAD DE COSAS O DERECHOS

Así, en primer lugar, es requisito de la extinción de las comunidades de bienes que este negocio jurídico determine la cesación de la indivisión, que resuelva la situación de comunidad consecuencia de la pluralidad de titulares o comuneros sobre las cosas o derechos que constituyen su objeto.

Este presupuesto de la cesación de la indivisión ha sido perfilado por la jurisprudencia del Tribunal Supremo, que, en distintas resoluciones jurisdiccionales y en referencia al artículo 400 CC[14], ha afirmado al respecto que:

> «*La actio communi dividundo tiene la función de cesar la comunidad y no cabe que se divida una parte y se mantenga la indivisión de otra; es decir, no se acepta la división parcial*».
>
> «*De ahí que la facultad concedida por dicha norma se dirige al cese de la situación de comunidad mediante el reconocimiento y asignación de titularidades individuales a cada uno de los partícipes y no contempla la creación de nuevas situaciones de comunidad sobre las porciones resultantes de la división, que únicamente resultaría posible si media el acuerdo de todos los interesados*»[15].

En la doctrina científica lo afirma REYES LÓPEZ que, haciendo referencia a la divisibilidad del objeto de la comunidad de bienes como requisito para el ejercicio de la acción de división, apunta que «*la interpretación que ha de darse al art. 400 CC en relación al 392 CC, se refiere a la totalidad de la finca objeto de condominio y no, a parte, ni una cuota de la misma, pues no se lograría la finalidad pretendida, que es la de poner fin a la situación de comunidad de bienes, creándose otras comunidades sustitutorias para el caso o subcomunidades*»[16], o ABELLA RUBIO, que, vinculándolo con el siguiente requisito para la extinción de las comunidades de bienes que se analiza, sienta que «*para que realmente exista división material de la cosa común no basta con que se produzca el*

14. Aunque más adelante nos ocuparemos del segundo de los preceptos que mencionamos a continuación, a estos efectos debe ponerse en relación el mandato del artículo 400 CC con lo dispuesto en el artículo 1062 CC («*Cuando una cosa sea indivisible o desmerezca mucho por su división, podrá adjudicarse a uno, a calidad de abonar a los otros el exceso en dinero*») para los supuestos de división de cosa común de naturaleza indivisible; en lo que nos interesa ahora, la confrontación de una y otra disposición no hace sino destacar este presupuesto de la cesación de la indivisión como requisito para la extinción de las comunidades de bienes.
15. Respectivamente, FD Quinto de la STS de 15 de diciembre de 2009 (RJ 2010, 287) y FD Cuarto de la STS de 30 de noviembre de 2010 (RJ 2011, 1158).
16. REYES LÓPEZ, M. J.: «La acción de división en la comunidad de bienes: Análisis de los arts. 400 a 406 CC» en «Comunidad de bienes» (Coordinadora: REYES LÓPEZ, M. J.), 2.ª Edición, Tirant lo Blanch, Valencia, 2021, páginas 347 y 348.

fraccionamiento, sino que además es necesario que la comunidad quede extinguida, concretándose de esta manera las cuotas de cada copropietario en derechos exclusivos de propiedad»[17].

A los efectos que se dirán, conviene señalar que la DGRN —en la actualidad, Dirección General de la Seguridad Jurídica y Fe Pública— participa del alcance de este presupuesto al afirmar en su resolución de 11 de noviembre de 2011 que:

> *«La extinción de comunidad requiere como presupuesto básico que actúe sobre la totalidad del objeto a que la comunidad se refiere (cfr. artículo 400 y siguientes del Código Civil). La extinción de la comunidad "estricto sensu" extingue la situación de condominio y constituye un derecho de propiedad exclusiva a favor del comunero que se adjudica el bien o cada una de las porciones materiales que resulten de su división* [...]
>
> *El Código Civil sólo regula en rigor la extinción total de la comunidad»*[18].

Pese a lo anterior, y frente a la pretendida rotundidad del Alto Tribunal en la afirmación de este presupuesto, existe un entendimiento sobre el mismo en virtud del cual, sustancialmente, no va a exigirse la cesación de la indivisión para que la operación de que se trate tenga la consideración de extinción de la comunidad de bienes. Estamos haciendo referencia a la postura de la DGRN que aboga por una suerte de interpretación teleológica de este requisito, de acuerdo con la cual se reputarán extintivos de la situación de comunidad aquellos negocios jurídicos cuya finalidad o causa, por su naturaleza, sea en algún modo la cesación de la indivisión, aunque ésta no sea total.

Más concretamente, en la resolución de este centro directivo de 4 de abril de 2016 (JUR 2016, 82036) se sostiene lo siguiente al respecto:

> *«si el acto no produce la disminución de miembros de la comunidad, sino simplemente la alteración de las cuotas de los mismos, no cabrá calificarlo de acto de disolución, porque no existirán elementos suficientes para distinguirlo de la simple transmisión de cuotas. Sin embargo, todo acto, aunque no implique reducción de los miembros de la comunidad, por propia naturaleza, puede entenderse encaminado al cese final de la situación de comunidad y, aunque no se logre dicho efecto totalmente,*

---

17. ABELLA RUBIO, J. M.: «La división de la cosa común en el Código Civil», *op. cit.*, página 94.
18. FD Tercero y Cuarto de la resolución de la DGRN de 11 de noviembre de 2011 —disponible en https://www.boe.es/diario_boe/txt.php?id=BOE-A-2012-111—.
A los efectos que se comentan, es de anotar que esta resolución resolvía un supuesto de transmisión de cuotas entre comuneros, en el que los titulares de tres quintas partes indivisas de una finca adquieren una quinta parte indivisa de otro cotitular por partes iguales y a cambio de cierta cantidad de dinero.

si el acto tiende naturalmente a dicho resultado, podrá ser calificado de disolución»[19].

Consecuencia de esta tesis, la DGRN, a reglón seguido, va a relacionar algunas operaciones que, de acuerdo con lo anterior, habrían de reputarse extintivas de la situación de comunidades de bienes:

«a) En una comunidad que comprende varios bienes, los partícipes adjudican uno o varios bienes a alguno de ellos, en propiedad exclusiva, en pago de sus derechos en la comunidad, subsistiendo la comunidad entre los restantes partícipes no adjudicatarios sobre el resto de los bienes no adjudicados, con reajuste de las cuotas entre estos últimos [...] b) En una comunidad de bienes integrada por varias fincas, se forman lotes que se adjudican a grupos de partícipes diferenciados, recibiendo dichos grupos de adjudicatarios los lotes en comunidad pro indiviso; c) En una comunidad sobre un bien indivisible, material o económicamente, los copropietarios acuerdan adjudicarlo en pro indiviso a varios de ellos, que compensan en metálico a los no adjudicatarios, y d) En una comunidad sobre un solo bien, los titulares de algunas de las cuotas, pero no de todas, entre ellos se adjudican las cuotas de que son titulares, recibiéndolas uno o varios de ellos que compensan en metálico a los demás»[20].

Atendiendo a los pasajes trascritos de las resoluciones de la DGRN, no es arriesgado afirmar que existe cierta contradicción entre una y otra respecto a la cesación de la indivisión como presupuesto para la extinción de las comunidades de bienes. Y aunque debemos decantarnos, en nuestra opinión, por aquella a favor de la efectiva cesación de la indivisión (*«La extinción de la comunidad "estricto sensu" extingue la situación de condominio»* afirma en la resolución de la DGRN de 11 de noviembre de 2011) por ser la coincidente con la doctrina del Tribunal Supremo, podemos llegar a entender, sin embargo, la posición defendida en la resolución de la DGRN de 4 de abril de 2016 (JUR 2016, 82036) atendiendo al supuesto que allí de planteaba, mas ello no debe servir, siempre en nuestra opinión, para sentar que ciertos negocios jurídicos, con carácter general, tienen efectos extintivos sobre las comunidades de bienes.

Sumariamente, en el supuesto antes descrito que solventa la resolución de la DGRN de 4 de abril de 2016 (JUR 2016, 82036), lo litigioso creemos que radica en que la operación cuya inscripción se pretendía afectaba al mismo

19. FD Tercero de la resolución de la DGRN de 4 de abril de 2016 (JUR 2016, 82036). Frente a la anterior, en esta resolución se discutía si debe reputarse extinción de comunidad de bienes la operación por la cual dos herederos, a los que pertenece por mitad y proindiviso dos fincas, acuerdan adjudicar a uno de los comuneros el 100% de la propiedad de una de las fincas y el 26,875% de la otra, mientras que al otro comunero se le adjudica el 73,125% de la segunda finca, subsistiendo respecto a ésta última, por tanto, la situación de indivisión.
20. FD Tercero de la resolución de la DGRN de 4 de abril de 2016 (JUR 2016, 82036).

tiempo a las dos fincas objeto de la comunidad de bienes cuya extinción se pretendía, esto es, la cuestión (¿bizantina?) de las comunidades de bienes sobre una pluralidad de cosas o derechos o patrimonio colectivo antes referida. Así, las diferencias entre una y otra finca, junto al hecho de que no mediaban compensaciones en metálico, hacían imposible, *grosso modo*, la adjudicación de cada una de las fincas a cada uno de los comuneros, razones por las cuales la cesación de la indivisión no se daba en relación con aquella de mayor valor que además era indivisible, pero sí respecto a esa otra que se adjudicaba en propiedad exclusiva y separada a uno sólo de los comuneros. Resultando evidente entonces el efecto extintivo respecto a esta última finca en la medida que se produce sobre esta la cesación de la indivisión, ello no acaece sin embargo en relación con aquella más grande e indivisible, por lo que, subsistiendo la indivisión respecto a parte del objeto de este patrimonio colectivo, debiera haberse concluido que la comunidad de bienes no se ha extinguido por falta de este presupuesto.

En cambio, el parecer de la DGRN navegó por otros derroteros y, en el Fundamento de Derecho Cuarto de la precitada resolución, afirmó el centro directivo que:

> *«En consecuencia, las actuaciones han extinguido la comunidad sobre una de las fincas y están encaminadas a la extinción de la comunidad sobre la otra. Consecuentemente, puede entenderse que el negocio jurídico celebrado va encaminado a provocar la extinción de la comunidad»*[21].

Sin desvelar aún el propósito que pensamos subyace en este criterio de la DGRN que flexibiliza el presupuesto de la cesación de la indivisión, sí creemos y reiteramos que la concreta solución que se diese a este particular caso para salvar la problemática del objeto de la concreta comunidad de bienes no debiera haber servido para atribuir, con carácter general, efecto extintivo a negocios jurídicos cuyo perfeccionamiento no determina, en principio, la cesación (total) de la indivisión, requisito consagrado por el Alto Tribunal para hablar *stricto sensu* de extinción de las comunidades de bienes.

Y decimos en principio porque, desvelando ya el propósito que entendemos informa la postura de la DGRN y a modo de conclusión de este apartado, creemos que no es incorrecto afirmar que tales negocios jurídicos comportan, no una cesación total, pero sí una reducción de la situación de comunidad y, por tanto, una minoración también de la conflictividad inherente a las comunidades de bienes que legitima su extinción. Desde esa

21. FD Cuarto de la resolución de la DGRN de 4 de abril de 2016 (JUR 2016, 82036).

premisa, puede encontrársele cierto sentido a atribuir carácter extintivo a algunas de las operaciones antes descritas, pero, insistimos, no a todas ni con carácter general. Queremos decir, creemos que quizá existe una forma de conciliar el requisito de la cesación total de la situación de comunidad consagrado por el Tribunal Supremo con esa suerte de posición avanzada que patrocina la DGRN en relación con el carácter extintivo de comunidad de bienes que atribuye a ciertas operaciones.

En efecto, si atendemos a esos negocios jurídicos descritos en la resolución de la DGRN de 4 de abril de 2016 (JUR 2016, 82036), se observará que en la operación referenciada con la letra a) se produce la cesación total de la situación de comunidad pero solo respecto a uno/varios de todos los bienes que conforman el objeto de esa comunidad plural o patrimonio colectivo; o con otras palabras, la extinción parcial objetiva que materializa la operación referenciada con la letra a) parece que puede reputarse como extinción de la comunidad de bienes al menos respecto a ese bien/es que se atribuye/n en propiedad exclusiva a uno solo de los comuneros. Y dicho lo anterior, ha de surgir inmediatamente una duda al respecto, ¿puede extenderse el carácter extintivo al reajuste de cuota entre los restantes comuneros consecuencia de esa extinción parcial objetiva? ¿ese reajuste no es más que un necesario efecto de la extinción parcial o se trataría de otra operación no extintiva de la comunidad de bienes?

En cambio, nada de lo anterior parece ocurrir respecto a las operaciones referenciadas con las letras b), c) y d), diferentes tipos de extinciones parciales en relación con las cuales no se reproduce la circunstancia arriba descrita, esto es, la cesación total de la situación de comunidad respecto a algún bien del objeto de esas concretas comunidades. En efecto, si repasamos las mencionadas operaciones, se observará que en ninguna de ellas hay una atribución de bien/es en propiedad exclusiva a favor de uno solo de los comuneros, con lo cual difícilmente puede hablarse de una reducción de la situación de comunidad que minore la conflictividad y, en consecuencia, legitime para considerar tal operación como de extinción de la comunidad de bienes.

Por último, como argumento *a fortiori* a favor de la reinterpretación que realizamos de esta posición avanzada de la DGRN en relación con el requisito de la cesación de la indivisión, hemos de destacar que este entendimiento de la cuestión es congruo con aquel patrocinado por la jurisprudencia en materia tributaria emanada de la Sala Tercera del Tribunal Supremo, en virtud de la cual —y en sumario resumen de sentencias que posteriormente analizaremos— se reputan extintivas de las comunidades de bienes, *grosso modo*, ciertas extinciones parciales objetivas en los términos de la STS de 17 de diciembre de 2020[22] (RJ 2020, 5009), mas no las transmisiones de cuotas entre comuneros o extinciones parciales subjetivas, respecto a las cuales se renueva su tratamiento tributario instaurado con las ya lejanas SSTS de 28 de junio de 1999 (RJ 1999, 6133) y de 12 de diciembre de 2012 (RJ 2013, 1033).

II.B. LA DIVISIÓN DE LA COSA COMÚN: LA DIVISIBILIDAD DEL OBJETO DE LA COMUNIDAD DE BIENES Y LOS SUPUESTOS DE INDIVISIÓN PREVISTOS EN EL CÓDIGO CIVIL

En segundo lugar, el otro de los presupuestos que exige la extinción de las comunidades de bienes es que, a la cesación de la indivisión, acorde con la naturaleza jurídica que mayoritariamente se ha otorgado a éstas, se produzca la materialización de las cuotas proporcionales abstractas de los comuneros y la consiguiente adjudicación a ellos, en propiedad exclusiva y separada y de acuerdo con sus cuotas, de una parte de la cosa común. O, con otras palabras, el requisito de la división de la cosa común.

Nuevamente, es la jurisprudencia del Tribunal Supremo la que concreta la materialización de este presupuesto para la extinción de las comunidades de bienes y, conectándolo con el anterior requisito, señala al respecto que:

> *«Con el ejercicio de la acción de división lo que se persigue es la cesación del estado de indivisión para que se adjudique al comunero la propiedad plena y separada de una parte o porción de la cosa común o, en el caso de que física o jurídicamente tal división no fuera posible, se le atribuya la parte proporcional del precio obtenido mediante su venta»*[23].

Esbozado en términos generales en qué consiste este presupuesto de la división de la cosa común, es notorio, como se refleja en el inciso final del último pasaje trascrito, que la concreta práctica del mismo va a depender

---

22. Anticipando en lo que interesa el núcleo de esta resolución jurisprudencial, en el FD Segundo de la referida STS de 17 de diciembre de 2020 (RJ 2020, 5009) se otorga carácter extintivo a una operación que denominaríamos de extinción parcial objetiva. Concretamente, ocupándose el Alto Tribunal de un supuesto en el que existía *grosso modo* una comunidad de bienes hereditaria formada por varios inmuebles y dos hermanos comuneros al 50% de ese patrimonio común, sentenció el Tribunal Supremo que *«el asunto examinado en la presente casación versa sobre un supuesto de* ***extinción parcial objetiva*** *de condominio, en el que dos hermanos comuneros disuelven la proindivisión que ostentaban sobre una finca esencialmente indivisible (con salida de uno de los comuneros y adjudicación al otro, poniendo fin efectivo a la copropiedad sobre el bien), sin perjuicio de que mantengan la copropiedad en otros proindivisos diferentes (incluso con participación de terceras personas)»*, dándose así un carácter extintivo a la operación descrita porque en este supuesto *«sí que se produce aquí la "adjudicación a uno" que es la previsión contenida en el artículo 1062. 1 del Código Civil»*.
23. FD Cuarto de la STS de 1 de abril de 2009 (RJ 2009, 4133).

del número y naturaleza de las cosas y derechos que constituyen el objeto de la comunidad de bienes. Aunque la división de la cosa común en una cuestión influenciada por la casuística, a los efectos de este trabajo interesa analizar las pautas que a tal propósito alberga el Código Civil y que, a la postre, son las que deslinda la adecuada concurrencia o no este requisito para la extinción de las comunidades de bienes.

Pues bien, subrayando que a la comunidad de bienes ordinaria son de aplicación las reglas de división de la herencia *ex* artículo 406 CC («*Serán aplicables a la división entre los partícipes en la comunidad las reglas concernientes a la división de la herencia*»), confrontando unas y otras disposiciones en la materia podría afirmarse, en infructuoso resumen, que, si el objeto de la comunidad de bienes es divisible, se conformarán lotes con éste y se adjudicarán a los comuneros en propiedad exclusiva y separada de acuerdo con sus cuotas —división material—. En cambio, si el objeto es indivisible, se adjudicará éste a uno de los comuneros con compensación a los otros en dinero, siempre que todos estén de acuerdo, o, si cualquiera de ellos se opone, se procederá a la venta en pública subasta con reparto del precio obtenido entre los comuneros de acuerdo con sus cuotas —división económica— [24]. Realizamos a continuación alguna precisión sobre los modos de realización del presupuesto de la división de la cosa común.

II.B.1. Comunidades de bienes cuyo objeto es divisible: El principio de igualdad o semejanza de los lotes, las compensaciones en metálico y otra problemática en relación con las comunidades de bienes con objeto plural

En lo que a la división material se refiere, el precepto rector de este modo de división del objeto de la comunidad de bienes es el artículo 1061 CC («*En la partición de la herencia se ha de guardar la posible igualdad, haciendo lotes o adjudicando a cada uno de los coherederos cosas de la misma naturaleza, calidad o especie*»), disposición aplicable *ex* artículo 406 CC, como visto, y que genera dudas, especialmente en los supuestos de patrimonio colectivo, en lo que se refiere a la reclamada igualdad que debe existir entre los lotes en los que ha de dividirse el objeto de esas comunidad de bienes.

24. O en palabras del Tribunal Supremo, contenidas en el FD Segundo de su sentencia de 15 de diciembre de 2009 (RJ 2010, 287), «*La división material se practica cuando la cosa común es divisible y se puede adjudicar una porción a cada comunero; y la división económica, mediante la venta y el reparto del precio en proporción a la cuota de cada uno, cuando la cosa es indivisible físicamente o jurídicamente o por resultar inservible para el uso a que se destina o por desmerecer su valor*».

Dando contenido al que se denomina principio de igualdad o de semejanza de los lotes, lo cierto es que el Tribunal Supremo ha consolidado una línea jurisprudencial que trata de sentar qué comporta este principio y cómo ha de aplicarse el mismo, señalándose en este sentido, con amplia cita que se omite de resoluciones jurisdiccionales del Alto Tribunal en que fundamenta esta línea, que:

> *«El artículo 1061 establece la igualdad, en el supuesto de que sea posible, en la realización de los lotes, lo que ha sido interpretado por la doctrina jurisprudencial en el sentido de que la partición ha de estar presidida por un criterio de estricta equidad [...] y de observancia de una equitativa ponderación [...] respetando la posible igualdad, determinada por las circunstancias de cada caso [...] que no se trata de una igualdad matemática o absoluta [...] teniendo la norma un carácter orientativo u orientador [...] de índole más facultativa que imperativa ([...] sin desconocer la importante corriente doctrinal que propugna la imperatividad relativa, no absoluta, del precepto); y se ha sentado que la infravaloración de los bienes no vulnera el artículo 1061 cuando la valoración por bajo de su valor se aplica con el mismo baremo a todos los bienes»*[25].

Siendo relevante lo apuntado sobre el principio de igualdad entre los lotes en que se divide el objeto de la comunidad de bienes, a los efectos de este trabajo interesan destacar dos cuestiones. Por un lado, desde una perspectiva cuantitativa, se suscita la posibilidad de que medien compensaciones en metálico entre los comuneros para conseguir la igualdad entre los lotes. Y por el otro, desde una perspectiva más cualitativa y para los supuestos de comunidades de bienes con objeto plural o patrimonios colectivos, se plantea cómo debe realizarse la división de su objeto, esto es, si la materialización de las cuotas proporcionales abstractas de los comuneros —con las consiguientes adjudicaciones a éstos de la propiedad exclusiva de una parte del patrimonio colectivo resultante de su división— puede darse sólo respecto a cierto/s elemento/s que constituyen el objeto plural de la comunidad de bienes o, por el contrario, debe materializarse en relación con todos y cada uno de los elementos de ésta.

II.B.1.a) Las compensaciones en metálico como medio para conseguir la semejanza entre los lotes

En lo que a la primera cuestión se refiere, la jurisprudencia del Tribunal Supremo, aunque reacia a que se acuerden compensaciones en metálico

25. FD Cuarto de la STS de 2 de noviembre de 2005 (RJ 2005, 8180).

para alcanzar la semejanza de los lotes[26], reconoce la procedencia de las mismas y acepta que medien tales compensaciones para satisfacer el principio de igualdad que debe regir la división de la cosa común. O en palabras del Alto Tribunal:

> «*Con todo ello, cabe que el principio de igualdad o "semejanza de los lotes", como dice la sentencia de 1 de marzo de 2001, deba conseguirse mediante compensaciones en metálico que conviene evitar, como dice esta sentencia, pero si no es posible, se pueden acordar*»[27].

Esa displicencia de la jurisprudencia a las compensaciones en metálico encuentra fundamento legal en el párrafo Segundo del artículo 402 CC (que en referencia a la división de la cosa común verificada por árbitros expresa que éstos «*deberán formar partes proporcionales al derecho de cada uno, evitando en cuanto sea posible los suplementos a metálico*»), debiendo puntualizarse que, en todo caso, tal admonición, pues carece de valor imperativo, ha de entenderse limitada a las divisiones que el referido precepto norma, no pudiéndose extenderse a las operadas en otro modo. En este sentido, léase lo apuntado en la STS de 14 de diciembre de 1999 (RJ 1999, 9198) sobre el alcance de la advertencia relativa a las compensaciones en metálico en la extinción de comunidades de bienes:

> «*el evitar los suplementos en metálico del art. 402 del Código Civil es un precepto admonitivo y no imperativo y dirigido precisamente a los árbitros y no a la división judicial y, en todo caso, señala el precepto, que ello ocurra "en cuanto sea posible"*»[28].

Pero afirmado todo lo anterior, no hemos encontrado en la jurisprudencia civil referencia a un posible límite (¿porcentual?) de las referidas compensaciones en metálico respecto al objeto de la comunidad de bienes de que se trate que, de superarse el mismo, desnaturalizara la división y pusiese en duda la consideración de la operación como un supuesto de extinción de la cosa común. Dicho con otras palabras, y con el trasfondo de la posible existencia de excesos de adjudicación, ¿cuándo las compensaciones en metálico dejan de ser un medio para lograr la igualdad de los lotes

---

26. Conociéndose de un supuesto de división de un edificio conforme a lo dispuesto en el párrafo Segundo del artículo 401 CC («*Si se tratare de un edificio cuyas características lo permitan, a solicitud de cualquiera de los comuneros, la división podrá realizarse mediante la adjudicación de pisos o locales independientes, con sus elementos comunes anejos*»), en el FD Segundo de la STS de 1 de marzo de 2001 (RJ 2001, 2561) se confirma que las compensaciones en metálico son una solución a evitar al afirmarse sobre la referida forma de división que ésta «***a su vez comporta el de la semejanza de los lotes, a fin de evitar los suplementos a metálico por las diferencias de valor***».
27. FD Segundo de la STS de 21 de octubre de 2014 (RJ 2014, 5621).
28. FD Tercero de la STS de 14 de diciembre de 1999 (RJ 1999, 9198).

y pasan a convertirse en contraprestación por algo más que la mera división de la cosa común?

Como es de imaginar, el Tribunal Supremo no tiene fijado un porcentaje a partir del cual la satisfacción de compensaciones en metálico desnaturaliza la operación de que se trate como de extinción de comunidad de bienes. Pero siendo cierto lo anterior, no lo es menos que en cierta ocasión negó la divisibilidad del objeto de una comunidad de bienes en la que, por la desigualdad de los lotes formados a tales efectos, debía satisfacerse una compensación en metálico de casi el 10% respecto a la valoración total dada al objeto de la misma. Y así, en la STS de 13 de julio de 1996 (RJ 1996, 5584) ratificó la indivisibilidad del objeto de tal comunidad de bienes, con la consecuente necesidad de proceder a la pública subasta del mismo, sosteniendo que:

> «*Asimismo ha de tenerse en cuenta que* ***la solución adoptada por la sentencia recurrida obliga a establecer una compensación dineraria*** *entre los comuneros dada la diferencia de valor entre los dos lotes formados que en el escrito de reconvención se fijaba en 1.322.320 ptas., con lo que el monto a compensar ascendía a 661.110 ptas., cuantía ciertamente importante en relación con el valor total asignado en aquel escrito a los bienes, 6.936.550 ptas.*»[29].

En línea con lo anterior, y en términos más cualitativos, el Alto Tribunal parece quiso instaurar otra suerte de limitación al respecto cuando, ocupándose de otro supuesto de división conforme al párrafo Segundo del artículo 401 CC, vino a sentar que el objeto de la comunidad de bienes no sería divisible si la semejanza entre los lotes a formar exige la satisfacción de importantes compensaciones en metálico, señalando en ese sentido que:

> ***«pero dicho peculiar modo de extinción comunitaria, para poder desplegar la finalidad a la que está llamado, exige:*** *a) Que las características del edificio lo permitan, lo que ha de entenderse tanto desde el punto de vista meramente estructural o arquitectónico* [...] *cuanto desde la perspectiva de las adjudicaciones individualizadas de pisos o locales independientes que hayan de hacerse a cada uno de los condueños, en función de sus respectivas cuotas o participaciones indivisas y para el pago de las mismas, de tal manera que si, por razón de la ostensible desigualdad de dichas cuotas indivisas de unos condueños con respecto a las de otros, no cabe la posibilidad de hacer a cada uno las referidas adjudicaciones individualizadas de elementos independientes del edificio sin tener que acudir a fuertes o elevadas compensaciones en metálico (supuesta, como es lógico, la oposición a ello por parte de alguno*

29. FD Segundo de la STS de 13 de julio de 1996 (RJ 1996, 5584).

de los copropietarios), habrá de concluirse que, en dicho caso concreto, las características del edificio no lo permiten»[30].

Y dicho esto sobre la satisfacción de compensaciones en metálico en estos supuestos de división, se suscitan finalmente, por influencia de lo tributario, dos cuestiones anejas a este mecanismo para alcanzar la semejanza de los lotes. A saber, ¿las compensaciones deben ser necesariamente en metálico?, ¿pueden las mismas satisfacerse con otras cosas o derechos que no forman parte del objeto de la comunidad de bienes?

Como sabido, estos interrogantes son traídos a colación a raíz de los pronunciamientos al respecto contenidos en la STS de 30 de octubre de 2019 (RJ 2019, 4348). Esta resolución jurisprudencial de la Sala de lo Contencioso-Administrativo del Alto Tribunal —que será analizada posteriormente— se ocupa de un supuesto de extinción de una comunidad de bienes cuyo objeto, a pesar de parecer susceptible de dividirse en lotes, se reputó finalmente indivisible, premisa fáctica distinta de la que nos ocupa ahora pero en relación a la cual se aceptó que las compensaciones a satisfacer fueran parcialmente en especie mediante la aportación de cosas extrañas al objeto de la comunidad de bienes. A la importancia que *per se* tiene esta resolución del Tribunal Supremo, únase que la DGT no ha podido sino hacerse eco de las tesis que en la misma se sostienen respecto a la extinción de comunidades de bienes con objeto plural[31]. Como se ha dicho, nos ocuparemos de esta cuestión con la debida profundidad en el apartado II.C.4. del Capítulo 2.

Con todo, lo cierto es que no hemos encontrado en la jurisprudencia civil un precedente claro que sirva para dar respuesta, positiva o negativa, a las dos últimas cuestiones suscitadas respecto a las compensaciones en metálico en un escenario de división del objeto de la comunidad de bienes mediante la formación de lotes. En cambio, adelantando lo que se dirá cuando se analice la extinción de las comunidades de bienes cuyo objeto se repute indivisible, sí que existen pronunciamientos jurisdiccionales al res-

30. FD Sexto de la STS de 26 de septiembre de 1990 (RJ 1990, 6907).
También en términos cualitativos, el Tribunal Supremo reitera el carácter de *ultima ratio* de las compensaciones en metálico en los escenarios de división del objeto de una comunidad de bienes al afirmar, en el FD Segundo de la STS de 5 de noviembre de 2001 (RJ 2001, 9645), que «*la fórmula de la compensación económica incluida en el fallo no es, como cree la propia parte, un "criterio para llevar a cabo la división de la cosa común", sino pura y simplemente una fórmula o remedio, autorizado en último extremo por el párrafo segundo del art. 402 CC, para hacer posible la forma de división que interesaba a ambas partes*».

31. La obligada convergencia de la DGT a las tesis sostenidas por el Tribunal Supremo se expresa, entre otras, en la resolución de este centro directivo de 21 de diciembre de 2020, en respuesta a la consulta número V3616-20, probablemente la primera resolución de la DGT dentro de la cincuentena en las que se reflejan los contenidos de la mencionada resolución jurisdiccional.

pecto en aplicación del artículo 1062 CC («*Cuando una cosa sea indivisible o desmerezca mucho por su división, podrá adjudicarse a uno, a calidad de abonar a los otros el exceso en dinero*»). Concretamente, se encontrarán distintas resoluciones relativas a supuestos de aplicación del artículo 1062 CC en las que puede observarse una evolución en la doctrina jurisprudencial del Alto Tribunal, que pasa de una posición inicial reacia a aplicar el mandato de tal precepto cuando no exista dinero en el patrimonio en mano común, a otra posterior que admitirá que tales compensaciones se satisfagan no en dinero e, incluso, con elementos patrimoniales ajenos al objeto de la comunidad de bienes.

Finalmente, todos los interrogantes planteados en los párrafos anteriores sobre las compensaciones en metálico sirven para enlazar con otra cuestión aneja cuya resolución —que sobrepasa con creces el objeto de este trabajo— creemos subyace en la delimitación que se hará del concepto de excesos de adjudicación: La naturaleza jurídica declarativa, traslativa o especificativa de la operación de división de la cosa común.

En este sentido, es lugar común en la doctrina civilista afirmar que la determinación de la naturaleza jurídica de la división del objeto de las comunidades de bienes es una cuestión compleja y que, a día de hoy, la tesis más lograda al respecto es aquélla en virtud de la cual, frente a las teorías que atribuyen naturaleza declarativa o traslativa a tal operación, se otorga a la misma carácter especificativo o determinativo de los derechos de los comuneros, pues, siguiendo a DÍEZ-PICAZO, «*El acto divisorio es un acto con un efecto extintivo respecto de una situación jurídica anterior, la de comunidad, y con un efecto modificativo del derecho de cada uno de los sujetos intervinientes. Puede por ello* [...] *ser calificado como un acto dispositivo y de verdadera atribución patrimonial*»[32]. En términos similares se ha manifestado el Tribunal Supremo en sus sentencias de 17 de abril de 1986 («***Este intercambio de cuota por bienes configura la división o partición, como acto de disposición a título oneroso, aunque su fin esencial no sea el de enajenar y adquirir, sino el de determinar o especificar derechos***»), de 5 de junio de 1989 y de 25 de febrero de 2011, resolución que hace suya de forma expresa la conclusión al respecto de DÍEZ-PICAZO.

32. DÍEZ-PICAZO Y PONCE DE LEÓN, L.: «Fundamentos de Derecho Civil...», *op. cit.*, páginas 1039 y 1040.
En idéntico sentido, y en un análisis más profundo de las distintas teorías al respecto, léase a ABELLA RUBIO, J. M.: «La división de la cosa común en el Código Civil», *op. cit.*, páginas 145 a 152.

II.B.1.b) La división del objeto de la comunidad de bienes en los supuestos de extinción de comunidades de bienes con objeto plural o patrimonios colectivos

Ya en lo que atañe a la segunda cuestión antes expuesta, tampoco la jurisprudencia del Tribunal Supremo nos ofrece una solución definitiva a la duda que se planteaba, en los supuestos de patrimonio colectivo, en cuanto a si la materialización de las cuotas de los comuneros puede darse sólo respecto a parte de los elementos que constituyen el objeto plural de la comunidad de bienes o, por el contrario, debe comprender todos los elementos de ese objeto plural. Tras esta duda, como advertíamos, late el interrogante nada bizantino de si en los supuestos de patrimonio colectivo debe deducirse la existencia de una sola comunidad de bienes mas de objeto plural o, por el contrario, debe aceptarse que existen tantas comunidades de bienes como elementos conforman su objeto.

Pues bien, en este punto, y con independencia de que después traigamos a colación precedentes jurisdiccionales en uno y otro sentido, debemos coincidir *ab initio* con SOLÉ RESINA cuando al respecto opina que «*El Tribunal Supremo no siempre sigue un criterio uniforme para agrupar o no, en una única comunidad varias cosas pertenecientes en proindiviso a varios codueños*», señalando a continuación antecedentes jurisprudenciales del Alto Tribunal que en ocasiones estima que «*existe una comunidad sobre cada uno de los bienes*» y, en otras ocasiones, entiende «*que habría tantas comunidades como cosas comunes, lo que imposibilitaría la división mediante la formación de lotes*»[33].

En un sentido diverso al de la línea jurisprudencial que posteriormente mencionaremos con cita de un mayor número de resoluciones del Tribunal Supremo en apoyo, interesa ahora traer a colación la STS de 4 de octubre de 2006 (RJ 2006, 6430). En esta sentencia se enjuiciaba un supuesto en el que, tras un divorcio en el que unos bienes se adjudicaban a cada cónyuge y otros bienes quedaban a favor de éstos en indivisión, se promovió la disolución, pero sólo respecto a alguno de los bienes en indivisión, solución aceptada por el órgano jurisdiccional de la instancia y sobre la que el Alto Tribunal sentó que:

> «*el hecho de que existiesen más bienes en proindivisión no puede ser causa de que se desestime la demanda ejercitando la acción de división respecto de uno de ellos. Al liquidarse entre actora y demandado la sociedad de gananciales, aprobada judicialmente en ejecución de sentencia de separación matrimonial, se atribuyeron ambas*

33. SOLÉ RESINA, J.: «Régimen de la división» en «División de la comunidad de bienes» (Directora: GETE-ALONSO Y CALERA, M. C.), Atelier, Barcelona, 2012, páginas 133 y 134.

> *mitades indivisas de ciertos y determinados bienes, formándose así distintas comunidades sobre los mismos, que no constituían una sola masa patrimonial»*[34].

Sin entrar en la naturaleza divisible o indivisible de los bienes en comunidad en este concreto supuesto, lo que sí llama la atención de la sentencia parcialmente transcrita es que confirme que existen tantas comunidades como bienes o derechos quedan en mano común considerando que, aparentemente, los comuneros, la participación de los mismos y el negocio jurídico que determina la situación de comunidad son los mismos respecto a todos los bienes y derechos, siendo estos los cánones de identidad cuya concurrencia, como apuntamos anteriormente, generaría la existencia de una sola comunidad de bienes con objeto plural o patrimonio colectivo.

Frente al entendimiento anterior, el Tribunal Supremo, en más ocasiones quizá, ha reputado que en estos supuestos de patrimonios colectivos —en relación con los cuales se dan los referidos cánones de identidad— se puede estimar que su objeto es único. Este entendimiento es de fundamental importancia para afirmar o no la divisibilidad del mismo —del objeto de la comunidad— en su conjunto y no considerando cada uno de los bienes y derechos objeto de la comunidad. Algunos ejemplos pueden resultar ilustrativos de lo que queremos decir.

En un supuesto similar al inmediatamente anterior —cónyuges separados que, tras la vicisitud matrimonial, detentan varios inmuebles en proindiviso—, el Tribunal Supremo vino sin embargo declarar casi lo contrario, pues, ratificando la decisión de la instancia de dividir los bienes en común mediante la formación de dos lotes iguales en lo posible a adjudicar a cada uno de los condueños, sentó en lo aquí interesa que:

> *«en este concreto supuesto y como se pone de relieve en la sentencia impugnada,* ***lo que va a ser objeto de división son seis fincas o inmuebles, que, si bien individualmente considerados son al parecer indivisibles, estimados en su conjunto no lo son, en cuanto pueden perfectamente atribuirse por lotes a cada uno de los contendientes,*** *en la forma que señala el fallo de la sentencia de Primera Instancia, confirmado por la aquí impugnada»*[35].

Y decimos que los anteriores pronunciamientos del Alto Tribunal son casi contradictorios porque, en realidad, el último de éstos no realiza un pronunciamiento expreso y específico sobre si hay una o varias comunidades de bienes en los escenarios de patrimonio colectivo, sino que se limita señalar que el objeto de éste es susceptible de ser estimado *«en su conjunto»*. Teniendo en cuenta esa circunstancia, creemos sin embargo que una y otra

34. FD Primero de la STS de 4 de octubre de 2006 (RJ 2006, 6430).
35. FD Tercero de la STS de 31 de octubre de 1989 (RJ 1989, 7040).

resolución jurisdiccional sí que tienen un punto en común cual es facilitar la división (¿armoniosa?) de los patrimonios colectivos y reducir los espacios de indivisión entre los comuneros (¿y las públicas subastas forzadas?).

Así, en el primero de los fallos el Tribunal Supremo defiende que hay tantas comunidades como bienes y derechos pues la parte recurrente aducía que existía una comunidad más amplia —y que por tanto era precisa su liquidación completa— como argumento para evitar la acción de división ya decretada en la instancia, pero sólo respecto al piso litigioso. En cambio, en el segundo de los fallos el Alto Tribunal patrocina que, de cara a la formación de lotes, se estime el objeto de la comunidad en su conjunto, ya que la parte recurrente entendía imponer su tesis acerca de la indivisibilidad del mismo y, frente a la formación de lotes y su reparto ordenada en la instancia, obligar a una no menos gravosa pública subasta[36].

En el sentido de considerar que en los supuestos de patrimonio colectivo existe una única comunidad de bienes con objeto plural en cuya división debe considerarse éste en su conjunto, es de consultar igualmente la STS de 12 de julio de 1996 (RJ 1996, 5885). En esta resolución jurisprudencial se debatía sobre la aplicabilidad respecto a una sociedad civil irregular de las normas de extinción de las comunidades de bienes, posibilidad confirmada en la instancia y que el Tribunal Supremo ratifica realizando, en lo que aquí interesa, la siguiente consideración atendiendo a la composición plural de ese patrimonio colectivo:

> «*la prueba ha demostrado que existió voluntad de constituir una comunidad sobre una multitud de objetos que se fueron adquiriendo a lo largo del tiempo, y funcionaba con arreglo a unas reglas que se dieron los propios comuneros. Es evidente que la división de la comunidad no puede producirse por la voluntad unilateral de uno de ellos respecto a uno solo de aquellos objetos acudiendo al art. 400, ya que es un precepto pensado para otro supuesto distinto, esto es, para cuando lo que está en comunidad es un único objeto. Precisamente el art. 406 ordena la aplicación de las normas de la división de herencia a los partícipes en la comunidad en la división de ésta, lo que se adapta perfectamente a la situación en la que lo que está en comunidad es una pluralidad de objetos*»[37].

36. En ese sentido, sobre la divisibilidad en lotes del objeto de la comunidad de bienes considerado en su conjunto y frente a las consecuencias que comporta la pretendida indivisibilidad del mismo aducida por la parte recurrente, en el referido FD Tercero de la STS de 31 de octubre de 1989 (RJ 1989, 7040) se añade que «*además, y a mayor abundamiento, la venta en pública subasta supone una carga o gravamen económico no menor al que pueda conllevar la formación de lotes, razón por la cual, no puede decirse que "desmerezca mucho por su división" que es otro de los requisitos establecidos en el citado párrafo primero del artículo 1062 para que entre en funcionamiento el párrafo segundo*».
37. FD Cuarto de la STS de 12 de julio de 1996 (RJ 1996, 5885).

Además de lo anterior, el Alto Tribunal, haciendo suyos los argumentos de la instancia, vuelve a mostrar ese mayor interés en facilitar en todo caso la división de los patrimonios colectivos y evitar en lo posible las subastas públicas forzadas, señalando a tales propósitos que:

> *«**Partiendo de la base de la plural composición del patrimonio social** [...] **resulta claro que si lo que se pretende es la cesación de la comunidad conforme al art. 400 del Código, el criterio más adecuado** (art. 402 y Sentencias de 30 noviembre 1988 y 31 octubre 1989) **es el de la formación de lotes y subsiguiente sorteo entre los condóminos, y no una arbitraria cadena de enajenaciones** (querrá decir divisiones) **a voluntad** —recta o no— de cualquiera de éstos»*[38].

El primero de los pasajes transcritos de la STS de 12 de julio de 1996 (RJ 1996, 5885) nos genera las siguientes reflexiones. Por una parte, en cuanto a los cánones de identidad referidos anteriormente y cuya concurrencia se exige para confirmar la existencia de un patrimonio colectivo, el Tribunal Supremo confirma la relevancia como tal de las reglas comunes de funcionamiento de la comunidad de bienes, y no tanto de la adquisición contemporánea de los elementos patrimoniales objeto de la misma. Y por otra parte, en lo que más nos interesa, esta resolución jurisprudencial, a imagen de la STS de 31 de octubre de 1989 (RJ 1989, 7040) antes vista y otras concordantes[39], no hace sino reiterar que en estos supuestos de patrimonio colectivo lo que existe es una única comunidad de bienes con un objeto plural, con las consecuencias que ello tiene, como se ha dicho, en cuanto a la división del mismo cara a la extinción de tal comunidad.

Por último, y enlazando con lo señalado en el cierre del párrafo precedente, es de advertir que el consentimiento de los comuneros tiene una especial relevancia en los escenarios descritos de extinción de comunidades de bienes con objeto plural. Queremos decir, la división en lotes del objeto de una comunidad formada por bienes que individualmente considerados son indivisibles pero que, estimados todos éstos su conjunto, hacen a éste, al objeto de la comunidad de bienes, divisible, va a depender, en última instancia, de que todos los comuneros acepten tal forma de división del objeto de la comunidad, pues, de no mediar tal acuerdo, considera el Tribunal Supremo que procederá la pública subasta.

38. FD Cuarto de la STS de 12 de julio de 1996 (RJ 1996, 5885).
39. Como la STS de 30 de noviembre de 1988 (RJ 1988, 8727), en cuyo FD Segundo se reitera en este sentido que *«configurada la comunidad de que se trata por la integración en ella de diversas fincas, nada impide que la cesación de aquélla, que autoriza el invocado artículo 400, y consiguiente disolución de la situación comunitaria, mediante la formación de lotes, posibilitadores de su divisibilidad»*.

En efecto, enjuiciando litigios coincidentes sustancialmente con el supuesto antes descrito, el Alto Tribunal ha establecido una lineal jurisprudencial en virtud de la cual la materialización de las cuotas de los comuneros en el momento de división de la cosa común ha de alcanzar a todos los bienes (indivisibles en estos casos) que forman el objeto plural de la comunidad; o en palabras del Tribunal Supremo:

> «*mientras dure la indivisión, a cada condueño* [...] *le corresponde una cuota ideal o abstracta sobre todos y cada uno de los bienes, física y registralmente individualizados, objeto del condominio (en este caso concreto, dos casas) y que, al ponerse fin a la indivisión, tiene derecho a que su cuota ideal o abstracta se concrete o materialice en una parte real y física de cada uno de los bienes de lo que es condueño, si los mismos son divisibles, sin poder ser obligado, en contra de su voluntad, como pretende la recurrente, a recibir el pleno dominio de uno de los bienes y ser privado de toda participación real o material en el otro, solución esta última que tampoco puede serle coercitivamente impuesta cuando los bienes (o alguno de ellos) sean indivisibles pues para este supuesto la única solución que arbitra el legislador es la venta en pública subasta y el reparto del precio entre los condueños (artículos 404 y 1062 del Código Civil)*»[40].

Tras esta línea jurisprudencial del Alto Tribunal late la necesidad de fomentar el acuerdo entre comuneros a la hora de extinguir este tipo de comunidades de bienes, evitando divisiones que priven a un comunero, en contra de su voluntad, de ciertos bienes o derechos que forman parte del objeto plural de la comunidad. Esta necesidad de alcanzar acuerdos en este tipo de comunidades se refuerza pues, como también subraya el Tribunal Supremo, la falta de consenso determinaría la venta en pública subasta de los bienes por uno u otro motivo que se expone:

> «*Es decir, que, si la cosa es indivisible, a falta de acuerdo de los interesados, se proceda a la subasta y lo mismo debe predicarse si, siendo divisible, no hay acuerdo en la forma de practicarse la división*»[41].

A lo anterior únase que una división como la descrita —privando a uno de los comuneros de alguno de los bienes o derechos que conforman el objeto plural de la comunidad— podría, además, reputarse no equitativa y, por tanto, llegar incluso a considerarse nula atendiendo a la jurisprudencia al respecto del Tribunal Supremo[42].

---

40. FD Quinto de la STS de 16 de febrero de 1991 (RJ 1991, 1443).
    En idéntico sentido, y siempre respecto a comunidades de bienes con objeto plural o patrimonios colectivos, véase la STS de 30 de julio de 1999 (RJ 1999, 6360).
41. FD Primero de la STS de 7 de julio de 2006 (RJ 2006, 7219).
42. En efecto, en el FD Quinto de la STS de 7 de noviembre de 2006 (RJ 2006, 9165), el Alto Tribunal señaló respecto a las reglas de partición de las herencias —aplicables, recuér-

Y a modo de conclusión de lo dicho hasta ahora en este apartado, creemos poder decir que la forma de realizar la división del objeto de una comunidad de bienes es una cuestión que debiera observarse siempre desde una perspectiva que facilite tal división con el propósito de extinguir las situaciones de comunidad no deseadas, sin que pueda darse una solución *a priori* aplicable a todos los casos —especialmente en aquellos de comunidades de bienes con objeto plural— y subrayándose la existencia de una suerte de límites a tal cuestión; por un lado, y en sentido positivo, es conveniente que concurra el acuerdo de todos los comuneros en cuanto a la forma de división del objeto de la comunidad —so pena de desembocar tal falta de consenso en una venta en pública subasta— y por otro lado, en sentido negativo, no siempre va a poder obstarse la división del objeto de la comunidad aduciendo la posibilidad de la venta en pública subasta, pues esta opción, en ocasiones, se reputa más gravosas que la propia división.

II.B.2. Comunidades de bienes cuyo objeto no es divisible: La indivisibilidad, sus supuestos y las consecuencias que comporta tal consideración

Pese al pretendido carácter práctico que entiende darse a esta parte del trabajo, lo cierto es que la cuestión de la indivisibilidad del objeto de las comunidades de bienes exige una previa reflexión, más teórica quizá, sobre por qué adquiere tal importancia lo concerniente a la indivisibilidad y sobre cuáles son los supuestos de la misma previstos en el Código Civil tal y como interpretados por el Alto Tribunal. Una vez sentadas esas mínimas bases al respecto, procederá cerrar este apartado analizando, con una perspectiva más práctica, las consecuencias que comporta la consideración como indivisible del objeto de la comunidad de bienes de cara a su extinción.

II.B.2.a) La indivisibilidad del objeto de las comunidades de bienes: Conceptualización y supuestos de indivisibilidad según la jurisprudencia del Tribunal Supremo

Pues bien, frente a la premisa expuesta al inicio relativa a que la situación de comunidad es intrínsecamente transitoria por su carácter antieconómico y conflictivo —y, por tal, debe facilitarse su extinción en todo caso—, poco a poco se va consolidando una corriente que trata de conciliar la incondi-

---

dese, a la extinción de las comunidades de bienes— que «*La falta de equidad en la formación de los lotes a que dan lugar las operaciones particionales únicamente puede considerarse como motivo de nulidad de la partición en los casos en que se pruebe que la desigualdad en la formación de aquéllos tiene suficiente relevancia para infringir el principio de igual distribución entre los herederos y excede de los presupuestos que pueden dar lugar al ejercicio de las acciones de rescisión, adición o complemento de la partición previstas en el CC*».

cionalidad del ejercicio de la acción de división de la cosa común con determinadas exigencias socioeconómicas actuales contrarias a que el objeto de ciertas comunidades de bienes —por sus características esenciales, por la utilidad para su destino, etc.— se divida materialmente entre los comuneros, reforzándose así los supuestos de indivisibilidad que al respecto se recogen en el Código Civil[43]. Haciéndose eco de la inveterada jurisprudencia del Alto Tribunal en la materia, expresivo de lo dicho es la STS de 3 de febrero de 2005 (RJ 2005, 913) que, en referencia a preceptos que se verán a continuación, señala lo siguiente:

> «*que la indivisibilidad a que se refieren las normas contenidas en los artículos 401 y 406* [*rectius* artículo 404] *de nuestro ordenamiento civil sustantivo, no es la material o física, que siempre cabe en todas las cosas, sino la indivisibilidad jurídica, que es aquélla que, al realizarse físicamente, hace inservibles a su uso, las fracciones resultantes —art. 401 CC—, o produce un desmerecimiento de la cosa —art. 404—*»[44].

Expuesto entonces, aunque sea brevemente, el motivo que fundamenta la relevancia de los supuestos de indivisibilidad previstos en el Código Civil, debe hacerse hincapié en que estos supuestos de indivisibilidad no deben entenderse como una suerte de exclusión de la facultad de extinguir ciertas comunidades de bienes. En efecto, evitando voluntariamente la discusión *iuscivilística* respecto a si los supuestos de indivisibilidad obstan o no la acción de división de la cosa común, en lo que aquí interesa, estos supuestos representan una serie de circunstancias ante las cuales la extinción de tales comunidades no va a verificarse mediante la división material de su objeto, sino mediante su división económica[45] a la que hicimos mención al final del apartado II.B. de este Capítulo; esto es, adjudicando el mismo, el objeto en mano común, a una única persona —comunero o no—

43. Así lo expresa REYES LÓPEZ que apunta que «*Inicialmente se partió de la idea de que había que fomentar la salida del régimen de comunidad porque la permanencia en ella era fuente de problemas. Dicha concepción* [...] *han sido sin embargo objeto de revisión, no solo como resultado de la interpretación por parte de determinados autores, sino de modo fundamental por la consolidada doctrina por parte de la Sala 1.ª del Tribunal Supremo, que ha dejado establecido el criterio que cabe aplicar, tanto en los supuestos de indivisión material o jurídica de la cosa, como en los de indivisión por pérdida de su valor económico*», motivando esa corriente en «*la necesidad de conciliar las exigencias sociales actuales, que reclaman situaciones de comunidad con carácter permanente derivadas de la naturaleza del objeto sobre el que recae o del interés de sus comuneros, más que asumir posiciones partidarias únicamente de la propiedad individual frente a la comunitaria*» (REYES LÓPEZ, M. J.: «La acción de división en la comunidad de bienes: Análisis de los arts. 400 a 406 CC», *op. cit.*, página 342 y 344).
44. FD Segundo de la STS de 3 de febrero de 2005 (RJ 2005, 913).
45. Telegráficamente, pueden consultarse los compendios de las diferentes tesis al respecto de ABELLA RUBIO, J. M.: «La división de la cosa común en el Código Civil»,

y, en consecuencia, compensando a los comuneros que entregan su cuot a a ese adjudicatario único. Con todo, por el carácter práctico que pretende darse a esta parte del trabajo, nos quedamos con el pragmático resumen que de la cuestión hace ABELLA RUBIO al expresar en este sentido que «*se puede concluir que los artículos 401, 404 y 1062 del Código civil se complementan, equiparándose sus efectos, y a su vez aplicándose la solución que da el artículo 404 a los dos supuestos, ya que en definitiva el artículo 401 lo que realmente prohíbe es exigir la división de la cosa en copropiedad, pero no que ésta se extinga; mientras que el artículo 1062 lo que hace es reforzar y desarrollar esta interpretación*»[46], posición que encuentra reflejo en la jurisprudencia del Tribunal Supremo, por todas, en el Fundamento de Derecho Quinto de la STS de 19 de julio de 2013 (RJ 2013, 4640) que, remitiéndose a la STS de 22 de enero de 2013, sienta al respecto que «*el contenido de los artículos 401 y 404 del Código Civil no se refiere a realidades distintas, tratándose de normas que se complementan*».

Sentado pues que la indivisibilidad se erige, a la postre, en una circunstancia que *grosso modo* impide la división material del objeto de una comunidad de bienes en el momento de su extinción, es menester a continuación traer a colación los preceptos del Código Civil en que se fundamentan los distintos supuestos de indivisibilidad deducidos por la jurisprudencia y la doctrina. Así, tales supuestos de indivisibilidad son deducidos de los artículos 401, 404 y 1062 CC —resultando aplicable éste último *ex* artículo 406 CC—:

> «*los copropietarios no podrán exigir la división de la cosa común cuando de hacerla resulte inservible para el uso al que se destina*».
>
> «*Cuando la cosa fuere esencialmente indivisible, y los condueños no convinieren en que se adjudique a uno de ellos indemnizando a los demás, se venderá y repartirá su precio*».
>
> «*Cuando una cosa sea indivisible o desmerezca mucho por su división, podrá adjudicarse a uno, a calidad de abonar a los otros el exceso en dinero. Pero bastará que uno solo de los herederos pida su venta en pública subasta, y con admisión de licitadores extraños, para que así se haga*».

Atendiendo a los preceptos trascritos, es lugar común en la jurisprudencia y en la doctrina afirmar que, más allá de la indivisibilidad material

---

op. cit., páginas 96 a 100, de BOSCH CAPDEVILLA, E.: «La indivisión» en «División de la comunidad de bienes» (Directora: GETE-ALONSO Y CALERA, M. C.), Atelier, Barcelona, 2012, páginas 67 a 74, de REYES LÓPEZ, M. J.: «La acción de división en la comunidad de bienes: Análisis de los arts. 400 a 406 CC» *op. cit.*, páginas 365 a 372, etc.

46. ABELLA RUBIO, J. M.: «La división de la cosa común en el Código Civil», *op. cit.*, página 98.

—*«que siempre cabe en todas las cosas»*[47]—, existe una indivisibilidad jurídica que surge cuando la división material del objeto de la comunidad de bienes hace inservible el mismo para el uso al que se destina, produce en éste un anormal desmerecimiento u origina unos gastos considerables a los comuneros. O como aclara el Tribunal Supremo:

> *«La doctrina jurisprudencial sobre el concepto de indivisibilidad jurídica es pacífica, habiendo declarado numerosas Sentencias (entre las que cabe citar las de 7 de marzo de 1985, 13 de julio de 1996 y 12 de marzo de 2004) que la misma puede obedecer, bien a resultar [caso de división] inservible la cosa para el uso a que se destina, bien un anormal desmerecimiento, ora a la originación del gasto considerable a los partícipes»*[48].

Y más allá del contenido que deba dársele a esos supuestos de indivisibilidad deducidos por el Alto Tribunal de las disposiciones dedicadas al respecto por el Código Civil, es también doctrina pacífica que la apreciación de la concurrencia de tales supuestos de indivisibilidad, más que una cuestión fáctica, es un concepto valorativo deducible de unos hechos. O en las mejores palabras del Tribunal Supremo —reiteradas unánimemente por la doctrina científica—:

> *«como tiene declarado esta Sala, las apreciaciones sobre la divisibilidad o indivisibilidad en tal aspecto no es en realidad un hecho, sino un concepto valorativo deducible de unos hechos»*[49].

En este sentido, y a los efectos de encauzar adecuadamente la práctica de la prueba sobre la divisibilidad o no del objeto de una comunidad de bienes, nos resulta interesante lo dispuesto por el Alto Tribunal en relación con el papel del perito y del órgano juzgador en tal actividad y su valoración, señalándose al respecto que:

---

47. Reiterando lo dicho en la STS de 3 de marzo de 1976, sobre la naturaleza de la indivisibilidad que se contempla en el Código Civil se dispone en el ya visto FD Segundo de la STS de 3 de febrero de 2005 (RJ 2005, 913) que *«la indivisibilidad a que se refieren las normas contenidas en los artículos 401 y 406 de nuestro ordenamiento civil sustantivo, no es la material o física, que siempre caben todas las cosas, sino la indivisibilidad jurídica, que es aquélla que, al realizarse físicamente, hace inservibles a su uso, las fracciones resultantes —art. 401 CC—, o produce un desmerecimiento de la cosa —art. 404—»*.

48. FD Segundo de la STS de 3 de febrero de 2005 (RJ 2005, 913).
En la doctrina, léase en este sentido a ABELLA RUBIO, J. M.: «La división de la cosa común en el Código Civil», *op. cit.*, página 99, a REYES LÓPEZ, M. J.: «La acción de división en la comunidad de bienes: Análisis de los arts. 400 a 406 CC», *op. cit.*, página 372, etc.

49. Considerando 2.º de la STS de 7 de marzo de 1985 (RJ 1985, 1110), que recoge el parecer de la Sala expresado en la STS de 11 de junio de 1976 y que se reitera posteriormente, entre otras, en las SSTS de 12 de marzo de 2004 (RJ 2004, 3166), de 7 de julio de 2006 (RJ 2006, 7219), etc.

«Si para fijar los hechos de que ha de partir el juzgador en su apreciación de la divisibilidad o indivisibilidad de la cosa común, es importante el resultado de las pruebas periciales traídas a los autos, ha de tenerse en cuenta, en la valoración de estas pruebas, cuál es la función del perito que, indudablemente, no se extiende, como sucede en este caso, a entrar en valoraciones jurídicas como es la de afirmar el carácter divisible de los bienes formando lotes proporcionales a la participación de los comuneros [...] *sólo corresponde hacer al juzgador partiendo de los hechos que resulten probados, ya que, en otro caso, se está sustituyendo la función jurisdiccional por una actividad auxiliar a esa función como es la prueba pericial»* [50].

Decimos que nos resulta interesante el pasaje transcrito porque, trasladando al ámbito tributario *mutatis mutandis* lo sentado respecto a la prueba de la indivisibilidad y su valoración, el mismo creemos que es clarificador de dos circunstancias a tener en cuenta en la extinción de determinados patrimonios colectivos —concretamente, en la extinción de las comunidades plurales cuyo objeto está formado por bienes y derechos indivisibles pero que, considerados en su conjunto, hacen a éste divisible—. Así, lo señalado por el Tribunal Supremo, por una parte, sirve para advertir que no bastará al obligado tributario con aportar la pertinente pericial para así liquidar el correspondiente impuesto sobre la premisa de la indivisibilidad del objeto de la comunidad de bienes y, por otra parte y sobre todo, ayuda a subrayar que, en la extinción de tales patrimonios colectivos, es la Administración Tributaria exactora a la que compele combatir tal pretensión liquidadora del obligado motivando (activa y suficientemente, añadimos) que el objeto de la comunidad de bienes considerado en su totalidad no es indivisible y que el mismo, por ende, puede dividirse en lotes a distribuir entre los comuneros en los términos vistos anteriormente. En nuestra opinión, esa forma de inactividad de la Administración Tributaria es la que subyace en la particular extinción de un patrimonio colectivo de esta índole y su tributación enjuiciadas en la relevante STS de 30 de octubre de 2019 (RJ 2019, 4348) [51].

---

50. FD Segundo de la STS de 30 de julio de 1999 (RJ 1999, 6360).
51. Aunque en el apartado II.C.3. del Capítulo 2 profundizaremos en el análisis de esta resolución jurisdiccional, no podemos dejar de adelantar lo que la Sala Tercera del Tribunal Supremo apuntó en este sentido, y así, tras señalar que lo trascedente a efectos aplicación del supuesto de no sujeción previsto en el artículo 7. 2 letra B) TRLITP-AJD es *«que resulta inevitable la ubicación a uno solo de los condóminos con exceso de adjudicación a compensar»*, en el punto (i) del FD Tercero de la STS de 30 de octubre de 2019 (RJ 2019, 4348) se afirma que *«Por lo que se refiere a si era posible distribuir de manera alternativa los bienes entre ambos copropietarios debemos apuntar que la indivisibilidad de cada bien —individualmente considerado— no tiene por qué impedir que el reparto o adjudicación de los bienes entre los comuneros se pueda hacer por ejemplo, mediante la formación de lotes lo más equivalentes posibles, evitando en lo posible los excesos de adjudicación* [...] *Ahora*

Con todo, podemos concluir este apartado reiterando que la indivisibilidad del objeto de las comunidades de bienes —materializada en los distintos supuestos que alberga el Código Civil al respecto, tal y como interpretados por el Tribunal Supremo— no es más que una circunstancia impeditiva de la división material del mismo, circunstancias cuya concurrencia ha de ser valorada por el órgano juzgador (jurisdiccional o administrativo, según se trate) atendiendo a los hechos probados por quien interese que la extinción de la comunidad de bienes se materialice sobre tal premisa en cuanto a la divisibilidad su objeto, con los efectos que a continuación se dirán.

II.B.2.b) Las consecuencias de la indivisibilidad del objeto de las comunidades de bienes: Adjudicación del objeto a una única persona y compensación a los comuneros que entregan su cuota

Como advertíamos anteriormente, a diferencia de la extinción de las comunidades de bienes cuyo objeto es divisible —en la que la cesación de la situación de comunidad se logra *ex* artículo 1061 CC mediante la división de su objeto en lotes iguales a atribuir a los que fueran comuneros—, la disolución de las comunidades de bienes cuyo objeto es indivisible, por tal motivo, debe materializarse de otra forma, sustancialmente mediante la adjudicación de tal objeto a una única persona que compensará a los comuneros que han entregado su cuota en la comunidad con tal propósito. En contraposición a la división material apenas descrita, a este modo de cesación de la situación de comunidad se le denomina mayoritariamente división económica, o en palabras del Tribunal Supremo:

> *«la división material se practica cuando la cosa común es divisible y se puede adjudicar una porción a cada comunero; y la división económica, mediante la venta y el reparto del precio en proporción a la cuota de cada uno, cuando la cosa es indivisible físicamente o jurídicamente o por resultar inservible para el uso a que se destina o por desmerecer su valor»*[52].

La descripción —en términos tan genéricos— del principal efecto de la indivisibilidad del objeto de una comunidad de bienes de cara a su extinción es consecuencia de que tal efecto es regulado por los artículos 404 y 1062 CC en términos de alternatividad mas siempre en ese sentido. Queremos decir, atendiendo a la redacción de estos preceptos antes transcritos, dos

---

bien, nuevamente debe significarse, que ninguna de las partes del recurso, ni siquiera, la propia Administración autonómica recurrente, ha sugerido un mecanismo alternativo de reparto de los bienes, determinante de la extinción del condominio».

52. Por todas las anteriores en idéntico sentido, véase el FD Séptimo de la STS de 19 de julio 2013 (RJ 2013, 4640), que sigue lo dispuesto por la STS de 22 de enero de 2013 (RJ 2013, 1825).

son las opciones que el ordenamiento jurídico legitima para disolver la comunidad de bienes en estos supuestos: la adjudicación a uno de los comuneros —que compensará a los demás por el exceso de adjudicación— o, a falta de acuerdo para la adjudicación, la venta en pública subasta y posterior reparto del precio obtenido entre los comuneros en proporción a la cuota entregada.

Las diferencias existentes entre las disposiciones en liza, así como el hecho de que el Código Civil no profundiza en los presupuestos que deben concurrir para aplicar una u otra de las opciones descritas, han suscitado distintos interrogantes en torno a estas consecuencias que comporta la indivisibilidad del objeto de una comunidad de bienes. Particularmente, se cuestiona si la compensación que debe satisfacerse en los casos de adjudicación a uno de los comuneros ha de ser necesariamente en dinero y/o con bienes existentes en la propia comunidad y, de igual modo, se plantea cómo debe instrumentalizarse esa falta de acuerdo entre los comuneros respecto a la precitada adjudicación que determina a la postre la venta en pública subasta.

Pues bien, comenzando por lo concerniente al primero de los interrogantes suscitados y como se ha advertido anteriormente, durante un período pretérito se mantuvo una posición inicial en virtud de la cual se sostenía que la compensación que ha de satisfacer el comunero adjudicatario a los restantes comuneros que entregan su cuota debe ser en dinero que sea parte, a su vez, del objeto de la propia comunidad de bienes que se disuelve. Renovando que las disposiciones que ordenan la división de la herencia son aplicables a la extinción de las comunidades de bienes *ex* artículo 406 CC, esta posición inicial se fundamentaba en una interpretación a estos efectos de los artículos 404 y 1062 CC basada, principalmente, en el pasaje de este último precepto, que conmina al heredero adjudicatario a «*abonar a los otros el exceso en dinero*».

El apoyo más relevante de esta posición inicial va a encontrarse en la STS de 10 de febrero de 1997 (RJ 1997, 667), resolución jurisdiccional en materia hereditaria que, tras reiterar el mandato inicial del artículo 1062 CC

Como no podía ser de otra manera, el concepto de división económica debe proyectarse a estos efectos al ámbito tributario, y así lo reflejó la Sección 2.ª de la Sala Tercera del Alto Tribunal en su sentencia de 28 de junio de 1999 (RJ 1999, 6133) —de la que nos ocuparemos posteriormente—, en cuyo FD Tercero, con mayor precisión incluso, señaló que «*Lo que ocurre es que, en el caso de que la cosa común resulte por su naturaleza indivisible o pueda desmerecer mucho por su división* [...] *la única forma de división, en el sentido de extinción de comunidad, es, paradójicamente, no dividirla, sin adjudicarla a uno de los comuneros a calidad de abonar al otro, o a los otros*».

—*«Cuando una cosa sea indivisible* [...] *podrá adjudicarse a uno, a calidad de abonar a los otros el exceso en dinero»*—, sienta lo siguiente al respecto:

> *«aparte de la* ***inaplicabilidad de aquel párrafo primero en el caso de que en la herencia no exista otro bien que la cosa considerada indivisible*** *habida cuenta que el dinero con el que ha de pagarse el exceso ha de ser el existente en la herencia; en otro caso, nos encontraríamos ante una venta de la porción hereditaria supuesto que no es el contemplado en el art. 1062 citado»*[53].

Esta posición inicial no pudo sino ser aceptada por la DGRN, que en su resolución de 13 de mayo de 2013 (RJ 2003, 4477) reitera que *«el precepto que nos ocupa es inaplicable en el caso de que en la herencia no exista otro bien que el que se considera indivisible, habida cuenta que el dinero con el que ha de pagarse el exceso ha de ser el existente en la herencia»*[54].

Sin embargo, el Tribunal Supremo va a superar esta posición y a aceptar la disolución de comunidades de bienes con objeto indivisible en que el exceso de adjudicación a uno de los comuneros va a compensarse con dinero ajeno al haber común. Y aunque se trate de resoluciones jurisdiccionales recaídas fundamentalmente en supuestos de liquidación de sociedad de gananciales —en los que el artículo 1062 CC también es aplicable supletoriamente *ex* artículo 1410 del mismo cuerpo legal—, respecto al primero de los preceptos el Alto Tribunal sienta lo siguiente con carácter general en su sentencia de 28 de julio de 2020 (RJ 2020, 2477):

> *«El art. 1062 CC no exige que el metálico con el que deba compensar el partícipe al que se adjudica el bien deba existir en el haber partible, lo que resulta lógico dada la naturaleza fungible del dinero»*[55].

Atendiendo a los dos últimos pasajes jurisprudenciales transcritos, podría pensarse que existe contradicción entre una y otra posición del Alto Tribunal respecto al origen del dinero con el que el comunero adjudicatario compensa al resto, pero creemos que no es así del todo.

Queremos decir, la STS de 10 de febrero de 1997 (RJ 1997, 667) resuelve un litigio en el que la pretensión fundamental no versaba tanto sobre el origen de la compensación en estos supuestos, sino sobre si la disolución de la comunidad de bienes en cuestión debía realizarse mediante pública subasta —como acordado en la instancia y ratificado en la apelación a falta de convenio entre los comuneros— o mediante la adjudicación de su objeto —una finca— a uno de los comuneros interesado en ello. De esta perspec-

53. FD Segundo de la STS de 10 de febrero de 1997 (RJ 1997, 667).
54. FD Tercero de la resolución de la DGRN de 13 de mayo de 2003 (RJ 2003, 4477).
55. Apartado v) del punto 2. 4 del FD Tercero de la STS de 28 de julio de 2020 (RJ 2020, 2477).

tiva, el pronunciamiento antes destacado de esta resolución jurisdiccional no es más que un argumento *a fortiori* para justificar la inaplicabilidad del mandato inicial del artículo 1062 CC y, acorde con su segundo mandato, ratificar la debida venta en pública subasta cuando así lo exija cualquiera de los comuneros. A modo de refuerzo del carácter secundario del referido pronunciamiento, téngase en cuenta que, antes del pasaje transcrito de la resolución jurisdiccional en liza, el Tribunal Supremo hace constar que «***El párrafo primero del art. 1062 del Código Civil*** *no contiene sino una norma que* ***permite la atribución de un bien hereditario que resulte indivisible a uno de los coherederos abonando a los otros su exceso en dinero, pero tal precepto no obsta a la exigencia que puede hacer cualquiera de aquéllos de que el bien sea vendido en pública subasta*** *como se establece en el párrafo segundo de este art. 1062*»[56], destacando de esta forma, más que el dato del origen de la compensación a satisfacer, la obligatoriedad de la venta en pública subasta en defecto de convenio entre los comuneros para su adjudicación a favor de uno de éstos.

En cambio, el pronunciamiento de la STS de 28 de julio de 2020 (RJ 2020, 2477) sobre el origen de la compensación sí tiene carácter principal. En efecto, el recurrente en esta sentencia, contra la resolución de la instancia que le adjudicó cierto porcentaje de participaciones sociales de naturaleza ganancial con obligación de compensar por la mitad a su ex cónyuge, adujo específicamente que no disponía de dinero para tal, alegación que el Tribunal Supremo rechaza realizando el pronunciamiento general antes transcrito y sentando, una vez verificada la ausencia de dinero en el haber de la sociedad ganancial a disolver, que ni siquiera la falta de liquidez del comunero adjudicatario es causa para impedir la atribución a su favor ordenada por la instancia. Tras reflejar el pasaje anteriormente trascrito, la STS de 28 de julio de 2020 (RJ 2020, 2477) va más allá y viene a reforzar esa posición al advertirse que ni siquiera «*puede esgrimirse la ausencia de liquidez actual frente a la alternativa de una subasta que, por las razones expuestas, conduciría a una prolongación de la indivisión o, en última instancia, a una adquisición de las participaciones por un valor muy inferior al fijado por el contador partidor designado judicialmente, en contra de la finalidad perseguida por los arts. 1060 y 1061 CC*»[57].

En todo caso, y más allá de cuál se repute finalmente doctrina jurisprudencial aplicable en la materia, creemos que la reforma operada en el artículo 1056 CC puede reputarse como un argumento interpretativo rele-

56. FD Segundo de la STS de 10 de febrero de 1997 (RJ 1997, 667).
57. Apartado v) del punto 2.4 del FD Tercero de la STS de 28 de julio de 2020 (RJ 2020, 2477).

vante para decantarnos a favor de la posición que aboga por no exigir que las compensaciones a satisfacer en estos supuestos de extinción de comunidades de bienes procedan del patrimonio en mano común.

Así es, el referido artículo 1056 CC dispone lo siguiente sobre la facultad que se otorga al testador para ordenar una concreta partición de los bienes de su herencia:

> «*Cuando el testador hiciere, por acto entre vivos o por última voluntad, la partición de sus bienes, se pasará por ella, en cuanto no perjudique a la legítima de los herederos forzosos.*
>
> *El testador que en atención a la conservación de la empresa o en interés de su familia quiera preservar indivisa una explotación económica o bien mantener el control de una sociedad de capital o grupo de éstas podrá usar de la facultad concedida en este artículo, disponiendo que se pague en metálico su legítima a los demás interesados* [...]»[58].

Como se ha anticipado, la Disposición Final Primera de la Ley 7/2003[59] modificó el parcialmente trascrito párrafo Segundo del artículo 1056 CC, actualizando y ampliando ciertos términos de este mandato[60] y, en lo que ahora nos interesa, aclarando cuál puede ser el origen de la compensación en metálico que ha de satisfacer a los demás herederos el adjudicatario del bien o derecho cuya indivisión es instada por el testador.

En efecto, sentado que el adjudicatario del referido bien o derecho ha de compensar al resto de herederos por tal adjudicación, en una y otra redacción del artículo 1056 CC se viene a ordenar que tal compensación por el perjuicio a las legítimas de los demás herederos se satisfaga «*en metálico*». Sin embargo, en la redacción originaria del artículo 1056 CC nada más se añadía al respecto (posible) omisión que viene a colmar la reforma de este precepto en virtud de la cual se aclara que:

---

58. Obviándose su párrafo Primero cuya literalidad se mantiene, en la redacción originaria del restante artículo 1056 CC se disponía que:
«*El padre que en interés de su familia quiera conservar indivisa una explotación agrícola, industrial o fabril, podrá usar de la facultad concedida en este artículo, disponiendo que se satisfaga en metálico su legítima a los demás hijos*».

59. Ley 7/2003, de 1 de abril, de la Sociedad Limitada Nueva Empresa por la que se modifica la Ley 2/1991, de 23 de marzo, de Sociedades de Responsabilidad Limitada.

60. Concretamente, donde antes se decía que la posibilidad de preservar la indivisión consecuencia del ejercicio de esta facultad ha de instarse «*en interés de su familia*», ahora se contempla la posibilidad de que se haga también «*en atención a la conservación de la empresa*»; o donde antes se limitaba la precitada posibilidad en cuanto a su objeto a «*una explotación agrícola, industrial o fabril*», ahora se amplía el mismo y abarca sea «*una explotación económica*» que «*el control de una sociedad de capital o grupo de éstas*».

«A tal efecto, no será necesario que exista metálico suficiente en la herencia para el pago, siendo posible realizar el abono con efectivo extrahereditario y establecer por el testador o por el contador-partidor por él designado aplazamiento, siempre que éste no supere cinco años a contar desde el fallecimiento del testador; podrá ser también de aplicación cualquier otro medio de extinción de las obligaciones».

De esta última norma creemos que pueden extraerse dos conclusiones; por un lado, que el origen de la compensación en metálico a satisfacer a los demás herederos puede ser un efectivo extrahereditario existente o no en el momento de la partición y, por otro lado, que dicha compensación ni siquiera ha de ser en metálico en la medida que se contempla su satisfacción por medios distintos del pago que, *ex* artículo 1156 CC, sean susceptibles de extinguir la obligación de compensar[61].

Pues bien, teniendo en cuenta lo dicho en los párrafos precedentes y de aceptarse la similitud existente entre la obligación de compensar prevista en el artículo 1056 CC y la contemplada para los supuestos de extinción de comunidad de bienes cuyo objeto sea indivisible, podemos concluir entonces que esta disposición del Código Civil puede resultar a la postre un nuevo argumento a favor de la tesis jurisprudencial más reciente antes expuesta, que aboga por no exigir que el metálico con el que se compensa a los comuneros no adjudicatarios provenga del objeto de la comunidad de bienes que se extingue.

Expuesta la respuesta que entendemos debe darse al interrogante sobre el origen de la compensación que ha satisfacerse *ex* artículo 1062 CC, resta por afrontar la cuestión concerniente a la falta de acuerdo entre los comuneros respecto a la adjudicación del objeto de la comunidad de bienes a uno de ellos como circunstancia determinante de su venta en pública subasta. O, con otras palabras, ¿qué acuerdo se precisa en tal sentido para evitar que el objeto de la comunidad de bienes se venda en pública subasta?

Para contestar a esta pregunta conviene destacar previamente que la venta del objeto de una comunidad de bienes en pública subasta es un medio que introdujo el Código Civil para lograr una mayor justicia material en la extinción de las comunidades de bienes cuyo objeto es indivisible. Así es, la posibilidad de instar la pública subasta por cualquiera de los comuneros *ex* artículo 1062 CC sirve, en primer lugar, para proteger al más débil entre éstos, el cual, gracias a este medio —la subasta con admisión de licitadores extraños—, no se ve compelido a (mal) entregar su cuota al comunero mayoritario o al comunero que sí pueda afrontar económicamente las

61. Dispone el artículo 1156 CC que «*Las obligaciones se extinguen: Por el pago o cumplimiento. Por la pérdida de la cosa debida. Por la condonación de la deuda. Por la confusión de los derechos de acreedor y deudor. Por la compensación. Por la novación*».

compensaciones a satisfacer por la adjudicación a su favor del objeto de la comunidad de bienes. O con las mejores palabras del Tribunal Supremo en referencia a la posibilidad de que cualquier heredero inste la pública subasta *ex* artículo 1062 CC:

> *«Al decir de García Goyena —en su comentario al art. 909 del proyecto de 1851, que introducía la venta frente al arbitrio que se reconocía en el Derecho anterior al juez para adjudicar las fincas por entero a uno de los coherederos—, la licitación se justifica "porque no lastima el derecho de ninguno y tiende al beneficio de todos"; y la admisión de licitadores extraños "porque sin esto sería muy triste la condición del coheredero pobre". Se trataba, en definitiva, en el sistema introducido en ese momento en el Código, en el que bastaba la mayoría para acordar la partición, de evitar que el partícipe con una cuota mayoritaria o el más fuerte económicamente pudiera abusar de los demás, comprando su parte por menos de lo que podría obtenerse en el mercado»* [62].

Igualmente, y enlazando con la frase de cierre de la última resolución jurisdiccional trascrita, la venta en pública subasta con admisión de licitadores extraños es también un medio útil para lograr el mejor precio del objeto de la comunidad de bienes que se extingue. Esta afirmación, no compartida por parte de la doctrina que considera que en ocasiones los mayores beneficiados de esta circunstancia son los denominados *subasteros* [63], es sostenida por el Alto Tribunal cuando apunta sobre la venta en pública subasta que:

> *«Dicha solución es además la más beneficiosa para los propios intereses de la comunidad en orden a obtener un precio superior por el bien de propiedad común, permitiendo que en la subasta a celebrar participen, junto con los propios comuneros, licitadores extraños; sin que pueda obligarse a ningún partícipe a aceptar la adjudicación a uno del bien por una cantidad determinada, percibiendo su parte, cuando su voluntad es la de que se subaste para obtener el mayor precio posible»* [64].

---

62. Apartado iv) del punto 2.3 del FD Tercero de la STS de 28 de julio de 2020 (RJ 2020, 2477).

63. Así lo expresa ABELLA RUBIO, que sobre la venta en pública subasta sostiene que *«en teoría, la solución de la subasta debe garantizar que la enajenación del bien común se realice con la mayor claridad posible, pero en la práctica los que en muchas ocasiones se benefician de estas situaciones son los llamados "subasteros"»* (ABELLA RUBIO, J. M.: «La división de la cosa común en el Código Civil», *op. cit.*, página 102). En idéntico sentido, léase a SOLÉ RESINA, J.: «Régimen de la división», *op. cit.*, página 141.

64. FD Segundo de la STS de 14 de diciembre de 2007 (RJ 2007, 8930).
El Tribunal Supremo se expresa en idéntico sentido en el apartado v) del punto 2.3 del FD Tercero de la STS de 28 de julio de 2020 (RJ 2020, 2477), donde sienta que *«La venta en pública subasta como medio para lograr la igualdad entre los partícipes mediante el reparto del dinero obtenido persigue, en definitiva, que pueda obtenerse el mejor precio, lo que queda garantizado mediante la concurrencia de licitadores extraños»*.

Y, por último, también se ha dicho que la venta en pública subasta del objeto de la comunidad de bienes es medio para lograr la igualdad jurídica entre los comuneros en el momento de la extinción. Así se refleja en la STS de 27 de diciembre de 1994 (RJ 1994, 10386), resolución en la que el Tribunal Supremo, además de lo anterior, sostiene la validez constitucional de la venta en pública subasta como forma de finalización de la indivisión al sentar que:

> *«El motivo se desestima porque de la Constitución no se sigue la prohibición de subasta judicial como medio de salir de una situación de indivisión, ni hay ninguna pérdida de la propiedad sin procedimiento expropiatorio, sino transformación en su equivalente dinerario (precio obtenido en la subasta), que sigue siendo de los comuneros* [....] *ante la subasta pública las partes están en una posición de igualdad jurídica, pierden las dos su propiedad actual en favor del adjudicatario que pague el precio, adjudicatario que lo mismo puede ser un tercero que cualquiera de ellas»*[65].

Teniendo en cuenta lo que aporta la venta en pública subasta en orden a lograr una mayor justicia material en la extinción de las comunidades de bienes, no es de extrañar que subyazca en el Código Civil cierta preferencia por este medio para la extinción de la división frente a la alternativa de la adjudicación a uno de los comuneros. En efecto, si repasamos las redacciones de los artículos 404 y 1062 CC, se observará que estos preceptos exigen que los comuneros alcancen un acuerdo —de una forma u otra, como veremos— para poder procederse a la adjudicación del objeto de la comunidad de bienes a favor de uno de ellos y evitar así la venta del mismo en pública subasta.

Pero siendo cierto que es necesario alcanzar ese acuerdo entre los comuneros para el propósito descrito, no lo es menos que la forma y el momento de la exteriorización del mismo es diverso según se atienda a la literalidad del artículo 404 CC o del artículo 1062 CC. Así es, confrontando la redacción de uno y otro precepto podemos deducir que el primero de los mandatos exige a estos efectos, no ya un acuerdo, sino un consenso expreso entre todos los comuneros sobre la adjudicación del objeto de la comunidad de bienes a uno de ellos, consenso que, además, debiera hacerse valer antes de acordarse la venta en pública subasta. En cambio, la norma en materia hereditaria permite la (directa) adjudicación del objeto de la comunidad de bienes a uno de los herederos-comuneros, la cual sólo se verá obstada si alguno de ellos no la acepta *a posteriori* —*a contrario* se sigue exigiendo un consenso sobre la adjudicación— y, en consecuencia, insta la venta en pública subasta.

65. FD Tercero de la STS de 27 de diciembre de 1994 (RJ 1994, 10386).

El Alto Tribunal ya se pronunció bastante tiempo atrás sobre esta cuestión de la forma del consentimiento para adjudicar el objeto de una comunidad de bienes a uno de los comuneros, advirtiendo en este sentido que:

> *«la diferente forma de expresión utilizada por el legislador en los arts. 404 y 1062 y la imposibilidad de yuxtaponer ambos preceptos, dado que por su contenido y alcance discrepan de la manera de verificar la adjudicación a qué se refieren, al exigir el primero el previo convenio de todos los interesados, manifestado de forma expresa, sin cuyo requisito la cosa indivisible habrá de enajenarse repartiéndose su precio, y al permitir el segundo a la persona o personas que realmente practiquen la partición asignar dicha cosa a uno de los coherederos, al no ser que alguno solicite su venta en pública subasta, con lo que el asentimiento de éstos surge con posterioridad a tal acto tácito»*[66].

En todo caso, y en ausencia de una resolución jurisdiccional que claramente impida la aplicación a estos efectos del artículo 1062 CC en la extinción de las comunidades de bienes[67], lo que no debe concluirse de las disposiciones en liza es la necesidad de acreditar un intento de acuerdo entre los comuneros para la adjudicación como presupuesto necesario para extinguir las comunidades de bienes mediante la venta de su objeto en pública subasta. Esta afirmación se deduce de un pretérito fallo del Tribunal Supremo en el que este órgano jurisdiccional, pronunciándose sobre la mención al artículo 404 CC acerca de que *«los condueños no convinieren en que se adjudique a uno de ellos indemnizando a los demás»*, sienta lo siguiente al respecto:

> *«se alega finalmente* [...] ***que no consta en el proceso que se hubiera intentado el convenio de adjudicación a uno de los condueños, presupuesto, según el recurrente, del ejercicio procesal de la acción divisoria; motivo que tampoco puede prosperar porque en modo alguno la ley impone que esa circunstancia conste o se pruebe en el juicio como exigible al actor,*** *antes bien, según ya dijo la sentencia de 15 febrero 1909,* ***desde el momento en que uno de los condueños pide la enajenación de la cosa común es evidente que manifiesta su voluntad de que no se consulte a los demás condueños acerca de si a alguno conviene***

66. Considerando Cuarto de la STS de 2 de mayo de 1964.
67. Y decimos en ausencia de una resolución que claramente impida esa aplicación pues la precitada STS de 2 de mayo de 1964 lo apunta, mas sin disponerlo, al señalar que *«la remisión que el art. 406 del CCiv. hace a las normas reguladoras de la división de la herencia respecto de la relativa a la comunidad de bienes, no es tan absoluta e inexorable* [...] *por el contrario, únicamente regirán como supletorios o complementarios de las disposiciones específicas consignadas en los arts. 400 a 405 y en tanto no se opongan o estén en contradicción con ellos»*.

***su adjudicación y**, por consiguiente, no infringe el art. 404 ni el 1062 del C. Civ. la sentencia que decreta dicha subasta con admisión de licitadores extraños»*[68].

Sin intención de profundizar en ciertas especificidades en esta cuestión existentes en el Derecho Civil foral, entendemos que no debemos dejar de mencionar al menos determinadas normas que en ese ámbito se han aprobado tendentes a superar la falta de acuerdo entre los comuneros en este sentido y a facilitar la adjudicación a uno sólo de ellos del objeto de la comunidad de bienes que se extingue. Aunque pudiera suponer un cierto acercamiento a la ordenación de esta cuestión previa a la aprobación del Código Civil, deben destacarse en este sentido la Ley 374 de la Compilación del Derecho Civil foral de Navarra[69] y los apartados Cuarto y Quinto del artículo 552-11 del Libro Quinto del Código Civil de Cataluña[70].

En efecto, la disposición foral navarra, reformada en el año 2019, en lo que nos interesa dispone que, en ausencia de pacto de adjudicación entre los comuneros, «*Si la cosa fuere única e indivisible [...] el juez propondrá la adjudicación de la cosa entera a favor del copropietario que, en el plazo de los diez días siguientes al requerimiento que le realice a tal efecto, la acepte por su tasación judicial, con la condición suspensiva de pagar en dinero a los demás la compensación correspondiente. Cuando los copropietarios interesados en la adjudicación por dicho valor fueran varios, se citará a todos ellos a una comparecencia y el bien se adjudicará a aquel de ellos que ofrezca mayor valor*». Por su parte, la norma catalana alberga en cambio dos reglas para la adjudicación a uno sólo de los comuneros; por un lado, la prevista para los escenarios en que exista un participe mayoritario cualificado —en virtud de la cual «*4. El cotitular* [...] *que lo es de las cuatro quintas partes de las cuotas o más puede exigir la adjudicación de la totalidad del bien objeto de la comunidad pagando en metálico el valor pericial de la participación de los demás cotitulares*»— y, por otro lado, la contemplada para el resto de escenario —acorde con la misma «*5. El objeto de la comunidad, si es indivisible* [...] *se adjudica al cotitular* [...] que *tenga interés en el mismo. Si existen más de uno, al que tenga la participación mayor. En caso de interés y partici-*

68. Considerando Sexto de la STS de 6 de junio de 1983 (RJ 1983, 3446). En idéntico sentido, léase el FD 2.º de la STS de 14 de diciembre de 2007 (RJ 2007, 8930).
También encontraremos opiniones doctrinales más recientes, y así, haciendo referencia al artículo 404 CC, sostiene GETE-ALONSO Y CALERA que «*frente a una interpretación literal del precepto, que mantiene aisladamente algún sector de la doctrina, se alza otra más realista que entiende que no es necesario, para acudir a esta forma división, que previamente se haya intentado pactar la adjudicación del bien a uno de los codueños*» (GETE-ALONSO Y CALERA, M. C.: «Extinción de la comunidad ordinaria. La división» en «División de la comunidad de bienes» (Directora: GETE-ALONSO Y CALERA, M. C.), Atelier, Barcelona, 2012, página 97).
69. Aprobada por Ley 1/1973, de 1 de marzo.
70. Aprobado por Ley 5/2006, de 10 de mayo.

pación iguales, decide la suerte. El adjudicatario o adjudicataria debe pagar a los demás el valor pericial de su participación, que en ningún caso tiene la consideración de precio ni de exceso de adjudicación» — [71].

Finalmente, y para cerrar ya con esta cuestión sobre el acuerdo para la adjudicación del objeto de la comunidad de bienes a uno de los comuneros y la falta del mismo como circunstancia determinante de su venta en pública subasta, ha de advertirse que ésta, la venta en pública subasta, no siempre se reputa atendible, pese a la literalidad del artículo 1062 CC, aun cuando así lo inste alguno de los comuneros. Concretamente, el Alto Tribunal, atendiendo a la naturaleza del objeto de la sociedad de gananciales que se liquidaba —participación minoritaria en una sociedad limitada mediante la cual se gestionaba un negocio familiar—, dispuso en este sentido que:

> «*La venta en pública subasta como medio para lograr la igualdad entre los partícipes mediante el reparto del dinero obtenido persigue, en definitiva, que pueda obtenerse el mejor precio, lo que queda garantizado mediante la concurrencia de licitadores extraños.*

Por tanto, no resultará razonable acordar la subasta, aunque lo pida uno de los partícipes cuando, dada la naturaleza de los bienes, su valor no sea suficientemente líquido por no poder acceder a un mercado organizado»[72].

El posible tránsito de esta conclusión a la extinción de las comunidades de bienes nos genera una reflexión. A saber, esta suerte de adjudicación forzosa a uno de los comuneros, pese a estar legitimada por el Tribunal Supremo, debe reputarse como una solución excepcional[73] a un caso muy específico, sin que ello signifique negar la comentada preferencia del

71. Una cierta profundización en esta norma catalana puede encontrarse en SOLÉ RESINA, J.: «Régimen de la división», *op. cit.*, páginas 138 a 141. De la misma queremos destacar ahora como la autora afirma que la regla contenida en el apartado Cuarto del artículo 552-11 «*resultará de aplicación cuando la cosa en comunidad es indivisible, pero no cuando es indivisible*» (SOLÉ RESINA, J.: «Régimen de la división», *op. cit.*, página 138).
72. Apartado v) del punto 2.3 del FD Tercero de la STS de 28 de julio de 2020 (RJ 2020, 2477).
73. Sobre la excepcionalidad de esta suerte de adjudicaciones forzosas ya se ha pronunciado el Alto Tribunal. En un primer momento, con motivo de la evacuación de la referida STS de 28 de julio de 2020 (RJ 2020, 2477), en el punto 23 del voto particular a la misma formulado por el Magistrado Seoane Spiegelberg, al que se adhieren los Magistrados Sancho Gargallo y Díaz Fraile, se advierte ya que con ésta «*Se abre igualmente un frente en la interpretación del art. 1062 del CC, que permita obligar a un copartícipe en una herencia, comunidad de bienes o liquidación de un régimen económico matrimonial a soportar la adquisición forzosa de un bien inventariado de naturaleza indivisible, negándole la posibilidad legal de solicitar su venta, sin constatación de una situación de abuso de derecho por su parte*».

Código Civil por la venta en pública subasta como medio para la extinción de las comunidades de bienes cuyo objeto se repute indivisible.

Pero hecha tal advertencia y sin negar la posibilidad de adoptar esas adjudicaciones forzosas, el Tribunal Supremo confirma la excepcionalidad de las mismas al afirmar en el FD 2.º de la STS de 9 de septiembre de 2021 (RJ 2021, 4059) que «*En la sentencia 458/2020, de 28 de julio, y en el ámbito de la liquidación de gananciales, se adopta una posición crítica frente a la adjudicación en propiedad a uno de los esposos, con abono en metálico al otro, de la vivienda familiar cuando lo ha sido en contra de su voluntad, por ser factible proceder a su venta y repartir el dinero ente ambos* [...] *también se dice que ello ha sido, excepcionalmente*».

Capítulo 2

La extinción de la comunidad de bienes en el Impuesto sobre Transmisiones Patrimoniales Onerosas: la sujeción de los excesos de adjudicación

SUMARIO: I. CONSIDERACIONES GENERALES SOBRE LA TRIBUTACIÓN DE LA EXTINCIÓN DE LAS COMUNIDADES DE BIENES. II. LA TRIBUTACIÓN DE LA EXTINCIÓN DE LAS COMUNIDADES DE BIENES EN EL ITP-AJD —MODALIDAD TPO—. *II.A. Una cuestión previa: la no sujeción al ITP-AJD —modalidad TPO— de las adjudicaciones de bienes a los comuneros en proporción a su cuota. II.B. Los excesos de adjudicación sujetos al ITP-AJD —modalidad TPO—: evolución en la jurisprudencia del tribunal supremo. II.C. Los excesos de adjudicación no sujetos al ITP-AJD —modalidad TPO— por el carácter indivisible del objeto de la comunidad de bienes que se extingue.* II.C.1. La no sujeción de excesos de adjudicación prevista en el artículo 7. 2 letra B) TRLITP-AJD no se limita a la extinción de comunidades de bienes de origen sucesorio. II.C.2. La indivisibilidad del objeto de la comunidad de bienes como circunstancia que justifica la no sujeción al ITP-AJD —modalidad TPO—. II.C. 3. El presupuesto de la adjudicación a una única persona: La inevitabilidad de la adjudicación del objeto de la comunidad de bienes a uno sólo de los comuneros. II.C.4. El presupuesto de la satisfacción en dinero de la compensación al comunero no adjudicatario: Incidencia de la STS de 30 de octubre de 2019.

I. CONSIDERACIONES GENERALES SOBRE LA TRIBUTACIÓN DE LA EXTINCIÓN DE LAS COMUNIDADES DE BIENES

Una vez esbozado qué debe entenderse por extinción de comunidades de bienes y cuáles son los presupuestos que deben concurrir para que la misma acaezca, procede ahora, como se ha advertido anteriormente, verificar si ese negocio jurídico ha sido adecuadamente aprehendido por el ordenamiento y la práctica tributaria, menester que materializa otra finalidad fundamental de este trabajo. O, con otras palabras, comprobar cuál es el grado de alineación existente entre el Derecho Civil y el Derecho Tributario en esta materia puesto de manifiesto con la sujeción a imposición o no de ciertos efectos derivados de la extinción de las comunidades de bienes.

Pues bien, antes de profundizar en éste y en el sucesivo capítulo en las distintas consecuencias impositivas que pueden derivarse de la extinción de las comunidades de bienes, debemos advertir en primer lugar que, aunque notorio, no existe en el ordenamiento jurídico-tributario un concepto autónomo de extinción de comunidades de bienes distinto de aquél que nos ha brindado el Derecho Civil[1]. En nuestra opinión, ello vendría significar que la aplicabilidad de una norma tributaria que de alguna manera descanse en el efectivo concurso de este negocio jurídico —sea a efectos de su gravamen que a efectos de la exoneración del mismo— debe quedar condicionada a la estricta verificación de la concurrencia de los presupuestos a tal propósito antes deducidos —*grosso modo* la cesación de la indivisión y la división de la cosa común—. No obstante lo anterior, y como señalábamos al cierre del apartado II.A. del Capítulo 1 de este trabajo, el Derecho Tributario camina de la mano del Derecho Civil en esa posición avanzada que describíamos en cuanto al entendimiento del requisito de la cesación de la indivisión.

Aceptada esa suerte de premisa metodológica, otra consideración general en cuanto a la imposición sobre las extinciones de comunidades de bienes es la de su especificidad dentro del sistema tributario. Queremos decir, lo particular de ciertos efectos derivados de este negocio jurídico —en especial, los excesos de adjudicación— dentro del más amplio género de las transmisiones determina que no pocas leyes reguladoras de impuestos prevean, expresa o implícitamente, un concreto tratamiento tributario para la extinción de las comunidades de bienes. Así, por ejemplo, el artículo 7. 2

1. Aunque en referencia al ITP-AJD, apunta JUÁREZ GONZÁLEZ en este sentido que *«en la normativa del ITP y AJD no hay un concepto fiscal propio o autónomo del civil ni de la comunidad de bienes ni de la disolución de comunidad o extinción del condominio»* (JUÁREZ GONZÁLEZ, J. M.: «La tributación en el ITP y AJD de las disoluciones de comunidades», *op. cit.*), ausencia que podemos extender sea al IIVTNU que al IRPF.

TRLITP-AJD contempla el gravamen en concepto de ITP-AJD —modalidad TPO— sólo para ciertos excesos de adjudicación que acaezcan en la extinción de las comunidades de bienes, el numero 4.º del artículo 22 TRLITP-AJD equipara determinadas comunidades de bienes a las sociedades a efectos del ITP-AJD —modalidad OS—, el artículo 33. 2 LIRPF considera que ese negocio jurídico no (siempre) determina una alteración en la composición del patrimonio y, por ende, tampoco integra el concepto de GyP sujeto al impuesto, etc.[2].

De entre esos tratamientos tributarios concretos, y por las razones aducidas en el párrafo que inicia la Introducción de este trabajo, nos interesa el que a la extinción de las comunidades de bienes se dispensa en el ITP-AJD —modalidad TPO—, cuyo análisis, tal y como ha sido interpretado por la doctrina jurisprudencial y administrativa, constituye el objeto de los capítulos que siguen. Este análisis se realizará diferenciando en cada capítulo las principales consecuencias que en cuanto a la sujeción a este concepto impositivo se derivan de los distintos escenarios de disolución de las comunidades de bienes —fundamentalmente, las extinciones *stricto sensu* con excesos de adjudicación y las extinciones parciales— y terminará, anticipando la conclusión que se dirá, con la denuncia de que los mismos no siempre son congruentemente aprehendidos y aplicados, especialmente, por la Administración Tributaria.

Finalmente, acorde con lo dicho en el párrafo anterior y a modo de pauta metodológica que se observará en el desarrollo de los apartados que siguen, el precitado análisis de esos concretos tratamientos tributarios se completará, una vez fijado el marco normativo determinante de los mismos, exponiendo en primer lugar cuál es la interpretación que de éstos hace la doctrina jurisprudencial, para, posteriormente, ofrecer la exégesis que de tales patrocina la Administración Tributaria a través, principalmente, de las numerosas resoluciones evacuadas por el TEAC y por la DGT en esta materia. De la confrontación de uno y otro entendimiento surgirán las divergencias interpretativas (existentes) en cuanto a la tributación de la extinción de las comunidades de bienes en el ITP-AJD —modalidad TPO—. La exposición de estas divergencias interpretativas dentro del Derecho Tributario, así como la adecuada justificación de la concreta exégesis que se entienda debe prevalecer, va a convertirse por su relevancia en una ulterior finalidad fundamental de este trabajo.

---

2. En idéntico sentido se expresa ORÓN MORATAL cuando sostiene que «*La proyección del condominio, y en concreto de su extinción, que es lo que nos ocupa, tiene consecuencias, o puede tenerlas en muchos impuestos, directos, como el IRPF, el IS, el IIVTNU, el ISD; o indirectos, como el ITP-AJD y el IVA*» (ORÓN MORATAL, G.: «La extinción de condominio y sus efectos fiscales», Quincena Fiscal número 10, 2023, página 35).

II. LA TRIBUTACIÓN DE LA EXTINCIÓN DE LAS COMUNIDADES DE BIENES EN EL ITP-AJD —MODALIDAD TPO—

Hecha relación de las principales problemáticas que suelen surgir en relación con la sujeción al ITP-AJD —modalidad TPO— de la extinción de comunidades de bienes, procede a continuación centrarse en aquélla que con papel protagonista se presenta en este concepto impositivo: La sujeción de los excesos de adjudicación y la exoneración de gravamen de algunos de éstos[3].

II.A. UNA CUESTIÓN PREVIA: LA NO SUJECIÓN AL ITP-AJD —MODALIDAD TPO— DE LAS ADJUDICACIONES DE BIENES A LOS COMUNEROS EN PROPORCIÓN A SU CUOTA

Como sabido, y a modo de exposición del marco normativo determinante de la cuestión que nos ocupa, son los artículos 1.1.1.º y 7.1 TRLITP-AJD los preceptos que fijan el hecho imponible del ITP-AJD —modalidad TPO—, estableciéndose en la última disposición a los efectos que nos interesan que:

> «*Son transmisiones patrimoniales sujetas:*
>
> *A) Las transmisiones onerosas por actos "inter vivos" de toda clase de bienes y derechos que integren el patrimonio de las personas físicas o jurídicas*»[4].

Aunque la extensión del elemento material de este hecho imponible resulte conocida, no está de más recordar lo que sobre la misma ha considerado el Tribunal Supremo. Así, sin desconocer que se trata de una resolución recaída en relación a la definición del hecho imponible en una anterior Ley reguladora del impuesto, resulta clarificadora en este sentido la consideración que el Alto Tribunal hizo al respecto en su sentencia de 17 de junio de 1994:

> «*el hecho imponible está representado por el supuesto de que un determinado bien o derecho pase de un titular a otro, salga de un patrimonio para ingresar en patrimonio distinto, de manera que es ese tráfico de los bienes o derechos lo que queda gravado.*

---

3. Un interesante y compendioso análisis de estas problemáticas, pero anterior en el tiempo a las resoluciones jurisdiccionales del Tribunal Supremo que han motivado este trabajo, puede encontrarse en las páginas 390 y siguientes de la tesis doctoral de LALAGUNA HOLZWARTH, titulada «La comunidad societaria en el Derecho Tributario» y dirigida por el Profesor LOZANO SERRANO.

4. A esta definición de transmisión patrimonial le precede la fijación de las mismas como objeto de gravamen de este impuesto en el artículo 1. 1. 1.º TRLITP-AJD («*El Impuesto sobre Transmisiones Patrimoniales y Actos Jurídicos Documentados es un tributo de naturaleza indirecta que, en los términos establecidos en los artículos siguientes, gravará: 1.º Las transmisiones patrimoniales onerosas*»).

En justificación del primitivo Impuesto donde tiene su precedente (Derechos Reales), se dijo el pasado siglo que era como el "peaje" que cobra el Estado por el pacífico tránsito de los bienes a través de las vías jurídicas que tiene establecidas y lo garantizan. De este modo, desde cualquier perspectiva, el hecho imponible está representado por la transmisión; y donde no hay transmisión, no hay hecho imponible»[5].

En aplicación ya de la vigente Ley reguladora del impuesto y con ocasión del dictado de una sentencia —que se analizará— que versa precisamente sobre la tributación en este concepto impositivo de las extinciones de comunidades de bienes, el Tribunal Supremo ha tenido la oportunidad de realizar otro pronunciamiento sobre el hecho imponible de la modalidad de TPO del ITP-AJD. Estamos haciendo referencia a la STS de 26 de junio de 2019 (RJ 2019, 4348), en la que Alto Tribunal, antes de ocuparse del gravamen sobre los excesos de adjudicación, dedica las siguientes líneas a la extensión del hecho imponible referido:

«Desde el punto de vista de la ley tributaria, el art. 7 del TRITPAJD define el hecho imponible de la transmisión patrimonial onerosa de toda clase de bienes y derechos que integren el patrimonio de las personas físicas o jurídicas. Se grava con carácter general todo tráfico civil de bienes o derechos que se produce en nuestro sistema jurídico, movimientos o desplazamiento entre sujetos de derecho, cualquiera que sea el negocio jurídico a través del que se instrumente [...] *Se trata pues de una modalidad que tiene por objeto el desplazamiento de un derecho patrimonial con causa onerosa que viene constituida, para cada parte contratante en la prestación que recibe de la otra (art. 1274 CC) y en la que el resultado es siempre el cambio de titularidad de ese derecho, de manera que fundamento del gravamen se encuentra en la capacidad económica que se pone de manifiesto con esa adquisición»*[6].

Este último esbozo de la extensión del hecho imponible del ITP-AJD —modalidad TPO— merece ser completado con el pasaje que a esta cuestión se dedica en el voto particular formulado a esta sentencia, y en cual se señala al respecto que:

«el Impuesto indirecto sobre Transmisiones Patrimoniales grava la adquisición por el obligado tributario de nuevos derechos de contenido económico que no existían con anterioridad en su patrimonio jurídico; una adquisición que efectúa dicho obligado utilizando la renta que obtuvo con anterioridad, para dar cumplimiento con

5. FD Tercero de la STS de 17 de junio de 1994 (RJ 1994, 5319).
6. FD Quinto de la STS de 26 de junio de 2019 (RJ 2019, 2772).
En idéntico sentido léanse las sentencias posteriores del propio Tribunal Supremo —SSTS de 26 de noviembre de 2020, de 17 de noviembre de 2020, de 17 de diciembre de 2020 (RJ 2020, 5009), etc.—, así como resoluciones jurisprudenciales de distintos Tribunales Superiores de Justicia —por todas, la STSJ de Madrid de 16 de marzo de 2020 (JUR 2020, 176674), las SSTSJ de Extremadura de 9 de enero de 2020 (JUR 2020, 48490) y (JUR 2020, 48509) y la STSJ de Andalucía (sede de Sevilla) de 20 de mayo de 2022 (JUR 2022, 279803)—.

> *ella a la contraprestación económica que por él ha sido asumida en el negocio oneroso libremente perfeccionado como título jurídico de esa nueva adquisición»*[7].

De los textos trascritos nos interesa destacar ahora cómo el Alto Tribunal deduce una serie de circunstancias que deben concurrir para determinar la sujeción de las transmisiones patrimoniales al ITP-AJD —modalidad TPO—. De entre estas circunstancias (onerosidad de la adquisición, transmisión *inter vivos*, etc.), la que cobra especial relevancia a efectos de la tributación de las extinciones de comunidades de bienes en el concepto impositivo que nos ocupa es la concerniente al carácter derivativo de las adquisiciones que pretenden gravarse. Queremos decir, sirviéndonos de las expresiones empleadas por el Tribunal Supremo en los pasajes antes vistos, el ITP-AJD —modalidad TPO— grava adquisiciones en que «*un determinado bien o derecho pase de un titular a otro, salga de un patrimonio para ingresar en patrimonio distinto*», o «*grava la adquisición por el obligado tributario de nuevos derechos de contenido económico que no existían con anterioridad en su patrimonio jurídico*».

Aceptado que quedan sujetas al impuesto las transmisiones patrimoniales que materialicen una adquisición derivativa y trasladando esta premisa a las extinciones de comunidades de bienes, podríamos decir entonces que esa suerte de tráfico de bienes y derechos que se produce entre la comunidad de bienes y sus comuneros con motivo de la disolución de ésta sólo será gravado por el ITP-AJD —modalidad TPO— cuando éstos, los comuneros, adquieran algo que no existía anteriormente en su patrimonio jurídico.

Pues bien, cuando caracterizábamos la extinción de comunidades de bienes exponíamos que uno de los presupuestos esenciales de este negocio jurídico es la división de la cosa común, o como decíamos entonces, la materialización de las cuotas proporcionales abstractas de los comuneros y la consiguiente adjudicación a ellos, en propiedad exclusiva y separada y de acuerdo con sus cuotas, de una parte de la cosa común. Y recuérdese que «*Este intercambio de cuotas por bienes*», como la Sala Primera del Tribunal Supremo describió la división de la cosa común, fue caracterizado por la misma en los siguientes términos:

> ***«acto de disposición a título oneroso, aunque su fin esencial no sea el de enajenar y adquirir, sino el de determinar o especificar derechos»***[8].

Renovado entonces el carácter especificativo de derechos que dábamos a la división de la cosa común en el cierre del apartado II.B.1.a) del Capítulo

7. Razonamiento Primero del voto particular que formulan los Magistrados Maurandi Guillen, Aguallo Avilés y Cudero Blas a la STS de 26 de junio de 2019 (RJ 2019, 2772).
8. FD Cuarto de la STS de 17 de abril de 1986 (RJ 1986, 1857).

1 de este trabajo, el mejor trasunto de esta cuestión al Derecho Tributario tuvo lugar con una serie de sentencias del Alto Tribunal sobre la consideración o no como primera entrega de edificaciones de las adjudicaciones de viviendas y locales consecuencia de la división de la cosa común en los supuestos de promoción en régimen de comunidad de bienes. Así, a efectos de aplicar el correspondiente impuesto transmisorio y otorgándosele la consideración de primera transmisión sólo a aquélla que tenga como destinatario a un tercero ajeno a la comunidad de bienes, sobre la previa división de la cosa común se disponía lo siguiente:

> *«la división de la cosa común, con extinción del condominio, es una actividad que podría calificarse en cierto modo de interna, cuya función no es traslativa del dominio, sino que consiste en concretar materialmente las cuotas abstractas correspondientes a los copropietarios»*[9].

Aunque con lo dicho en el pasaje anterior debiera bastar para afirmar que la división de la cosa común, que el intercambio de cuotas por bienes, no es una transmisión patrimonial a efectos de la sujeción al ITP-AJD —modalidad TPO—, habrá que esperar a la relevante STS de 28 de junio de 1999 (RJ 2019, 2772) para encontrar un pronunciamiento aún más específico en este sentido. Concretamente, y empleando la frase que ha hecho fortuna en esta cuestión, el Tribunal Supremo sienta en esta resolución jurisdiccional que:

> *«la división de la cosa común y la consiguiente adjudicación a cada comunero en proporción a su interés en la comunidad de las partes resultantes no es una transmisión patrimonial propiamente dicha —ni a efectos civiles ni a efectos fiscales— sino una mera especificación o concreción de un derecho abstracto preexistente»*[10].

Más allá de la no existencia de transmisión patrimonial «*ni a efectos civiles ni a efectos fiscales*», del texto trascrito nos interesa destacar ahora la referencia que el Alto Tribunal hace a que la división de la cosa común es «*una mera especificación o concreción de un derecho abstracto preexistente*». En efecto, el reconocimiento de que la adjudicación de bienes a cada comunero en proporción a su cuota representa la concreción del derecho abstracto que éste ya detentaba sobre la cosa común viene a significar que esa *transmisión* (que no lo es), además, no materializa adquisición derivativa alguna, en

9. Por todas, FD Cuarto de la STS de 27 de octubre de 1994 (RJ 1994, 8193), que toma esta conclusión alcanzada en otras resoluciones jurisdiccionales del Alto Tribunal emanadas con idéntico trasfondo (SSTS de 10 de enero de 1991 y de 11 de junio de 1988) y a la que se remiten las SSTS de 23 de mayo de 1998 y de 28 de junio de 1999 (RJ 1999, 6133), que se verá.
10. FD Tercero de la STS de 28 de junio de 1999 (RJ 1999, 6133).

tanto que los bienes adjudicados al comunero no se entiende que procedan de un titular anterior.

Consecuencia de todo lo dicho, el Tribunal Supremo no va a poder sino concluir que:

> *«la división y consiguiente adjudicación de las partes en que se hubieran materializado las cuotas ideales anteriormente existentes no son operaciones susceptibles de realizar el hecho imponible del Impuesto sobre Transmisiones Patrimoniales a tenor de lo establecido en el art. 7.1 A) del Texto Refundido y de su Reglamento»*[11].

Enlazando con esa referencia al Reglamento del impuesto, hemos de mencionar que lo dicho hasta ahora encuentra reflejo normativo en el artículo 61. 2 RITP-AJD, precepto que, desde la perspectiva del gravamen en concepto de AJD, indirectamente está reconociendo la no sujeción al ITP-AJD —modalidad TPO— de la operación descrita —la adjudicación de bienes a cada comunero en proporción a su cuota— al sentar que:

> *«La disolución de comunidades de bienes que no hayan realizado actividades empresariales, siempre que las adjudicaciones guarden la debida proporción con las cuotas de titularidad, sólo tributarán, en su caso, por Actos Jurídicos Documentados».*

Para cerrar este apartado, y de acuerdo con la premisa metodológica que nos dimos al inicio de este Capítulo, es de decir que la doctrina administrativa sobre la no sujeción al ITP-AJD —modalidad TPO— de las adjudicaciones de bienes a los comuneros en proporción a su cuota está alineada con la doctrina jurisprudencial que acabamos de ver. Y muestra de ello, por todos los precedentes en vía administrativa, véase lo dispuesto al respecto en la resolución del TEAC de 15 de septiembre de 2015 (JT 2015, 1431):

> *«Con respecto a la modalidad TPO del ITP y AJD, como regla general, no se encuentra sujeta la disolución de comunidades de bienes siempre que no se produzcan excesos de adjudicación, por ajustarse ésta a la cuota de participación de cada uno de los comuneros adjudicatarios y siempre que a cada uno de estos se le adjudique la titularidad exclusiva y separada de una parte concreta y específica del bien o derecho sobre el que recae la situación de comunidad»*[12].

Y a modo de conclusión de todo lo dicho hasta ahora es de decir que las adjudicaciones de bienes a los comuneros en proporción a su cuota que se verifiquen en la extinción de comunidades de bienes, el «*intercambio de cuotas por bienes*», no quedan sujetas al ITP-AJD —modalidad TPO— en la medida que las mismas no comportan una transmisión patrimonial, no hay

11. FD Tercero de la STS de 28 de junio de 1999 (RJ 1999, 6133).
12. FD Cuarto de la resolución del TEAC de 15 de septiembre de 2015 (JT 2015, 1431).

adquisición derivativa, sino «*una mera especificación o concreción de un derecho abstracto preexistente*».

II.B. LOS EXCESOS DE ADJUDICACIÓN SUJETOS AL ITP-AJD —MODALIDAD TPO—: EVOLUCIÓN EN LA JURISPRUDENCIA DEL TRIBUNAL SUPREMO

Justificado por los motivos expuestos que las adjudicaciones de bienes a los comuneros en proporción a su cuota no quedan sujetas al ITP-AJD —modalidad TPO—, es igualmente sabido que la Ley reguladora del impuesto sí entiende someter a este gravamen otras adjudicaciones de bienes que pueden verificarse en las extinciones de comunidades de bienes. Concretamente, una vez fijado el hecho imponible de la modalidad de TPO en los términos vistos y completando el marco normativo determinante de la cuestión que nos ocupa, se añade a continuación en el artículo 7. 2 TRLITP-AJD que:

> «*Se considerarán transmisiones patrimoniales a efectos de liquidación y pago del impuesto:*
>
> [...]
>
> *B) Los excesos de adjudicación declarados, salvo los que surjan de dar cumplimiento a lo dispuesto en los artículos 821, 829, 1.056 (segundo) y 1062 (primero) del Código Civil y Disposiciones de Derecho Foral, basadas en el mismo fundamento*».

De esta forma la Ley reguladora del impuesto da entrada al concepto de exceso de adjudicación como forma de sujeción al ITP-AJD —modalidad TPO—. Este concepto, pese a su indiscutible protagonismo en este gravamen, no ha sido definido por el mencionado cuerpo legal —ni por su norma reglamentaria de desarrollo— ni resulta de fácil interpretación en la medida que su exégesis se ha ido complicando por la adjetivización del mismo en la doctrina jurisprudencial y administrativa. Esto es, la doctrina jurisprudencial y administrativa, con la intención de facilitar la comprensión de su imposición en el ITP-AJD —modalidad TPO—, ha ido adosando al concepto de exceso de adjudicación calificativos como verdadero o evitable que, como veremos, han provocado a la postre ciertas dificultades en su entendimiento.

No obstante las salvedades planteadas, lo que no parece discutible es que el artículo 7. 2 letra B) TRLITP-AJD contiene dos mandatos diferenciados en cuanto a la tributación de los excesos de adjudicación en el concepto impositivo que nos ocupa. En primer lugar, y a modo de regla general, se establece la sujeción al ITP-AJD —modalidad TPO— de (todos) los excesos de adjudicación declarados, para posteriormente, y a modo de excepción de esa regla general, consagrar la no sujeción de ciertos excesos de adjudicación que, sustancialmente, traen causa del carácter indivisible del objeto de la comunidad de bienes que se extingue. En éste y en los apartados que siguen abordamos la interpretación que se hace de estos dos mandatos relativos a la imposición de los excesos de adjudicación en el ITP-AJD —modalidad TPO—.

Hecho esbozo de los escenarios de tributación de los excesos de adjudicación en el impuesto que nos ocupa, en este apartado vamos a profundizar en la regla general antes referida y tratar de delimitar con cierta precisión cuáles son los excesos de adjudicación declarados sujetos al ITP-AJD —modalidad TPO—. Como hemos dicho, la normativa reguladora del impuesto no define que son los excesos de adjudicación y, aunque creamos que este concepto es intuitivamente aprehensible, lo cierto es que la jurisprudencia del Tribunal Supremo, particularmente, ha complicado la comprensión del mismo en sucesivas resoluciones jurisprudenciales.

Así, una primera aproximación —más general— al concepto de exceso de adjudicación a estos efectos la da el propio Tribunal Supremo cuando sostiene que:

> *«para que se dé la sujeción al ITP por exceso en la adjudicación es presupuesto ineludible la existencia de ese exceso, esto es que alguno de los adjudicatarios en la extinción de la comunidad haya obtenido una ventaja o exceso de adjudicación sobre la que en principio le correspondía con arreglo a su título»*[13].

Esa ventaja que obtiene un participe en la extinción de la comunidad «*sobre la que en principio le correspondía con arreglo a su título*» define el concepto de exceso de adjudicación y a su vez, conforme con lo dicho en el apartado anterior *a contrario*, materializa la adquisición derivativa que determina su sujeción al ITP-AJD —modalidad TPO—, pues esa ventaja que obtiene puede decirse que no es algo que tuviese con anterioridad.

Sin embargo, la aparente sencillez de esta definición se va a complicar a medida que el Alto Tribunal, yendo más allá de lo que es una primera aproximación al concepto de exceso de adjudicación, trate de concretar cuando se da una ventaja a favor de un adjudicatario en la extinción de una comunidad de bienes. En este sentido es referente sin duda la STS de 28 de junio de 1999 (RJ 1999, 6133), resolución que introduce la idea de que son sólo los denominados excesos de adjudicación verdaderos los que deben tributar efectivamente, en contraposición con aquéllos (no verdaderos) que

13. FD Segundo de la STS de 12 de mayo de 2021 (RJ 2021, 2723).

no quedan sujetos a gravamen por, como advertíamos, traer causa de la invisibilidad del objeto de la comunidad de bienes que se extingue.

Pues bien, antes de analizar que se expresó en la STS de 28 de junio de 1999 (RJ 1999, 6133) sobre los excesos de adjudicación que deben tributar en el ITP-AJD —modalidad TPO—, es de advertir que esta resolución jurisprudencial versa fundamentalmente sobre aquellos otros excesos que no van a quedar sujetos a este gravamen por el motivo apenas aducido. O dicho de otra forma, el pasaje que a continuación se trascribirá constituye prácticamente un pronunciamiento *obiter dicta* con el que se pretende completar el contenido principal y del que es referente, como se verá, esta sentencia: La no existencia de exceso en la adjudicación a un solo comunero del objeto indivisible de la comunidad de bienes que se extingue —ni en la consiguiente compensación en metálico al resto de los comuneros—.

Teniendo en cuenta la advertencia anterior, la STS de 28 de junio de 1999 (RJ 1999, 6133) resuelve un litigio sobre la sujeción al ITP-AJD —modalidad TPO— de la adjudicación a uno sólo de los cónyuges —con la correspondiente compensación económica al otro— de la vivienda (indivisible) que, junto al otro cónyuge, había adquirido *pro indiviso* constante matrimonio en régimen económico de separación de bienes. Ante esos hechos, la Administración Tributaria competente entendió que tal negocio jurídico quedaba sujeto a esa modalidad del impuesto en la medida que el exceso de adjudicación resultante no surge del cumplimiento de los artículos 821, 829, 1056 y 1062 CC, mientras que el órgano jurisdiccional de la instancia, estimando el recurso contencioso-administrativo interpuesto por el obligado tributario, consideró *grosso modo* que quedaban no sujetos no sólo los excesos de adjudicación aludidos en los preceptos del Código Civil antes referidos, sino, en general, todos los que surgen en casos de indivisibilidad en los cuales el exceso resultaba inevitable y, por tal, se compensa.

Hecha exposición de los antecedentes definitorios del recurso de casación, el Tribunal Supremo va a centrar su razonamiento en la no sujeción al ITP-AJD —modalidad TPO— de ciertas extinciones de comunidades de bienes cuyo objeto sea indivisible *ex* artículo 7. 2 letra B) TRLITP-AJD. Una vez justificada profusamente esa no sujeción al impuesto, el Alto Tribunal añade a continuación que el hecho de que el precepto citado no contemple disposición civil alguna reguladora de comunidades de bienes voluntarias no obsta las conclusiones antes alcanzadas respecto a la no sujeción y, en lo que aquí nos interesa y a modo de explicación de cuál es el alcance real de la sujeción al ITP-AJD —modalidad TPO— de los excesos de adjudicación, manifiesta *obiter dicta* que:

«a lo que quiere con ello aludirse es a los excesos de adjudicación verdaderos, esto es, a aquellos en que la compensación en metálico, en vez de funcionar como elemento equilibrador de la equivalencia y proporcionalidad que deben presidir toda división o partición de comunidad a costa del patrimonio del adjudicatario, sobrepasa en realidad su interés en la comunidad y viene a constituir, efectivamente, una adjudicación que lo supera en perjuicio del resto de los comuneros» [14].

Este pasaje jurisprudencial, como advirtiera el propio Tribunal Supremo veinte años después, puede inducir a confusión en torno a lo qué es un exceso de adjudicación y a su sujeción al ITP-AJD —modalidad TPO—. Así es, atendiendo al texto trascrito podría llegar a pensarse que los excesos de adjudicación que pretenden gravarse por este concepto impositivo son sólo aquellos en los que la compensación a satisfacer por el comunero adjudicatario del exceso no es equivalente, sobrepasa, el valor de la cuota entregada por el comunero o comuneros con motivo de la extinción de la comunidad de bienes. Pero no debe entenderse así, acorde con lo que se destaca en la primera aproximación al concepto de exceso de adjudicación, existirá éste siempre que un comunero obtenga en la extinción una ventaja, algo más de lo que «*en principio le correspondía con arreglo a su título*», no siendo relevante a tales efectos la circunstancia de que la compensación a satisfacer por ésta, por la ventaja, sea equivalente o no al valor de la misma.

Este entendimiento sobre qué son los excesos de adjudicación y su sujeción al ITP-AJD —modalidad TPO— se reflejará, veinte años después como hemos dicho, en la STS de 26 de junio de 2019 (RJ 2019, 2772). Esta resolución jurisdiccional, desautorizando en cierto modo —como se verá— a la STS de 28 de junio de 1999 (RJ 1999, 6133), va a pasar a convertirse en el referente jurisprudencial en la cuestión mencionada, aunque, curiosamente y tal y como acaeciera en relación con el último de los fallos referidos, la STS de 26 de junio de 2019 (RJ 2019, 2772) versa fundamentalmente sobre otra problemática en la materia —en la que ni siquiera es innovadora— que trataremos ulteriormente. Y advertimos lo anterior porque los pasajes que a continuación se reproduce representan, nuevamente, pronunciamientos *obiter dicta* que realiza el Alto Tribunal en la cuestión que ahora nos ocupa y no en aquella sobre la que estaba llamado a resolver: La tributación en el ITP-AJD —modalidad TPO— de las transmisiones de cuotas entre comuneros o extinciones parciales subjetivas de comunidades de bienes.

Dando por superada tal salvedad, el Tribunal Supremo va a comenzar su razonamiento sobre los excesos de adjudicación y su sujeción al ITP-AJD —modalidad TPO— explicando el que considera punto débil al respecto en la STS de 28 de junio de 1999 (RJ 1999, 6133):

14. FD Tercero de la STS de 28 de junio de 1999 (RJ 1999, 6133).

>*«En la delimitación del hecho imponible constituido por los excesos de adjudicación declarados, no debe interpretarse la mención de los excesos de adjudicación gravados a que se refiere el art. 7.2.B del TRITPAJD como los que se han denominado "excesos de adjudicación verdaderos", expresión que se utiliza en nuestra STS de 28 de junio de 1999.*
>
>[...]
>
>*De esta distinción pudiera derivarse la errónea conclusión, que de hecho se advierte en algunas sentencias, de que solo estarían gravados por TPO estos "excesos de adjudicación verdaderos" y, en contraposición, no quedarían sujetos a tal gravamen los demás excesos de adjudicación, es decir, aquellos en los que existe una equivalencia entre lo que se adjudica a otro comunero y la compensación o contraprestación que éste asume a favor del transmitente del exceso adjudicado. No es así, en realidad los que están gravados por TPO son los excesos de adjudicación»*[15].

Descartado entonces que los excesos de adjudicación sujetos al ITP-AJD —modalidad TPO— sean sólo aquéllos calificados como verdaderos de acuerdo con la STS de 28 de junio de 1999 (RJ 1999, 6133), el Alto Tribunal continua su razonamiento y va a tratar de mostrar la debilidad del argumento contenido en la última resolución jurisdiccional citada sirviéndose del ejemplo de la extinción de una comunidad de bienes cuyo objeto sea divisible. Así es, en relación con la extinción de este tipo de comunidades de bienes señala el Tribunal Supremo que:

>*«Si en este caso de división se adjudican en exceso a determinados comuneros, con compensación equivalente en su valor al del exceso adjudicado, no por ello deja de realizarse el hecho imponible transmisión patrimonial onerosa, porque la ley no exonera de tributación estas transmisiones patrimoniales onerosas por más que no exista una desproporción entre lo que se transmite, exceso de adjudicación, y lo que se recibe, compensación por el comunero que recibe el exceso de adjudicación. Luego este exceso de adjudicación que no sería de los que se ha dado en denominar "verdadero", tributa por TPO»*[16].

Atendiendo al texto trascrito, podemos decir que el Alto Tribunal no está sino reiterando lo apuntado en su primera a aproximación al concepto que nos ocupa y, de esta forma, señala que existe *prima facie* exceso de adjudicación sujeto al ITP-AJD —modalidad TPO— por el mero hecho de otorgar a un comunero más allá de su cuota, con independencia de que el objeto de la comunidad de bienes que se extingue sea divisible o indivisible —aunque en este segundo escenario podrá darse la no sujeción en los términos que veremos posteriormente—. Consecuencia de lo anterior y a modo de finalización de la enmienda a la STS de 28 de junio de 1999 (RJ 1999, 6133),

15. FD Quinto de la STS de 26 de junio de 2019 (RJ 2019, 2772).
16. FD Quinto de la STS de 26 de junio de 2019 (RJ 2019, 2772).

el Tribunal Supremo va a sentar el siguiente (nuevo) criterio sobre la sujeción de los excesos de adjudicación al ITP-AJD —modalidad TPO—:

> *«los excesos de adjudicación a que se refiere el art. 7.2.B del TRITPAJD son, en realidad, aquellos en que la compensación, sea en metálico o, como aquí ocurre, en asunción en pago de deudas, funciona cabalmente como elemento equilibrador de la equivalencia y proporcionalidad de las mutuas contraprestaciones del condómino transmitente y el adjudicatario»* [17].

Aunque este nuevo criterio del Alto Tribunal pudiera reputarse claro *per se*, al mismo deben adosársele ciertas referencias hechas por el Tribunal Supremo que ayudan a entender la completa extensión del mismo y a vislumbrar la definitiva separación que éste supone del pretérito criterio establecido por la STS de 28 de junio de 1999 (RJ 1999, 6133). En efecto, entre los dos últimos pasajes trascritos el Alto Tribunal intercaló su razonamiento sobre la posibilidad de que se satisfagan compensaciones por los excesos de adjudicación que sobrepasen el valor de los mismo, circunstancia que, según la STS de 26 de junio de 2019 (RJ 2019, 2772), va a generar otras consecuencias tributarias y que, en cambio, era la determinante de la existencia de excesos de adjudicación verdaderos de acuerdo con la STS de 28 de junio de 1999 (RJ 2019, 2772).

Pues bien, en la circunstancia descrita en el párrafo anterior entiende el Tribunal Supremo que «*nos encontraríamos aquí ante dos actos*»; por una parte, el acto que denomina de pura división de la cosa común y que quedaría no sujeto al ITP-AJD —modalidad TPO— en los términos vistos en el apartado II.A. de este Capítulo:

> *«Y, por otra parte, el exceso de la contraprestación percibida, esto es, lo que excede del valor de la participación que se tenía en a cosa común, que no queda amparado en la excepción que, a modo de supuesto de no sujeción —que no de exención— configura el art. 7.2.B del TRITPAJD. Este exceso sobre la compensación —esto es, sobre el exceso de adjudicación verdadero— dará lugar, en su caso, a otro hecho imponible (donaciones)»* [18].

A diferencia de otros pasajes de la sentencia cuyo análisis nos ocupa, la redacción de este fragmento, ciertamente, no es tan adecuada y puede inducir a errores en la comprensión de la conclusión —que compartimos— que con el mismo pretende alcanzarse. Así es, si lo que el último de los pasajes transcrito quería destacar es que quedan sujetos al ISyD los plus de compensación satisfechos por encima de la valoración del exceso de adjudicación que se verifique, no era necesaria, por la confusión que puede crear,

17. FD Quinto de la STS de 26 de junio de 2019 (RJ 2019, 2772).
18. FD Quinto de la STS de 26 de junio de 2019 (RJ 2019, 2772).

la referencia que se hace al concepto de exceso de adjudicación verdadero que, precisamente, esta resolución jurisdiccional pretende denostar y, en cambio, no hubiera estado de más ilustrar cómo se produce el exceso de adjudicación en estos escenarios de satisfacción de compensaciones que sobrepasan la valoración del mismo.

De esta manera, y a modo de conclusión de las aportaciones que la STS de 26 de junio de 2019 (RJ 2019, 2772) realiza al concepto de exceso de adjudicación, se hubiera evidenciado que, en realidad, son tres actos que pueden producirse en estos supuestos:

- La pura división de la cosa común, por la que el adjudicatario recibe parte de ésta, de la cosa común, en proporción a su cuota. Este acto, como visto, no está sujeto al ITP-AJD —modalidad TPO— *ex* artículo 7. 1 letra A) TRLITP-AJD *a contrario*.
- El exceso de adjudicación, en virtud del cual se otorga al adjudicatario otra parte de la cosa común más allá de su cuota con la obligación, por tal, de compensar al comunero o comuneros no adjudicatarios por el valor de la cuota entregada. Este otro acto, como se trata de explicar en este apartado, es el que integra la sujeción al impuesto *ex* artículo 7. 2 letra B) TRLITP-AJD.
- El exceso de compensación, que acaece, como se ha dicho, cuando el adjudicatario satisface al comunero o comuneros no adjudicatarios un plus de compensación por encima de la valoración que deba darse al exceso de adjudicación verificado. Este último acto, según el Alto Tribunal, materializa una donación del adjudicatario a favor del comunero o comuneros no adjudicatarios y, por tal, queda sujeta al ISyD.

En todo caso, una efectiva diferenciación entre el exceso de adjudicación, tal y como interpretado por la STS de 26 de junio de 2019 (RJ 2019, 2772), y el exceso compensación precisa, como paso previo ineludible, fijar cuál es la valoración que debe darse al exceso de adjudicación, *quantum* por encima de cual la cantidad que se satisfaga constituirá un plus o excesos de compensación sujeto al ISyD. En este sentido, la normativa civil y la normativa tributaria coinciden, con la excepción que se dirá, en otorgar el valor de mercado al exceso de adjudicación que pueda verificarse.

En efecto, recordando que *ex* artículo 406 CC son de aplicación a la extinción de comunidades de bienes las reglas de la división de la herencia, en el ámbito civil se señala al artículo 1074 CC («*Podrán también ser rescindidas las particiones por causa de lesión en más de la cuarta parte, atendido el valor de las cosas cuando fueron adjudicadas*») como el precepto cuya aplicación *mutatis mutandis* instaría a otorgar el «valor de mercado» a los excesos de adjudicación[19]. Así es, de la interpretación que de este precepto[20] ha hecho el Tribunal Supremo pueden deducirse dos conclusiones en este sentido; por un lado, que las adjudicaciones en las extinciones de comunidades de bienes deben valorarse en su valor real[21] (¿valor de mercado?) y, por el otro lado, que ese valor real ha de entenderse referido al momento de la extinción de la comunidad de bienes en que se producen las adjudicaciones, no al momento de la constitución de la misma[22].

Por su parte, es notorio que en el ámbito tributario es el artículo 10. 1 TRLITP-AJD la disposición cuya aplicación determinaría que los excesos de adjudicación verificados debieran cuantificarse *prima facie* por su valor de mercado[23], coincidiendo así el criterio civil y el criterio tributario en valoración de esta suerte de transmisiones. Sin embargo, esta pretendida regla general —y también la referida coincidencia entre criterio civil y criterio tributario— va a ceder cuando los excesos de adjudicación se produzcan en la extinción de comunidades cuyo objeto sean bienes inmuebles, supuestos en los que éstos, los excesos de adjudicación, deberían cuantificarse, *ex* artículo 10. 2 TRLITP-AJD y con la cautela antes advertida, por su valor de referencia previsto en la Ley de Catastro Inmobiliario.

19. Partidario de esta posición se muestra ORÓN MORATAL, atendiendo a su ponencia «El tratamiento fiscal por la extinción del condominio» sostenida en la sesión del Aula abierta de la Cátedra de Derecho Notarial de la Universidad de Alicante, que tuvo lugar el 13 de marzo de 2023.
20. Un análisis compendioso de la jurisprudencia del Tribunal Supremo sobre el artículo 1074 CC puede encontrarse en el FD Cuarto de la STS de 8 de marzo de 2001 (RJ 2001, 2597).
21. Se deduce esta conclusión del Considerando Primero de la STS de 21 de mayo de 1985, en el que el Alto Tribunal señala que la rescisión de particiones por lesión en más de la cuarta parte contemplada en el artículo 1074 CC:
«*descansa sobre la base de que el agravio en tal cuantía se halla efectivamente originado, lo que obviamente exigirá la reconstrucción del acervo hereditario en su valor real, referido a la época que el precepto señala*».
22. Aunque ya se intuía en el pasaje trascrito en el pie de página anterior, esta otra conclusión es alcanzada en atención al Considerando Primero de la pretérita STS de 15 de noviembre de 1955 (RJ 1955, 207), resolución jurisdiccional en la que el Alto Tribunal sienta que para determinar la existencia de la referida lesión en más de la cuarta parte «*hay que atenerse al valor de los bienes al ser adjudicados, y no al que tuvieran al fallecer el causante*». En idéntico sentido, véase FD Tercero de la STS de 19 de julio de 2011.
23. Y decimos *prima facie* porque, como sabido, las transmisiones de bienes se cuantificarán por su valor de mercado siempre y cuando el valor declarado o el precio pactado no sean superior a éste, hipótesis esa en la que «*la mayor de esas magnitudes se tomará como base imponible*» *ex* artículo 10. 1 *in fine* TRLITP-AJD.

Pese a lo anterior, y obviando la problemática que pudiese generar en el ITP-AJD —modalidad TPO— la cuantificación de excesos de adjudicación por su valor de referencia en vez de por su (menor) valor de mercado —acorde con el criterio civil—, creemos que esta cuestión de la valoración de los bienes y derechos en la extinción de comunidades de bienes no está llamada a ser especialmente conflictiva en este concepto impositivo, pero sí en el IRPF, donde la actualización de valores de los bienes o derechos recibidos en la extinción de la comunidad va a determinar, *ex* artículo 33. 2 LIRPF, la existencia de ganancia o pérdida patrimonial por entenderse que, en tal escenario, no puede existir especificación de derechos sino alteración en la composición del patrimonio[24].

Y dicho lo anterior sobre la valoración de los excesos de adjudicación, creemos conveniente hacer una breve referencia a otra problemática relativa a los mismos que, pudiendo reputarse ajena a la cuestión que nos ocupa de la sujeción al impuesto, se afronta por su carácter eminentemente práctico. Estamos haciendo referencia a la problemática que puede presentarse, por la caracterización del ITP-AJD como tributo cedido a las Comunidades Autónomas, respeto al territorio en que debe considerarse producido el posible exceso de adjudicación cuando el objeto (inmobiliario) de la comunidad de bienes que se extingue es plural.

Para resolver esta problemática ha de acudirse a la regla 1.ª de la letra C) del artículo 33.2.2.º de la Ley que regula el sistema de financiación de las Comunidades Autónomas de régimen común[25], que dispone en este sentido que:

> *«Se considerará producido en el territorio de una Comunidad Autónoma el rendimiento del Impuesto sobre Transmisiones Patrimoniales y Actos Jurídicos Docu-*

24. La problemática de la actualización de valores de los bienes y derechos recibidos en la extinción de la comunidad ha vuelto adquirir relevancia con la STS de 10 de octubre de 2022 (RJ 2022, 4820). Aunque el análisis de esta resolución jurisdiccional excede del objeto de este trabajo, no queremos dejar de decir ahora que la misma no es especialmente innovadora —pues viene a coincidir *grosso modo* con lo sentado por la STS de 3 de noviembre de 2010 (RJ 2010, 7887)— y, además, genera cierta confusión en torno al concepto de exceso de adjudicación.
25. Ley 22/2009, de 18 de diciembre, por la que se regula el sistema de financiación de las Comunidades Autónomas de régimen común y Ciudades con Estatuto de Autonomía...
    En la parte trascrita, esta disposición ya se contemplaba en idénticos términos en la regla 1.ª de la letra C) del artículo 25.2.2.º de su predecesora la Ley 21/2001, de 27 de diciembre, por la que se regulan las medidas fiscales y administrativas del nuevo sistema de financiación de las Comunidades Autónomas de régimen común y Ciudades con Estatuto de Autonomía.

mentados de acuerdo con los puntos de conexión que a continuación se enumeran […]

C) Cuando el acto o documento no motive liquidación ni por la cuota gradual de actos jurídicos documentados, documentos notariales, ni tampoco por la modalidad de operaciones societarias, el rendimiento se atribuirá aplicando las reglas que figuran a continuación en función de la naturaleza del acto o contrato documentado y de los bienes a que se refiera:

1.ª Cuando el acto o documento comprenda transmisiones y arrendamientos de bienes inmuebles, constitución y cesión de derechos reales, incluso de garantía, sobre los mismos, a la Comunidad Autónoma en la que radiquen los inmuebles».

Esta norma, que no cuenta con tantos precedentes jurisdiccionales y administrativos que hayan completado una exégesis de la misma —y menos aún en referencia a los excesos de adjudicación—, fue interpretada por el Tribunal Supremo que, considerando todos los puntos de conexión contemplados en el artículo 32.2.2.º de la Ley 22/2009 para las distintas modalidades del ITP-AJD, sienta lo siguiente sobre los mismos y sobre aquél correspondiente a la modalidad de TPO:

«*Una lectura sosegada del referido precepto y, en concreto de su número 2.º, ajustada a su tenor literal, revela que corresponde a cada Comunidad Autónoma el rendimiento del impuesto en función del hecho imponible gravado, de forma que, como recoge con acierto la sentencia impugnada, la letra A se refiere a Actos Jurídicos Documentados (AJD), la letra B a Operaciones Societarias (OP) y la letra C a Transmisiones Patrimoniales Onerosas (TPO). Por lo que se refiere a Transmisiones Patrimoniales, que es el que nos ocupa, cuando se trate de bienes inmuebles, la competencia para liquidar el impuesto corresponde a la Comunidad Autónoma donde radiquen los inmuebles*»[26].

Aclarado entonces el punto de conexión que determina la competencia de una u otra Comunidad Autónoma para la exacción del ITP-AJD —modalidad TPO— que se devengue con el exceso de adjudicación que surja en la extinción de una comunidad de bienes cuyo objeto sea inmobiliario, sucede que la regla 1.ª de la letra C) del artículo 32.2.2.º de la Ley 22/2009 no es de fácil aplicación en aquellos escenarios de extinción de comunidades de bienes de objeto plural (inmobiliario). Queremos decir, imaginando que los inmuebles que constituyen el objeto de la comunidad de bienes que se extingue radican en distintas Comunidades Autónomas, ¿debe distribuirse la potestad tributaria entre todas éstas? ¿tal distribución debe hacerse ponderando la valoración de los distintos inmuebles?

26. Apartado 3.1 del FD Segundo de la STS de 20 de mayo de 2021 (RJ 2021, 2751). En idéntico sentido véase la STS de 24 de mayo de 2021 (RJ 2021, 2749).

Sin poder dar una respuesta exacta a tales interrogantes, lo que sí podemos afirmar en relación con el primero es que no existe ya una unidad de competencia territorial que obste la distribución de la potestad tributaria a la hacíamos referencia. Como sabido, esa unidad de competencia territorial se preveía en el artículo 104 RITP-AJD[27], el cual fue derogado por el Real Decreto 1075/2017, de 29 de diciembre[28]. A esta circunstancia de la derogación del artículo 104 RITP-AJD hizo referencia el Alto Tribunal en sus resoluciones jurisdiccionales traídas a colación, en las cuales, apoyándose en el mandato del artículo 47. 3 de la Ley 21/2001 —correspondiente al vigente artículo 55. 3 de la Ley 22/2009— que reproduce, viene a reconocer la posibilidad de distribuir la potestad tributaria entre las Comunidades Autónomas:

> «*De su tenor se desprende, que no hay un orden de preferencia que suponga que una Comunidad Autónoma asuma la totalidad de la liquidación; antes al contrario, supone que a diferencia de lo que disponían los artículos 104 y 105 del Reglamento del Impuesto sobre Transmisiones Patrimoniales y Actos Jurídicos Documentados, aprobado por Real Decreto 828/1995, de 29 de mayo, que señalaban que la competencia para la gestión del impuesto únicamente podía corresponder a una oficina gestora, en la regulación vigente ratione temporis se impone presentar el documento en cada una de las oficinas que sean competentes y, tratándose de bienes inmuebles, la competencia para liquidar se entiende producida en el territorio en que radique cada inmueble*»[29].

Por último, en relación con el segundo de los interrogantes formulados, *tutta da esplorare* queda la posibilidad de aplicar criterios similares a los contemplados en la regla 6.ª de la letra C) del artículo 32.2.2.º de la Ley 22/2009 —relativos a concesiones administrativas que superan el ámbito territorial de una Comunidad Autónoma— para lograr una adecuada distribución de la potestad tributaria entre las Comunidades Autónomas implicadas en la extinción de la comunidad de bienes de objeto plural (inmobiliario).

---

27. Sobre la unidad de competencia territorial se disponía en el artículo 104. 1 RITP-AJD que «En ningún caso se reconocerá la competencia territorial de más de una oficina para entender del mismo documento o declaración, aun cuando comprenda dos o más actos o contratos sujetos al impuesto. La oficina competente conforme a las reglas del artículo anterior liquidará todos los actos y contratos a que el documento se refiera».
28. Real Decreto 1075/2017, de 29 de diciembre, por el que se modifican el Reglamento del Impuesto sobre el Valor Añadido, aprobado por el Real Decreto 1624/1992, de 29 de diciembre, el Reglamento del Impuesto sobre Transmisiones Patrimoniales y Actos Jurídicos Documentados, aprobado por el Real Decreto 828/1995, de 29 de mayo...
29. Apartado 3.3 del FD Segundo de la STS de 20 de mayo de 2021 (RJ 2021, 2751). En idéntico sentido véase la STS de 24 de mayo de 2021 (RJ 2021, 2749).

Vistas las principales resoluciones jurisdiccionales que definen qué debe entenderse por exceso de adjudicación en el ITP-AJD —modalidad TPO— y acorde con la pauta metodológica que expusimos al inicio de este Capítulo, procede a continuación comprobar si los precedentes más relevantes de la doctrina administrativa se encuentran alineados o no con la doctrina jurisprudencial analizada.

Comenzando entonces con la posición del TEAC al respecto, creemos que la más reciente y completa resolución en la materia de este alto centro directivo es aquella de 17 de septiembre de 2015. En la misma, aunque el asunto versaba sobre la no sujeción de ciertos excesos de adjudicación de la que a continuación nos ocupamos, con carácter general se sienta lo siguiente sobre estas particulares transmisiones patrimoniales:

> «*Sin embargo, estas premisas no se dan en aquellos casos en los que la disolución de la comunidad produce excesos de adjudicación, esto es, a un comunero se le adjudican bienes por un valor superior al de su cuota, generándose el correlativo defecto de adjudicación en otro comunero.*
>
> *El exceso de adjudicación a favor de alguno de los comuneros sí puede quedar sujeto a la modalidad de TPO. Para ello deben concurrir los siguientes requisitos:*
>
> *1).– Que el exceso tenga causa onerosa, de forma que el comunero que se beneficie del mismo compense económicamente, en dinero o en especie, al comunero que sufra el correlativo perjuicio en la adjudicación. Si el exceso se produce a titulo gratuito, sin compensación alguna, el hecho imponible realizado quedaría sujeto al impuesto sobre Sucesiones y Donaciones.*
>
> *2).– Que el exceso no resulte gravado por IVA, toda vez que resulta incompatible.*
>
> *3).– Que se trate de un exceso de adjudicación declarado por los propios sujetos pasivos. El artículo 7.2.B) de TRLITPAJD sólo grava los excesos de adjudicación declarados, pero no los comprobados* [...]
>
> *4).– Que el exceso de adjudicación sea evitable. Un exceso de adjudicación es inevitable cuando los comuneros se ven compelidos a realizar una adjudicación desproporcionada a la cuota de participación de alguno de ellos como consecuencia del carácter indivisible del bien o bienes* [...]
>
> *5).– Que el exceso de adjudicación, aun siendo inevitable se compense en especie y no en metálico*»[30].

Obviándose los requisitos 4) y 5) sentados para los referidos excesos de adjudicación no sujetos, si atendemos a la caracterización que de los excesos de adjudicación se hace («*a un comunero se le adjudican bienes por un valor*

30. FD Cuarto de la resolución del TEAC de 15 de septiembre de 2015 (JT 2015, 1431).

superior al de su cuota») y a los presupuestos cuya concurrencia se exige para la existencia de éstos podríamos concluir que, hasta donde posible, existe alineamiento en este punto entre la doctrina del TEAC y la del Tribunal Supremo, no pudiéndose contemplar en el parecer del centro directivo *ratione temporis* la distinción que Alto Tribunal realiza, posteriormente, en su sentencia de 26 de junio de 2019 entre exceso de adjudicación y exceso de compensación.

Por último, algo similar sucede con la posición de la DGT en relación con los excesos de adjudicación sujetos al ITP-AJD —modalidad TPO—, la cual puede resumirse en el pasaje que sigue reproducido en numerosísimas resoluciones de este centro directivo en respuesta a consultas planteadas en esta materia:

> «*Siempre que a un comunero se le adjudique más de lo que le corresponda por su cuota de participación en la cosa común, el exceso que reciba no es algo que tuviese con anterioridad, por lo que su adjudicación sí constituirá una transmisión patrimonial que tendrá carácter oneroso o lucrativo según sea o no objeto de compensación por parte del comunero que recibe el exceso al comunero que recibe de menos*»[31].

Atendiendo al pasaje trascrito hemos de concluir que también existe alineamiento en este punto entre la doctrina de la DGT y la Tribunal Supremo, destacándose no obstante que el centro directivo no parece haber hecho eco aún, en sus resoluciones posteriores a la STS de 26 de junio de 2019 (RJ 2019, 2772), de la mencionada distinción entre excesos de adjudicación y excesos de compensación[32].

Y para cerrar este apartado hemos de volver a concluir que, teniendo en cuenta todo lo dicho hasta ahora, existe exceso de adjudicación sujeto al ITP-AJD —modalidad TPO— cuando en la extinción de la comunidad de bienes se adjudica a un comunero una parte de la cosa común más allá de aquélla que le correspondía por su cuota, quedando obligado por ello a

31. Resolución de la DGT de 25 de mayo de 2023, en respuesta a la consulta vinculante número V1016-23.
Este pasaje, con redacciones prácticamente idénticas, puede encontrarse en las contestaciones a las más de cien consultas vinculantes formuladas en esta materia, desde la quizá primera contenida en la resolución de 8 de junio de 2017, en respuesta a la consulta vinculante número V1472-17, hasta la referida anteriormente.
32. Salvo error por nuestra parte, la DGT sólo hace mención a la STS de 26 de junio de 2019 (RJ 2019, 2772) en su resolución de 30 de octubre de 2020, en respuesta a la consulta vinculante número V3244-20. Pero esa mención, además, lo es a efectos de aplicar al asunto la doctrina fijada por esa sentencia respecto a la tributación en el ITP-AJD —modalidad TPO— de las denominadas extinciones parciales subjetivas de comunidades de bienes, cuestión ésta que, como dijimos, constituye el verdadero núcleo decisorio de la STS de 26 de junio de 2019 (RJ 2019, 2772).

compensar al comunero o comuneros no adjudicatarios por el valor de la cuota entregada.

II.C. LOS EXCESOS DE ADJUDICACIÓN NO SUJETOS AL ITP-AJD —MODALIDAD TPO— POR EL CARÁCTER INDIVISIBLE DEL OBJETO DE LA COMUNIDAD DE BIENES QUE SE EXTINGUE

Una vez analizado lo concerniente a la regla general de sujeción de los excesos de adjudicación al ITP-AJD —modalidad TPO—, sucede, como advertíamos anteriormente, que algunos excesos de adjudicación que pueden producirse no van a quedar finalmente sujetos al impuesto que nos ocupa consecuencia fundamentalmente del carácter indivisible del objeto de la comunidad de bienes que se extingue. Así lo dispone, como visto, el artículo 7. 2 letra B) TRLITP-AJD cuando al mandato general sobre la sujeción de los excesos de adjudicación al impuesto añade:

> *«salvo los que surjan de dar cumplimiento a lo dispuesto en los artículos 821, 829, 1.056 (segundo) y 1062 (primero) del Código Civil y Disposiciones de Derecho Foral, basadas en el mismo fundamento»*.

Sin entrar a conocer las especialidades que el Derecho Civil foral pueda determinar en esta cuestión, en las líneas que siguen vamos a tratar de precisar cuál es la circunstancia y el motivo por el que ciertos excesos de adjudicación que se verifican en la extinción de comunidades de bienes no van a quedar sujetos al ITP-AJD —modalidad TPO—, centrando nuestra atención a estos efectos en la norma contenida en el artículo 1062 CC por el carácter más general de la misma[33].

---

33. Más allá del artículo 1062 CC y analizado antes de forma somera el contenido del párrafo Segundo del artículo 1056 CC, se señala simplemente que en los artículos 821 y 829 CC se contemplan específicos escenarios en los que pueden darse adjudicaciones por encima de la cuota de un legatario o mejorado consecuencia, en el primer escenario, del carácter indivisible de la finca que se lega con sujeción a reducción y, en el segundo, del carácter determinado de la cosa en que se materialice la mejora.
En todo caso, debemos destacar, por lo que señalaremos a continuación, que estas tres disposiciones, así como el propio artículo 1062 CC que centrará nuestra atención, ordenan ciertas adjudicaciones de bienes en la extinción de comunidades de origen sucesorio, circunstancia que no es impeditiva, por la razón que se dirá, de su aplicación a extinciones de comunidades de bienes que se formen mediante negocios jurídicos *inter vivos*.

II.C.1. La no sujeción de excesos de adjudicación prevista en el artículo 7. 2 letra B) TRLITP-AJD no se limita a la extinción de comunidades de bienes de origen sucesorio

Antes de profundizar en la circunstancia y presupuestos cuya concurrencia determina la no sujeción al impuesto que nos ocupa de ciertos excesos de adjudicación *ex* artículo 7. 2 letra B) TRLITP-AJD, procede recordar, pues ya es una cuestión resuelta como veremos, que este escenario de no sujeción se extiende a la extinción de comunidades de bienes formadas mediante negocio jurídicos *inter vivos*.

Esta cuestión generó dudas en su momento, que se verán, por la redacción dada al referido precepto, en la cual se exceptúan de gravamen los excesos de adjudicación «*que surjan de dar cumplimiento a lo dispuesto en los artículos 821, 829, 1.056 (segundo) y 1062 (primero) del Código Civil*». La referencia a estas concretas disposiciones del Código Civil, concernientes todas a la extinción de comunidades de bienes de origen sucesorio, llevó a parte de la doctrina administrativa y a ciertos autores a afirmar —no sin justificación— que este supuesto de no sujeción al ITP-AJD —modalidad TPO— no podía extenderse a la extinción de comunidades de bienes formadas mediante otros negocios jurídicos regulados en distintas disposiciones del Código Civil y cuya extinción por lo tanto, aparentemente, no se regiría por los mencionados preceptos de este cuerpo legal.

Prior in tempore, suele señalarse a la resolución del TEAC de 24 de julio de 1997 como el referente en la doctrina administrativa en cuanto a la restricción del ámbito de aplicación del artículo 7. 2 letra B) TRLITP-AJD a la extinción de comunidades de bienes de origen sucesorio. Y en ese sentido, este alto centro directivo justificó su posición aduciendo lo siguiente:

> «*La excepción contenida en el artículo 7.2, B), amparada en el artículo 1062 del Código Civil, para los supuestos en que se trate de cosa indivisible o que desmerezca mucho por su división, debe quedar limitada a los excesos de adjudicación producidos en la disolución de una comunidad hereditaria, sin que pueda extenderse a la de cualquier otra comunidad de bienes, toda vez que el artículo 24 de la Ley General Tributaria, en su redacción coetánea a los hechos, no admite la analogía para extender más allá de sus términos estrictos el ámbito de las exenciones fiscales y, como señala la resolución impugnada, "es clara la voluntad de la Ley de restringir la no sujeción a los supuestos de indivisibilidad recogidos en nuestro Derecho sucesorio, común o foral, con independencia de cuáles sean las razones de esta restricción (acaso el origen completamente involuntario de la comunidad hereditaria o el deseo de no hacer más onerosas fiscalmente las adquisiciones 'mortis causa')"*»[34].

34. FD Cuarto de la resolución del TEAC de 24 de julio de 1997 (JT 1997, 1273).

En la doctrina científica, DE PABLO VARONA, para justificar que los excesos de adjudicación a que se refiere el artículo 7. 2 letra B) TRLITP-AJD son aquéllos de origen sucesorio, completa un compendioso análisis de los antecedentes normativos de esa disposición y de la tramitación parlamentaria de la que surgió la misma[35].

Y aunque mantiene y justifica que la *voluntas legislatoris* subyacente en esa norma no estaba dirigida a extender ese supuesto de no sujeción más allá del ámbito de los excesos de adjudicación en extinciones de comunidades de bienes de origen sucesorio («*la tramitación parlamentaria de la referida ley ponía de relieve que no se había pretendido efectuar extensión alguna del ámbito de no sujeción del precepto*»), viene a aceptar finalmente la mencionada extensión de su aplicación a la extinción de otras comunidades de bienes y señala al respecto:

> «*El principal motivo esgrimido en favor de esta extensión radicaba en que el artículo 1062.1 CC era aplicable fuera del estricto ámbito sucesorio* ***por la remisión que contienen los artículos 406, 1410 y 1708, que regulan la división de la comunidad de bienes, la liquidación de la sociedad de gananciales y la disolución de la sociedad civil respectivamente a las normas de la partición de la herencia****. De acuerdo con ello todo exceso de adjudicación consecuencia del carácter indivisible del bien en cuestión o que desmereciera mucho por su división quedaría no sujeto a Transmisiones Patrimoniales Onerosas —lo que, evidentemente, abriría las puertas al gravamen proporcional de los documentos notariales del IAJD (31.2)—*»[36].

A esa suerte de interpretación auténtica que patrocina DE PABLO VARONA se adhirió posteriormente GUERRA REGUERA, que sobre el ámbito de aplicación del supuesto de no sujeción del artículo 7. 2 letra B) TRLITP-AJD, tras anticipar que se trata de una problemática superada en virtud de resoluciones jurisprudenciales del Tribunal Supremo de la que daremos cuenta a continuación, sostiene que:

> «*El problema es que esta norma —y también las demás que hemos citado del Código Civil— se refiere exclusivamente a comunidades de bienes de origen hereditario. No parece que sean aplicables a la extinción de condominios que tengan en su génesis un acto inter vivos, como la decisión de adquirir en común una serie de bienes tan propia de la vida en pareja. ¿Significa que las comunidades surgidas de actos inter vivos no quedan amparadas por este supuesto de no sujeción que estamos comen-*

35. Puede consultarse este análisis en DE PABLO VARONA, C.: «Los excesos de adjudicación producidos como consecuencia de la disolución de comunidades empresariales», Jurisprudencia Tributaria Aranzadi número 2, 2002.
36. DE PABLO VARONA, C.: «Los excesos de adjudicación producidos como consecuencia de la disolución de comunidades empresariales», *cit. op.*

tando? Quizá lo lógico sería responder en tal sentido a tenor de la literalidad de la normativa»[37].

Aún en el ámbito de la doctrina científica, mención aparte merece la posición al respecto de EXPOSITO CORRAL, que, más allá del razonamiento visto en cuanto a la exégesis del artículo 7. 2 letra B) TRLITP-AJD según el criterio gramatical, va a patrocinar igualmente la no extensión del supuesto de no sujeción recogido en este precepto a la extinción de comunidades de bienes que no sean de origen sucesorio. Para ello, este autor aduce un doble argumento fundamentado, por una parte, en una suerte interpretación sistemática del artículo 7. 2 letra B) TRLITP-AJD a la luz de los artículos 1062, 406 y 404 CC[38] y, por otra parte, en una hermenéutica del mismo —del artículo 7. 2 letra B) TRLITP-AJD— atendiendo a su finalidad:

> *«En primer lugar, no hemos de olvidar que la remisión del art. 406 ha de ser de forma supletoria, es decir, que las normas de la partición hereditaria no pueden derogar las ya existentes y específicamente instauradas para la disolución de la comunidad de bienes. Sucede que el art. 404 ya hace referencia a los excesos de adjudicación, aunque podamos decir que lo haga de forma indirecta. En él nos dice "... Cuando la cosa fuere esencialmente indivisible, y los condueños no convinieren en que se adjudique a uno de ellos indemnizando a los demás, se venderá y repartirá su precio".*
>
> *Como podemos ver, existe una regulación singular de los excesos de adjudicación para la comunidad de bienes, con lo que, si bien la normativa particional sucesoria le es aplicable, los artículos referentes a los excesos de adjudicación no lo son y con ellos la no sujeción al ITPO.*
>
> *Pero sin acudir a este razonamiento civil, podemos desechar esta teoría por medio de la interpretación que hacíamos líneas atrás del art. 7.2. Las normas tributarias se interpretan de acuerdo a los criterios recogidos en el art. 3.1 del CC que son los usados en Derecho. Este artículo indica que las normas se interpretarán "... atendiendo fundamentalmente al espíritu y finalidad de aquéllas". El espíritu y finalidad de la no sujeción del art. 7.2.B) es evitar la excesiva onerosidad de aquellos excesos de adjudicación sucesorios provocados por la indivisión de un bien, que no deja de ser una causa ajena a su voluntad.*
>
> *Y es en dicha falta de voluntad del adjudicatario (que supone la inexistencia de fraude) y en la carga que anteriormente ya ha soportado, la que conduce al legislador*

37. GUERRA REGUERA, M: «La disolución de comunidades de bienes con exceso de adjudicación compensado en el Impuesto sobre Transmisiones Patrimoniales y Actos Jurídicos Documentados», Quincena Fiscal número 4, 2017.
38. De esta cuestión ya dimos noticia en el apartado II.B.2.b) del Capítulo 1 este trabajo, donde reflejamos, siguiendo la STS de 2 de mayo de 1964, que *«la remisión que el art. 406 del CCiv. hace las normas reguladoras de la división de la herencia respecto de la relativa a la comunidad de bienes, no es tan absoluta e inexorable»*.

a interponer un beneficio fiscal en forma de exención para esos casos, y sólo para ellos» [39].

Expuestos entonces los razonamientos hechos en su día por la doctrina administrativa y científica para justificar la no aplicación del supuesto de no sujeción del artículo 7. 2 letra B) TRLITP-AJD a la extinción de comunidades de bienes que no sean de origen sucesorio, esta posición pronto debió ser abandonada atendiendo, fundamentalmente, a la tesis contraria mantenida por el Tribunal Supremo en su ya conocida STS de 28 de junio de 1999 (RJ 1999, 6133). Contestando en cierta medida los argumentos hechos valer por el TEAC en su resolución de 24 de julio de 1997, el Alto Tribunal sentó lo siguiente al respecto en la referida resolución jurisdiccional:

> *«el hecho de que el art. 7.2 b) de la Ley y Reglamento del Impuesto aquí aplicables sólo exceptúe de la consideración de transmisión, a los efectos de su liquidación y pago, "los excesos de adjudicación declarados, salvo los que surjan de dar cumplimiento a lo dispuesto en los arts. 821, 829, 1056 (segundo) y 1062 (primero) del Código Civil..." y entre ellos no se cite precepto alguno regulador de comunidades voluntarias, sino sólo de comunidades hereditarias, no constituye argumento en contra de la conclusión precedentemente sentada* [...] *No hay, pues, tampoco, con esta interpretación, desconocimiento alguno del art. 24 de la Ley General Tributaria —hoy 23.3 de la misma tras la reforma operada por la Ley 25/1995, de 20 de julio—, cuando veda la utilización del procedimiento analógico para extender, más allá de sus términos estrictos, el ámbito del hecho imponible o el de las exenciones o bonificaciones tributarias»* [40].

Más allá de la STS de 28 de junio 1999 (RJ 1999, 6133), son numerosísimas las resoluciones del Tribunal Supremo —algunas de las cuales son analizadas a continuación— que, sin necesidad de repetir esa reflexión sobre la extensión del supuesto de no sujeción del artículo 7. 2 letra B) TRLITP-AJD, van a aplicar este precepto a la extinción de comunidades de bienes que no sean de origen sucesorio. Y aunque para motivar tal posición debiese bastar la *auctoritas* que confiere a la misma el alto rango del órgano jurisdiccional del que procede y su reiteración, conviene no obstante ocuparse, aunque sea brevemente, de la motivación de esta extensión del supuesto de no sujeción del artículo 7. 2 letra B) TRLITP-AJD ante la parquedad de los argumentos esgrimidos a tal fin por la STS de 28 de junio de 1999 (RJ 1999, 6133).

Así es, en el pasaje trascrito de la STS de 28 de junio de 1999 (RJ 1999, 6133) se echa de menos una (necesaria) referencia al artículo 406 CC, precepto que, como visto anteriormente, constituye sin embargo el punto de

39. EXPÓSITO CORRAL, A. A.: «Los excesos de adjudicación: Consecuencias fiscales», Quincena Fiscal número 4, 2009.
40. FD Tercero de la STS de 28 de junio de 1999 (RJ 1999, 6133).

unión entre las normas relativas a la extinción de comunidades de bienes y las normas sobre partición de la herencia en las que se incardina el artículo 1062 CC. O, dicho con otras palabras, la circunstancia que permite la extensión del supuesto de no sujeción del artículo 7. 2 letra B) TRLITP-AJD a la extinción de comunidades de bienes que no sean de origen sucesorio no es sino la remisión al artículo 1062 CC que se contiene en el artículo 406 del mismo cuerpo legal.

De hecho, éste ha sido el argumento empleado por el Alto Tribunal cuando se ha pronunciado sobre este extremo, señalando en este orden de cosas que:

> «*La base normativa de la aplicación de la exoneración de TPO prevista en el 7.2.B) del TRITPAJD también a las comunidades de bienes no hereditarias, es la remisión que efectúa el art. 406 del CC al régimen normativo de las divisiones hereditarias, al declarar "[...] aplicables a la división entre los partícipes en la comunidad las reglas concernientes a la división de la herencia", remisión que, en lo que ahora nos ocupa, ha de entenderse realizada al artículo 1062, párrafo primero CC, que dispone que "cuando una cosa sea indivisible o desmerezca mucho por su división, podrá adjudicarse a uno, a calidad de abonar a los otros el exceso en dinero"*»[41].

Como era de esperar, este entendimiento de la cuestión que nos ocupa se ha afianzado igualmente en la doctrina administrativa, y en este sentido, dando cumplimiento a la pauta metodológica autoimpuesta al inicio de este Capítulo, hacemos referencia a la resolución del Tribunal Económico-Administrativo Regional de Castilla y León de 30 de septiembre de 2022, en la que este órgano administrativo afirma lo siguiente sobre el ámbito de aplicación objetivo del supuesto de no sujeción que nos ocupa:

> «*Se ha de señalar en este punto que, aunque el artículo 7.2.B) TRLITPAJD sólo exceptúe de la consideración de transmisión los excesos de adjudicación declarados que surjan de dar cumplimiento a lo dispuesto en los preceptos que se citan del Código Civil, referidos a la partición y liquidación de la herencia, tales excepciones no quedan limitadas a las disoluciones de comunidades hereditarias, sino que resultan extrapolables a otras comunidades de bienes*»[42].

Por su parte, la DGT, de manera continua y pacífica, viene empleando el mencionado supuesto de no sujeción en casos de extinción de comunidades de bienes de origen no sucesorio, siendo ejemplo de esta posición su resolución de 14 de noviembre de 2023, en la que este centro directivo, sin

41. FD Cuarto de la STS de 19 de diciembre de 2022 (RJ 2023, 5214).
    En idéntico sentido puede verse también la STS de 30 de octubre de 2019 (RJ 2019, 4348).
42. FD Cuarto de la resolución del Tribunal Económico-Administrativo Regional de Castilla y León de 30 de septiembre de 2022 (JUR 2023, 381141).

cuestionárselo siquiera, va a aplicar el artículo 7. 2 letra B) TRLITP-AJD en la extinción de una comunidad de bienes —*rectius*, dos— que dos hermanas constituyeron sucesivamente mediante la adquisición por compraventa de la nuda propiedad de dos viviendas[43].

Y teniendo en cuenta lo anterior, procede cerrar este apartado reiterando lo dicho a su inicio, que el supuesto de no sujeción previsto en el artículo 7. 2 letra B) TRLITP-AJD se extiende a la extinción de comunidades de bienes que no sean de origen sucesorio en virtud de la remisión al artículo 1062 CC contenida en el artículo 406 CC.

II.C.2. La indivisibilidad del objeto de la comunidad de bienes como circunstancia que justifica la no sujeción al ITP-AJD —modalidad TPO—

Justificada en los términos vistos la extensión del ámbito de aplicación del supuesto de no sujeción previsto en el artículo 7. 2 letra B) TRLITP-AJD, procede a continuación, como decíamos al cierre del apartado II.C. de este Capítulo, señalar cuál es la circunstancia y el motivo por el que ciertos excesos de adjudicación, rompiendo con la regla general de gravamen efectivo de los mismos en el ITP-AJD —modalidad TPO—, van a quedar finalmente no sujetos a este concepto impositivo.

Pues bien, atendiendo al título del apartado antes citado y al de éste que nos ocupa, no es arriesgado afirmar que la circunstancia que justifica el supuesto de no sujeción que estamos analizando es la indivisibilidad del objeto de la comunidad de bienes que se extingue. Esta indivisibilidad del objeto, como vimos en el apartado II.B.2.a) del Capítulo 1 de este trabajo, va a determinar a la postre que la extinción de la comunidad de bienes deba verificarse mediante su división económica, o con las palabras empleadas entonces, «*adjudicando el mismo, el objeto en mano común, a una única persona —comunero o no— y, en consecuencia, compensando a los comuneros que entregan su cuota a ese adjudicatario único*».

Esta atribución del objeto indivisible de la comunidad de bienes a una única persona (que sea comunero) va a generar necesariamente excesos de adjudicación, cuya no sujeción al ITP-AJD —modalidad TPO— se motiva en

43. Resolución de la DGT de 14 de noviembre de 2023, en respuesta a la consulta vinculante número V2994-23. En idéntico sentido pueden verse otras resoluciones del centro directivo que aplican el supuesto de no sujeción al ITP-AJD —modalidad TPO— que nos ocupa a la extinción de comunidades de bienes de origen no sucesorio, como la de 5 de septiembre de 2023, en respuesta a la consulta vinculante número V2391-23, como la de 13 de junio de 2023, en respuesta a la consulta vinculante número V1696-23, etc.

que los mismos, pese a su inicial apariencia en contrario, no determinan a la postre la realización del hecho imponible del impuesto —que situábamos anteriormente, en el apartado II.A. de este Capítulo, en el gravamen de «*las transmisiones patrimoniales que materialicen una adquisición derivativa*»—. Ello es así en la medida que se entiende, a grandes rasgos, que todos los comuneros tienen una suerte de derecho abstracto a que se les adjudique la totalidad el objeto indivisible de la comunidad de bienes que se extingue, de manera que esa adjudicación a un único comunero en virtud de un derecho preexistente se asimilaría más a una concreción o materialización de un derecho abstracto preexistente, en línea con lo descrito en el apartado antes referido en relación con la adjudicación de bienes en proporción a las cuotas, que a una transmisión o compra de la cuota al resto de comuneros no adjudicatarios.

Obviamente, esta motivación de la no sujeción al impuesto *ex* artículo 7. 2 letra B) TRLITP-AJD de ciertos excesos de adjudicación verificados en la extinción de comunidades de bienes cuyo objeto sea indivisible no es nuestra, sino del Tribunal Supremo, que se expresó en tal sentido en la ya mencionada STS de 28 de junio de 1999 (RJ 1999, 6133). En efecto, en el apartado II.B. de este Capítulo ya se advertía que el contenido principal de esta resolución jurisdiccional hay que situarlo, no tanto en las manifestaciones *obiter dicta* que se hacían sobre la caracterización en general de los excesos de adjudicación, sino en la inexistencia de exceso en la adjudicación a uno solo de los comuneros del objeto indivisible de la comunidad de bienes que se extingue.

Para justificar tal posición, el Alto Tribunal comienza su razonamiento recordando, desde una perspectiva de Derecho Civil, que en los supuestos de comunidades de bienes cuyo objeto sea indivisible su extinción debe verificarse mediante la división económica, y en este sentido señala que «*en el caso de que la cosa común resulte por su naturaleza indivisible o pueda desmerecer mucho por su división* [...] *la única forma de división, en el sentido de extinción de comunidad, es, paradójicamente, no dividirla, sino adjudicarla a uno de los comuneros a calidad de abonar al otro, o a los otros, el exceso en dinero —arts. 404 y 1062, párrafo 1.º, en relación éste con el art. 406, todos del Código Civil—*»[44].

Sentado entonces que procede la adjudicación del objeto de la comunidad de bienes a uno sólo de los comuneros, el Tribunal Supremo continúa su razonamiento al respecto y viene a descartar que esta atribución patrimonial constituya una adquisición derivativa en la medida que considera que todos los comuneros detentan ya, de forma previa a la extinción de la comunidad

44. FD Tercero de la STS de 28 de junio de 1999 (RJ 1999, 6133).

de bienes, un derecho abstracto a que el objeto de la misma le sea adjudicado en tal momento. Esta trascendental construcción teórica —de la que no hemos logrado encontrar expreso precedente en Derecho Civil— es expresada por el Alto Tribunal en los siguientes términos:

> «***En puridad de conceptos, cuando la cosa común es indivisible*** [...] ***cada comunero, aun cuando tenga derecho sólo a una parte de la cosa, tiene realmente un derecho abstracto a que, en su día, se le adjudique aquélla en su totalidad, dada su naturaleza de indivisible, con la obligación de compensar a los demás en metálico***»[45].

Consecuencia de lo anterior, el Alto Tribunal tiene que afirmar que esa adjudicación del objeto de la comunidad de bienes a uno sólo de los comuneros representa, no una transmisión patrimonial, sino otro escenario de especificación de un derecho abstracto preexistente. Y por esta razón, a imagen de lo que decíamos en el apartado II.A. de este Capítulo sobre la no realización del hecho imponible del impuesto en las atribuciones de bienes a los comuneros en proporción a sus cuotas, debe sostenerse la no sujeción al ITP-AJD —modalidad TPO— de estos otros supuestos de adjudicación del objeto indivisible de la comunidad de bienes a uno sólo de los comuneros, extremo que el Tribunal Supremo plasmó en el pasaje sobre esta operación tantas veces reiterado y que a continuación se trascribe:

> «***Esta forma, pues, de salir de la comunidad es también, por tanto, concreción o materialización de un derecho abstracto en otro concreto, que no impide el efecto de posesión civilísima reconocido en el art. 450 del Código Civil y no constituye,*** *conforme ya se ha dicho,* ***transmisión, ni a efectos civiles ni a efectos fiscales***»[46].

Aunque los argumentos expuestos se reputen suficientes para aceptar la no sujeción de las adjudicaciones del objeto indivisible de la comunidad de bienes que se extingue a uno sólo de los comuneros, el Alto Tribunal quiso ir más allá en la motivación de esta importante posición. Concretamente, una vez justificado que la operación apenas descrita no constituye una adquisición derivativa de ésas que pretenden gravarse con el ITP-AJD —modalidad TPO—, el Tribunal Supremo, a continuación, va a atacar otro de los presupuestos del hecho imponible del impuesto para motivar *a fortiori* el supuesto de no sujeción que patrocina.

Así es, redirigiendo su discurso hacia la compensación que el adjudicatario único debe satisfacer al resto de comuneros por la atribución a su favor del objeto indivisible de la comunidad de bienes, el Alto Tribunal avanza

45. FD Tercero de la STS de 28 de junio de 1999 (RJ 1999, 6133).
46. FD Tercero de la STS de 28 de junio de 1999 (RJ 1999, 6133).

en su razonamiento negando la onerosidad de la operación que nos ocupa. Para ello, el Tribunal Supremo aduce sustancialmente que esa compensación no representa una contraprestación por la atribución al comunero adjudicatario, sino que es la materialización de la obligación de compensar al resto de comuneros que por tal motivo entregan su cuota en los términos que vimos anteriormente; o siguiendo las mejores palabras del Alto Tribunal:

> ***«Esta obligación de compensar a los demás, o al otro, en metálico no es un "exceso de adjudicación", sino una obligación consecuencia de la indivisibilidad de la cosa común y de la necesidad en que se ha encontrado el legislador de arbitrar procedimientos para no perpetuar la indivisión, que ninguno de los comuneros se encuentra obligado a soportar*** *—art. 400—*»[47].

Y por último, para descartar expresamente que en la operación tantas veces referida se esté dando una compra de la cuota a los comuneros no adjudicatarios, añade el Tribunal Supremo, no sin cierta confusión quizá, que la compensación no es más que el medio para lograr una suerte de obligada equivalencia —¿quiere decirse el principio de igualdad o de semejanza de los lotes analizado en el apartado I.B.1.a) del Capítulo 1?— que ha de presidir la extinción de las comunidades de bienes. En este sentido, afirma el Alto Tribunal que:

> ***«Tampoco, por eso mismo, esa compensación en dinero puede calificarse de "compra" de la otra cuota, sino, simplemente, de respeto a la obligada equivalencia que ha de guardarse en la división de la cosa común por fuerza de lo dispuesto en los arts. 402 y 1061 del Código Civil, en relación éste, también, con el 406 del mismo Cuerpo Legal***»[48].

Como anticipado, creemos que este pasaje trascrito puede inducir a cierta confusión, pues la referencia a los artículos 402 y 1061 CC y al principio de igualdad o de semejanza de los lotes que de los mismos se deduce sería propia respecto a la extinción de comunidades de bienes cuyo objeto sea divisible —o incluso respecto a comunidades plurales cuyo objeto está formado por bienes y derechos indivisibles pero que, considerados en su conjunto, hacen a éste divisible—, pero no resulta adecuada para la disolución de comunidades que, como sucedía en el caso que resuelve la STS de 28 de junio de 1999 (RJ 1999, 6133), recaen sobre un único bien indivisible. En todo caso, y sin ánimo de reiterar lo dicho al respecto en el apartado II.B. de este Capítulo, esta confusión deriva en cierta medida de la peculiar concepción general que esta resolución jurisdiccional hacía de los excesos de adjudicación, confundiéndolos, como ya vimos, con lo que hoy denomina-

47. FD Tercero de la STS de 28 de junio de 1999 (RJ 1999, 6133).
48. FD Tercero de la STS de 28 de junio de 1999 (RJ 1999, 6133).

ríamos, tras la STS de 26 de junio de 2019 (RJ 2019, 2772), excesos de compensación.

Para cerrar este apartado, y acorde con la pauta metodológica que nos dimos al inicio de este Capítulo, procede ahora verificar si la doctrina administrativa se ha hecho eco de la tesis del Tribunal Supremo recién vista que, *grosso modo*, sitúa en la indivisibilidad del objeto de la comunidad de bienes a extinguir la circunstancia por la cual el exceso de adjudicación resultante no queda sujeto al ITP-AJD —modalidad TPO—.

Pues bien, en su resolución de 29 de septiembre de 2011 (JT 2011, 1125) el TEAC va a alinearse con los principales argumentos esgrimidos por el Alto Tribunal en la STS de 28 de junio de 1999 (RJ 1999, 6133), pero, pese a reflejar los mismos en su texto, en el razonamiento del alto centro directivo subyace un cierto alejamiento —nominativo si se quiere— de la tesis del Tribunal Supremo en la medida en que, a efectos de la aplicación del artículo 7. 2 letra B) TRLITP-AJD, se reconduce la indivisibilidad del objeto de la comunidad de bienes a un supuesto más de inevitabilidad del exceso de adjudicación[49], circunstancia ésta que a la postre es la que se erige, según el TEAC, en el motivo de la no sujeción al impuesto que nos ocupa. Concretamente, este alto centro directivo, haciendo referencia a las disposiciones del Código Civil a las que se remite el artículo 7. 2 letra B) TRLITP-AJD, señala lo siguiente en este sentido:

> «*Así las cosas, se trata de cuatro preceptos que tienen en común la regulación de aspectos concretos de la herencia en los que se pueden producir excesos de adjudicación. De ellos, dos de las previsiones tiene relación directa con la divisibilidad/indivisibilidad de la cosa común: que no admita cómoda división (821), o la cosa sea indivisible o desmerezca por su división (1062). Los otros dos preceptos están relacionados con excesos de adjudicación que se derivan de la voluntad del testador* [...] *En los cuatro casos, los excesos de adjudicación que se producen son ajenos la voluntad de los herederos/comuneros, y se producen bien por las características de la cosa, bien porque la voluntad del testador determina un exceso que los herederos no pueden eludir. Se trata por tanto de excesos de adjudicación inevitables y es esta cualidad de los excesos la que subyace en la exoneración de los casos concretos del artículo 7.2.B) del TRLITPAJD, convirtiéndose tal inevitabilidad en el eje de la no tributación por*

49. Aunque en el apartado II.C.3. de este Capítulo nos ocuparemos de esta cuestión, queremos expresar ahora, sumariamente, que la inevitabilidad del exceso de adjudicación no es una concepción equivocada a efectos de la aplicación del supuesto de sujeción previsto en el artículo 7.2.B) del TRLITPAJD, pero la misma cobra especial sentido en los escenarios de extinción de comunidades de bienes con un objeto plural que puede considerarse divisible aunque los bienes que forman el mismo se entiendan indivisibles si son considerados individualmente.

> *el concepto de Transmisión Patrimonial Onerosa, manifestada unas veces en forma de indivisibilidad material, funcional o jurídica, o incluso en su variante de desmerecer mucho su valor con la división (que a estos efectos se transforma en un bien indivisible de facto), y, otras veces, manifestada en forma de respeto a la voluntad del testador»*[50].

Dándose por alineadas las posiciones del Tribunal Supremo y del TEAC en esta cuestión —pese al alejamiento nominativo indicado—, en este entendimiento de la misma debe situarse igualmente a la DGT, que, en numerosas resoluciones, haciendo referencia a los mencionados preceptos del Código Civil a que se remite el artículo 7. 2 letra B) TRLITP-AJD, sitúa en la indivisibilidad del objeto de la comunidad de bienes la circunstancia que determina la no sujeción al impuesto de los excesos de adjudicación que surgen en su extinción, afirmando en ese sentido que:

> *«Dichos preceptos responden al principio general establecido en el artículo 1062 del Código Civil de que cuando la cosa común sea indivisible, ya sea por su propia naturaleza o porque pueda desmerecer mucho por la indivisión, la única forma de extinción de la comunidad es adjudicarla a uno de los comuneros con la obligación de abonar a los otros el exceso en metálico. Cuando el exceso surja de dar cumplimiento a alguno de los referidos preceptos, dicho exceso no se considerará transmisión patrimonial onerosa a los efectos del artículo 7.2.B) del TRLITPAJD»*[51].

Teniendo en cuenta todo lo anterior, procede cerrar este apartado concluyendo que la indivisibilidad del objeto de la comunidad de bienes es la circunstancia que justifica la no sujeción al ITP-AJD —modalidad TPO— del exceso de adjudicación que surge en la extinción de la misma consecuencia de la necesaria adjudicación de su objeto a uno sólo de los comuneros, adjudicación de la cosa común que no materializa una transmisión patrimonial sujeta a este concepto impositivo en la medida que ésta, la adjudicación a uno sólo de los comuneros, se reputa como un supuesto de especificación del derecho abstracto que todo comunero tiene a que en su día, en palabras del Tribunal Supremo, *«se le adjudique aquélla en su totalidad, dada su naturaleza de indivisible»*.

---

50. FD Cuarto de la resolución del TEAC de 29 de septiembre de 2011 (JT 2011, 1125).
51. Este pasaje sobre la circunstancia que justifica el supuesto de no sujeción previsto en el artículo 7. 2 letra B) TRLITP-AJD se recoge en numerosísimas resoluciones de este centro directivo, y por todas véanse las resoluciones de la DGT de 21 de noviembre de 2023, en respuesta a la consulta vinculante número V3029-23, de 18 de mayo de 2023, en respuesta a la consulta vinculante número V1337-23, etc.

II.C.3. El presupuesto de la adjudicación a una única persona: La inevitabilidad de la adjudicación del objeto de la comunidad de bienes a uno sólo de los comuneros

Completado el relato sobre la circunstancia y el motivo que justifican el supuesto de no sujeción recogido en el artículo 7. 2 letra B) TRLITP-AJD, la efectiva aplicación de este precepto exige además la concurrencia de ciertos requisitos cuya presencia denota que el tipo de exceso de adjudicación que nos ocupa surge «*de dar cumplimiento a lo dispuesto en los artículos 821, 829, 1.056 (segundo) y 1062 (primero) del Código Civil*». O dicho con otras palabras, y centrado el discurso a estos efectos en el artículo 1062 CC por el motivo antes esgrimido, que más allá de la indivisibilidad del objeto de la comunidad de bienes que se extingue, se requiere además que en la adjudicación del mismo se den los presupuestos que se contemplan en el precepto apenas citado; esto es, la adjudicación a una única persona del objeto de la comunidad de bienes y la compensación a los comuneros que entregan su cuota en la comunidad con tal propósito.

Comenzando con el primero de tales requisitos, y sin necesidad de reiterar todo lo dicho al respecto en el Capítulo 1, sobre este presupuesto de la adjudicación a una única persona —comunero, en lo que nos interesa— del objeto de la comunidad de bienes que se extingue conviene ahora hacer dos breves consideraciones. Por una parte, es de recordar que este requisito trae origen directo de la redacción dada del artículo 1062 CC, que contempla que «*Cuando una cosa sea indivisible* [...] *podrá adjudicarse a uno, a calidad de abonar a los otros el exceso en dinero*». Y a su vez, por otra parte, tal presupuesto conecta con el requisito que dedujimos en el apartado II.A. del Capítulo 1 común a toda extinción de comunidades de bienes: El requisito de la cesación de indivisión. En relación con este requisito —cuya consecución se logra sustancialmente concretando las cuotas de los comuneros en derechos exclusivos de propiedad y evitando la creación de nuevas situaciones de comunidad— no debe olvidarse la posición avanzada sobre el entendimiento del mismo en virtud de la cual se reputan extintivas de comunidades de bienes ciertas extinciones parciales objetivas.

Pues bien, cerrado el breve recordatorio sobre los aspectos *iuscivilísticos* del presupuesto que nos ocupa, el trasunto del mismo a la aplicación del artículo 7. 2 letra B) TRLITP-AJD pudiera parecer sencillo. En efecto, confrontando el mandato de esta última disposición con el del artículo 1062 CC, lo que se exigiría para poder beneficiarse del supuesto de no sujeción que se analiza es la adjudicación a uno solo de los comuneros del objeto indivisible de la comunidad de bienes que se extingue.

Sin embargo, el presupuesto de la adjudicación a una única persona del objeto indivisible de una comunidad de bienes que se extingue conoce de una ulterior problemática cual es la de la inevitabilidad de tal adjudicación, circunstancia que, como advertimos anteriormente, cobra sentido cuando el objeto de tal comunidad es plural. Queremos decir, este requisito para la aplicación del supuesto de no sujeción previsto en el artículo 7. 2 letra B) TRLITP-AJD va a adquirir relevancia cuando en la extinción de la comunidad de bienes, por algún motivo, se atribuyan los elementos que conforman su objeto a un sólo de los comuneros —con evidente exceso de adjudicación—, en vez de distribuirse los mismos entre todos ellos.

Esbozado a grandes rasgos cómo se materializa la problemática que nos ocupa, su análisis debe comenzarse señalando que las resoluciones más tempranas sobre ésta van a encontrarse en la doctrina administrativa, si bien, por la pauta metodológica que nos dimos al inicio de este Capítulo, procede en primer lugar verificar si la jurisprudencia del Tribunal Supremo ha aprehendido esta cuestión de la inevitabilidad de la adjudicación a uno sólo de los comuneros y en qué términos lo ha hecho. El Alto Tribunal ha abordado expresamente tal cuestión en al menos dos resoluciones, las SSTS de 30 de octubre de 2019 (RJ 2019, 4348) y de 16 de septiembre de 2020 (RJ 2020, 3486).

Sin necesidad ahora de profundizar en su sustrato fáctico —baste con señalar que se afrontaba una *litis* relativa a la extinción de una comunidad de bienes constituida por dos personas sobre dos inmuebles, los cuáles fueron adjudicados a uno sólo de los comuneros—, la STS de 30 de octubre de 2019 (RJ 2019, 4348) contiene efectivamente un pronunciamiento sobre esta cuestión de la inevitabilidad de la adjudicación del objeto plural de la comunidad de bienes a uno sólo de los comuneros; sin embargo, a imagen de lo que sucediera en el análisis de las SSTS de 28 de junio de 1999 (RJ 1999, 6133) y de 29 de junio de 2019 (RJ 2019, 2772), hemos de advertir que tal pronunciamiento no representa el núcleo decisorio fundamental respecto al cual esta resolución jurisdiccional, como veremos posteriormente, se ha convertido en referencia[52].

Advertido lo anterior, el Tribunal Supremo comienza su razonamiento al respecto recalcando que la existencia de una o de dos comunidades de

52. El aspecto más relevante que se afronta en la STS de 30 de octubre de 2019 (RJ 2019, 4348) es el concerniente a la posibilidad de aplicar el supuesto de no sujeción previsto en el artículo 7. 2 letra B) TRLITP-AJD a ciertos escenarios de extinción de comunidades de bienes con objeto plural en los que la satisfacción de la compensación al comunero no adjudicatario se verifica con elementos patrimoniales ajenos a la comunidad de bienes y que son propiedad del comunero adjudicatario. En el siguiente apartado de este Capítulo profundizamos en este aspecto.

bienes que se extinguen por completo no es óbice para la aplicación del supuesto de no sujeción previsto en el artículo 7. 2 letra B) TRLITP-AJD, tras lo cual añade que:

> «*lo que resulta trascendente a estos efectos, es que, por un lado, los bienes inmuebles resulten indivisibles y, por otro lado, para el caso de que existan varios bienes en copropiedad, no resulte posible un procedimiento de distribución entre los copropietarios, distinto al de adjudicación a uno solo de los condóminos. En otras palabras, lo que se viene exigiendo en estos casos es que resulte inevitable la adjudicación a uno sólo de los condóminos con exceso de adjudicación a compensar*»[53].

Señalado entonces que lo trascendente en la extinción de este tipo de comunidades de bienes es la inevitabilidad de la adjudicación de su objeto plural a uno sólo de los comuneros, el Alto Tribunal continúa su discurso al respecto y, tratando de dar contenido a tal circunstancia *a contrario*, apunta lo siguiente confrontando las nociones de inevitabilidad de la adjudicación a uno sólo de los comuneros y de procedimiento alternativo de distribución:

> «*Por lo que se refiere a si era posible distribuir de manera alternativa los bienes entre ambos copropietarios debemos apuntar que la indivisibilidad de cada bien —individualmente considerado— no tiene por qué impedir que el reparto o adjudicación de los bienes entre los comuneros se pueda hacer por ejemplo, mediante la formación de lotes lo más equivalentes posibles, evitando en lo posible los excesos de adjudicación, criterio este, que viene a asumirse en la reciente consulta vinculante de la Dirección General de los Tributos V1855-19, de 16 de julio de 2019*»[54].

Ese procedimiento alternativo de distribución del objeto plural de la comunidad de bienes —«*mediante la formación de lotes lo más equivalentes posibles*»— entendemos que no es sino el trasunto al ámbito fiscal de lo apuntado en el apartado II.B.1. del Capítulo 1 sobre la extinción de comunidades de bienes cuyo objeto es divisible. O lo que es lo mismo, la existencia de la posibilidad de formar lotes equivalentes con el objeto plural de la comunidad de bienes que se extingue significa tanto como aceptar que éste,

---

53. Punto (i) del FD Tercero de la STS de 30 de octubre de 2019 (RJ 2019, 4348).
54. Punto (i) del FD Tercero de la STS de 30 de octubre de 2019 (RJ 2019, 4348).
Sobre el procedimiento alternativo de distribución del objeto plural de la comunidad de bienes se manifiesta GIL CRUZ al expresar que «*cuando la cosa común es indivisible* [...] *cada comunero, aun cuando tenga derecho solo a una parte de la cosa, tiene realmente un derecho abstracto a que, en su día, se le adjudique aquélla en su totalidad, dada su naturaleza de indivisible, con la obligación de compensar a los demás en metálico. Por lo que a sensu contrario cuando sea posible hacer distintos lotes equivalentes a la cuota de participación de la cosa común de la comunidad de bienes se producirá un exceso de adjudicación oneroso sujeto a tributación por Transmisiones Patrimoniales Onerosa*» (GIL CRUZ, E. M.: «Tributación de las adjudicaciones derivadas de la disolución de una comunidad de bienes», Quincena Fiscal número 1 y 2, 2010).

el objeto plural, es divisible —aunque no lo sean los bienes que lo componen de ser considerados individualmente— y, por ende, que la extinción de la correspondiente comunidad de bienes debiera regirse por el artículo 1061 CC, no por el artículo 1062 CC, sin posibilidad, por tanto, de aplicar el supuesto de no sujeción que nos ocupa.

Pese a lo dicho en el párrafo anterior, y como advertíamos en el cierre del apartado II.B.2.a) del Capítulo 1, la mera existencia de ese procedimiento alternativo de distribución del objeto plural no comporta *per se* la evitabilidad de su adjudicación a uno sólo de los comuneros y, con ello, la inaplicabilidad del supuesto de no sujeción del artículo 7. 2 letra B) TRLITP-AJD. Para que ello acaezca es necesario, además, que la Administración Tributaria exactora, en el ejercicio de sus funciones, concrete el procedimiento de distribución del objeto plural de la comunidad de bienes alternativo a la adjudicación a uno sólo de los comuneros hecha valer por el obligado tributario.

Este extremo viene a ser corroborado por la propia STS de 30 de octubre de 2019, pues el Tribunal Supremo va a servirse de la ausencia de la descrita circunstancia —la justificación del procedimiento alternativo de distribución por parte la Administración Tributaria exactora— para aceptar la inevitabilidad de la adjudicación del objeto de la comunidad de bienes a uno sólo de los comuneros habilitante de la aplicación del supuesto de no sujeción del artículo 7. 2 letra B) TRLITP-AJD que se sentencia. En este sentido señala el Alto Tribunal que:

> *«nuevamente debe significarse, que ninguna de las partes del recurso, ni siquiera, la propia Administración autonómica recurrente, ha sugerido un mecanismo alternativo de reparto de los bienes, determinante de la extinción del condominio, lo que, por otra parte, parece excluirse a partir de la distinta valoración que tenían ambos bienes y que, en todo caso, también hubiese exigido una compensación para mantener el equilibrio que correspondía a cada uno de los copropietarios de la comunidad»*[55].

Para cerrar este somero análisis del pronunciamiento de la STS de 30 de octubre de 2019 (RJ 2019, 4348) sobre la cuestión que nos ocupa, y enlazando con el inciso final del pasaje recién trascrito, hemos de recordar que la Sala de lo Civil del Tribunal Supremo ha sentado que la (elevada) cuantía de la compensación a satisfacer al comunero no adjudicatario puede llegar a determinar la no divisibilidad del objeto de la comunidad de bienes que se extingue. Queremos decir, en el apartado II.B.I.a) del Capítulo 1 nos hacíamos eco de la STS de 26 de septiembre de 1990 (RJ 1990, 6907), resolución jurisdiccional en la que la Sala Primera del Alto Tribunal, sustancialmente,

55. Punto (i) del FD Tercero de la STS de 30 de octubre de 2019 (RJ 2019, 4348).

obstó la extinción de una comunidad de bienes sobre un edificio mediante la *formación de lotes —rectius «mediante la adjudicación de pisos o locales independientes»* como ordena el artículo 401 CC— si ello comportaba la necesidad de *«acudir a fuertes o elevadas compensaciones en metálico (supuesta, como es lógico, la oposición a ello por parte de alguno de los copropietarios)»* [56].

Atendiendo a lo dicho en el párrafo anterior, sucede que la circunstancia descrita en el mismo —la necesidad de satisfacer elevadas compensaciones para lograr la igualdad de los lotes a formar— se convierte así en causa suficiente para negar la divisibilidad del objeto de una comunidad de bienes, de modo que éste pasaría a reputarse indivisible y la extinción de la correspondiente comunidad de bienes tendría que regirse por el artículo 1062 CC. Pues bien, si ese argumento se traslada al ámbito tributario, el mismo podría servir para contestar la existencia de un procedimiento alternativo de distribución del objeto plural de la comunidad de bienes hecho valer por la Administración Tributaria exactora, escenario ése que rehabilitaría la posibilidad de aplicar el supuesto de no sujeción previsto en el artículo 7. 2 letra B) TRLITP-AJD en la medida que la adjudicación del referido objeto plural a uno sólo de los comuneros volvería a ser inevitable por, como se ha dicho, reputarse el mismo indivisible por su ineptitud para la formación de lotes.

Este último razonamiento subyace en el mencionado inciso final del último pasaje trascrito de la STS de 30 de octubre de 2019 (RJ 2019, 4348), donde el Tribunal Supremo, atendiendo a las valoraciones de los elementos que forman el objeto plural de la comunidad de bienes y a las cuotas de los comuneros sobre éstos, desdeña la existencia de un procedimiento alternativo de distribución del objeto plural para, finalmente, aceptar la aplicación del supuesto de no sujeción que nos ocupa por concurrir el resto de requisitos para ello. Concretamente, el Alto Tribunal aclara que el objeto plural de esa comunidad de bienes estaba formado por una vivienda que se valoró en 300.000 euros —de los que 33.000 euros correspondían al comunero adjudicatario (Nieves) y los 267.000 euros restante al otro comunero (Romualdo)— y por un local que se valoró en 120.000 euros —correspondiendo 60.000 euros a cada uno de los comuneros—. Teniendo en cuenta la valoración de la cuota del comunero adjudicatario (Nieves) de los dos elementos —de 93.000 euros—, la de la cuota del otro comunero —de 327.000 euros— y la valoración de ambos bienes, puede comprenderse que el Tribunal Supremo entendiese excluir la aplicación de un procedimiento alternativo de distribución, pues, de habérsele adjudicado el local a Romualdo —el escenario que se antoja más equilibrado—, Nieves tendría que satisfa-

56. FD Sexto de la STS de 26 de septiembre de 1990 (RJ 1990, 6907).

cerle aún una compensación de 27.000 euros equivalentes a casi al 6,5% del valor del objeto plural de la comunidad de bienes que se extingue[57]. Lo que es difícil de comprender es que la Administración Tributaria exactora, como denuncia el Alto Tribunal, no intentase hacer valer en ningún momento el procedimiento alternativo de distribución expuesto.

Ocupándonos ya de la STS de 16 de septiembre de 2020 (RJ 2020, 3486), en esta resolución jurisdiccional el Tribunal Supremo va a reiterar *mutatis mutandis* su pronunciamiento sobre la inevitabilidad de la adjudicación del objeto de la comunidad de bienes a uno sólo de los comuneros contenido en la STS de 30 de octubre de 2019 (RJ 2019, 4348). A diferencia de esta última, el primero de los fallos citados resuelve una *litis* sobre la tributación en el ITP-AJD —modalidad TPO— de la extinción de una comunidad de bienes cuyo objeto no plural —un edificio de varias plantas en la Calle Ayala de Madrid— se reputó sin embargo divisible. Concretamente, preexistiendo una comunidad de bienes sobre el referido edificio[58] con quince copropietarios, sucede que una mercantil adquirió a finales de julio de 2006 una parte alícuota del 7,4337% del dominio, procediéndose, apenas dos meses después, a extinguir tal comunidad y, en la consideración de que su objeto era indivisible, a adjudicar el mismo a la mercantil a cambio de compensaciones en dinero a los demás copropietarios por valor de 8.516.099,60 euros[59].

Sin entrar en lo elusivo del proceder descrito en el párrafo anterior[60], en la STS de 16 de septiembre de 2020 (RJ 2020, 3486) el Alto Tribunal, como se ha dicho, va a reiterar *grosso modo* su pronunciamiento sobre la inevita-

57. Confróntese ese porcentaje con el manejado a similares efectos en la STS de 13 de julio de 1996 (RJ 1996, 5584) que abordamos en el apartado II.B.1.a) del Capítulo 1, resolución jurisdiccional en la que la Sala de lo Civil del Tribunal Supremo negó la divisibilidad del objeto de una comunidad de bienes en la que la desigualdad de los lotes formados obligaba a satisfacer una compensación de casi el 10% del valor total de ese objeto.

58. Sobre las características de este edificio se especifica en el FD Primero de la STS de 16 de septiembre de 2020 (RJ 2020, 3486) que «*el edificio en cuestión estaba dividido real y materialmente, pues contaba con seis plantas y disponía de dos locales comerciales, una oficina en planta primera, un almacén en planta sexta y cuatro viviendas, una por planta, de 246 metros cuadrados, por lo que el inmueble era divisible o la indivisión era perfectamente evitable*».

59. Pueden consultarse estos hechos definitorios de la *litis* en el FD Primero de la STS de 16 de septiembre de 2020 (RJ 2020, 3486).

60. Se contiene esta calificación del negocio jurídico descrito en la sentencia de la instancia, la STSJ de Madrid de 15 de marzo de 2018 que es confirmada por la STS de 16 de septiembre de 2020 (RJ 2020, 3486).

bilidad de la adjudicación al afirmar que la aplicación del artículo 7. 2 letra B) TRLITP-AJ D exige:

> *«además, que resulte inevitable la adjudicación a uno sólo de los condóminos, esto es, que no sea posible un procedimiento de distribución entre los copropietarios distinto al de adjudicación a uno sólo de los copropietarios, de suerte que de producirse un exceso de adjudicación, la compensación en dinero opere como un elemento equilibrador de la equivalencia y proporcionalidad de las mutuas contraprestaciones del condómino transmitente y el adjudicatario, en relación con la participación de cada uno»* [61].

Renovado así el carácter antitético de la relación existente entre las nociones de inevitabilidad de la adjudicación a uno sólo de los comuneros y de procedimiento alternativo de distribución del objeto de la comunidad de bienes, de la STS de 16 de septiembre de 2020 (RJ 2020, 3486) interesa además la reflexión que el Tribunal Supremo realiza sobre la divisibilidad del objeto de la comunidad de bienes que se extinguía en el litigio. Para ello, como hace el Alto Tribunal, es recomendable remitirse a la sentencia de la instancia, resolución jurisdiccional que resulta aclaratoria de que la divisibilidad del objeto de una comunidad de bienes no puede identificarse con la sola posibilidad de formar tantos lotes como comuneros existen en la misma que, además, materialicen exactamente las distintas cuotas de éstos sobre tal objeto.

Así es, en la sentencia de la instancia va a completarse una reflexión en este sentido que el Alto Tribunal madrileño inicia señalando que:

> *«El punto de partida de la demanda incurre en un error sobre el concepto relativo a los excesos de adjudicación y la incidencia que en él tiene la divisibilidad o indivisibilidad del bien, pues identifica lo que es la indivisibilidad a tales efectos tributarios con la imposibilidad de repartir el inmueble en exacta proporción a las cuotas de los partícipes.*
>
> *No es suficiente con la mera dificultad de practicar la división o con la inviabilidad práctica de partir el bien con escrupuloso respeto a las cuotas/partes para que la operación efectuada esté amparada por la excepción del art. 7.2.B)»* [62].

Concretamente, en el cierre del FD Primero de la STSJ de Madrid de 15 de marzo de 2018 (JUR 2018, 162751), el Alto Tribunal madrileño hace suyas las palabras de la resolución del TEAC cuya impugnación originó la sentencia de la instancia y refleja que ese centro directivo «*Terminó manifestando que "de admitirse dicha vía se eludiría fácilmente el Impuesto de Transmisiones Patrimoniales ya que bastaría adquirir una participación —por pequeña que esta sea— en un bien inmueble y posteriormente solicitar la disolución de la comunidad así creada invocando la indivisibilidad del bien"*».

61. FD Segundo de la STS de 16 de septiembre de 2020 (RJ 2020, 3486).
62. FD Cuarto de la STSJ de Madrid de 15 de marzo de 2018 (JUR 2018, 162751).

A partir de esa premisa y proyectando la misma al litigio que se resuelve —recuérdese, la extinción de una comunidad de bienes constituida sobre un edificio por quince comuneros cuyo objeto se adjudica a uno de ellos recientemente llegado—, el Tribunal Superior de Justicia de Madrid va a concluir que:

> «*en este caso se produjo un exceso que podía haberse minorado muy notablemente con una distribución de la propiedad más equitativa. Aun admitiendo que era impracticable asignar a cada uno de los 15 copropietarios un piso o local en justa medida a su participación y por ello hubiera sido preciso acudir al recurso de las compensaciones en metálico, la transmisión de todas las cuotas a uno solo de ellos y la dimensión de la compensación aquí abonada, superior al 90% del valor del inmueble, pone de manifiesto un acto de transmisión y no una simple consecuencia de la indivisibilidad del bien. El exceso compensado en metálico no era el medio inevitable para salvar la indivisibilidad, sino el querido por las partes por la sencilla razón de que podía haberse extinguido la comunidad sin necesidad de una compensación tal alta*»[63].

Lo sentado por la STS de 16 de septiembre de 2020 (RJ 2020, 3486) y por la STSJ de Madrid de 15 de marzo de 2018 (JUR 2018, 162751) nos suscita, al menos, dos reflexiones sobre la cuestión del procedimiento alternativo de distribución del objeto de la comunidad de bienes como circunstancia antagónica de la inevitabilidad de su adjudicación a uno sólo de los comuneros.

Comenzando por la perspectiva ritual de esta cuestión, ni una ni otra resolución jurisdiccional aclaran si la Administración Tributaria exactora motivó adecuadamente la existencia de un procedimiento alternativo de distribución del objeto de la comunidad de bienes obstativa de la aplicación del supuesto de no sujeción previsto en el artículo 7. 2 letra B) TRLITP-AJD. Así es, afirmado anteriormente que es la Administración Tributaria exactora la que debe concretar el procedimiento de distribución alternativo a la adjudicación del objeto de la comunidad de bienes a uno sólo de los comuneros hecha valer por el obligado tributario, la concurrencia de tal circunstancia no se deduce de los textos de la STS de 16 de septiembre de 2020 (RJ 2020, 3486) y de la STSJ de Madrid de 15 de marzo de 2018 (JUR 2018, 162751). Más bien al contrario, huérfana la sentencia de la sede casacional de un pasaje en ese sentido, en la sentencia de la instancia sí que se realiza un pronunciamiento sobre cuál fue el proceder de la Administración Tributaria exactora («*La Dirección General de Tributos, en un procedimiento de verificación de datos, apreció la existencia de un exceso de adjudicación, equivalente a las compensaciones en metálico y sujeto a la modalidad de transmisiones patri-*

63. FD Cuarto de la STSJ de Madrid de 15 de marzo de 2018 (JUR 2018, 162751).

moniales onerosas»[64]). Y siendo cierto que la literalidad de este pronunciamiento no permite concluir con certeza si la Administración Tributaria exactora justificó o no el procedimiento alternativo de distribución, no lo es menos que el cauce procedimental elegido para tratar de hacerlo no es el adecuado a tal fin atendiendo a las limitaciones que al procedimiento de verificación de datos impone el artículo 131 LGT y, sobre todo, la jurisprudencia del Tribunal Supremo[65]; o dicho con otras palabras, que el (denostado) procedimiento de verificación de datos —a diferencia del de comprobación limitada— no es un expediente tributario idóneo para que la Administración Tributaria exactora pueda hacer valer el tantas veces referido procedimiento alternativo de distribución del objeto de la comunidad de bienes.

Más relevante que lo anterior sobre el expediente tributario idóneo para hacer valer el procedimiento alternativo de distribución, la STS de 16 de septiembre de 2020 (RJ 2020, 3486) —y con ella la STSJ de Madrid de 15 de marzo de 2018 (JUR 2018, 162751)— nos suscita una segunda reflexión relativa a la perspectiva material de la cuestión que nos ocupa. Queremos decir, estas resoluciones jurisdiccionales, confrontadas con el pronunciamiento antes analizado de la STS de 30 de octubre de 2019 (RJ 2019, 4348), nos generan dudas acerca de cuándo es divisible el objeto de una comunidad de bienes que se extingue y, por ende, susceptible de una distribución alternativa a su adjudicación a uno sólo de los comuneros —lo que determina a su vez la aplicabilidad o no a tal extinción del supuesto de no sujeción previsto en el artículo 7. 2 letra B) TRLITP-AJD—.

Pues bien, las dudas referidas en el párrafo anterior van a surgir porque, atendiendo a las resoluciones jurisdiccionales mencionadas en el mismo, la concurrencia de ciertas circunstancias puede llegar a negar o a afirmar el carácter divisible del objeto de una comunidad de bienes más allá de su inicial apariencia. En efecto, si recordamos el litigio resuelto por la STS de

64. FD Primero de la STSJ de Madrid de 15 de marzo de 2018 (JUR 2018, 162751).
65. Aceptando que lo que hizo la Administración Tributaria exactora en este caso fue calificar de forma distinta el negocio jurídico celebrado por las partes, el Alto Tribunal ha negado al procedimiento de verificación de datos la aptitud para vehicular tal actuación administrativa. Concretamente, en el punto II del FD Sexto de la STS de 19 de mayo de 2020 (RJ 2020, 1057) —a la que siguen muchas otras en idéntico sentido— el Tribunal Supremo, en análisis del precitado artículo 131 LGT, concluye que *«tampoco es cauce idóneo este específico procedimiento tributario para efectuar calificaciones jurídicas, en contra de la tesis que haya sido preconizada por el contribuyente en su declaración o autoliquidación, cuando la Administración tributaria pretenda sustentar tales calificaciones jurídicas con argumentos o razonamientos de Derecho que sean razonablemente controvertibles y no constituyan una clara u ostensible evidencia en el panorama doctrinal o jurisprudencial»*.

30 de octubre de 2019 (RJ 2019, 4348), el objeto plural de la comunidad de bienes que se extinguía parecía susceptible *prima facie* de una distribución entre los comuneros alternativa a su adjudicación a uno sólo de ellos. Sin embargo, esa posibilidad fue implícitamente negada por el Tribunal Supremo, que en ese sentido señalaba a la necesidad de satisfacer elevadas compensaciones en metálico como circunstancia impeditiva de la formación de lotes con el objeto de la comunidad de bienes y, por tanto, determinante del carácter indivisible del mismo pese a ser plural, extremo éste último que abre las puertas a la aplicabilidad, en su caso, del supuesto de no sujeción previsto en el artículo 7. 2 letra B) TRLITP-AJD.

Algo similar sucede, mas en sentido contrario, en el caso resuelto por la STS de 16 de septiembre de 2020 (RJ 2020, 3486) —en comandita con la STSJ de Madrid de 15 de marzo de 2018 (JUR 2018, 162751)—, supuesto en el que el carácter divisible del objeto de la comunidad de bienes era puesto en duda por el comunero que resultó adjudicatario, no tanto por las características del mismo —recuérdese, un edificio de varias plantas en la Calle Ayala de Madrid—, sino por la imposibilidad de formar tantos lotes como comuneros que materialicen exactamente las distintas cuotas de éstos sobre el objeto de la comunidad de bienes[66]. Frente a la pretensión del comunero adjudicatario a favor de considerar indivisible el objeto de la comunidad de bienes, el Alto Tribunal le otorgó al mismo carácter divisible y, haciendo suyo el razonamiento al respecto de la sentencia de instancia, afirma en este sentido que «*la Sala de instancia ha valorado los elementos probatorios presentes y llega a la conclusión de que estamos ante un bien esencialmente divisible, que materialmente está dividido, no siendo inevitable la adjudicación a un solo propietario, en tanto que era factible otra distribución y, por último, la finalidad perseguida no fue la de extinguir el condominio*»[67], motivos uno y otro por los cuales el Tribunal

66. En el FD Segundo de la STJS de Madrid de 15 de marzo de 2018 (JUR 2018, 162751) se refleja la concreta pretensión del comunero adjudicatario en este sentido, que en su demanda, tras detallar ciertas características del edificio —existencia de locales y oficinas no divisibles por la protección urbanística de la fachada, escaso número de viviendas, etc.—, aduce «*la imposibilidad técnica, legal y material de llevar a cabo la división horizontal del edificio o de repartirlo entre los comuneros en proporción a sus cuotas* [...] *La recurrente alega que la inviabilidad técnica y urbanística de dividir el edificio en 15 unidades registrales independientes está acreditado mediante el informe técnico que aportó en vía administrativa*». Esta pretensión fue rechazada por la sentencia de la instancia en los términos vistos, siendo además afeada por el Tribunal Supremo que en el FD Segundo de su sentencia de 16 de septiembre de 2020 (RJ 2020, 1057) señala al respecto que «*el dictamen pericial presentado por la actora en vía administrativa, y al que tanto se refiere en la demanda, tiene por objeto informar "sobre la viabilidad técnica y urbanística para la división en 15 fincas regístrales independientes" del edificio. Por supuesto, la autora del informe no analiza otras posibilidades para el cese de la comunidad que hubieran representado un reparto más equitativo*».

67. FD Segundo de la STS de 16 de septiembre de 2020 (RJ 2020, 1057).

Supremo, finalmente, obsta la aplicación del supuesto de no sujeción del artículo 7. 2 letra B) TRLITP-AJD a la extinción de la comunidad de bienes que nos ocupa.

Con lo expuesto en los párrafos precedentes, y como antes advertido, sólo pretendemos expresar lo comprensible que resulta que los operadores jurídicos puedan albergar dudas a la hora de considerar divisible el objeto de una comunidad de bienes según se aprecie o no la concurrencia de ciertas circunstancias en su extinción. Y siendo cierto que pueda resultar comprensible que surjan esas dudas, no es lo menos que las mismas materializan una merma del principio de seguridad jurídica en tanto que dificultan conocer cuál será la actuación del poder en la aplicación del supuesto de no sujeción previsto en el artículo 7. 2 letra B) TRLITP-AJD... con consecuencias millonarias en ocasiones tal y como hemos visto en el litigio resuelto por la STS de 16 de septiembre de 2020 (RJ 2020, 3486).

Una vez repasados los pronunciamientos del Tribunal Supremo sobre la inevitabilidad de la adjudicación del objeto de la comunidad de bienes a uno sólo de los comuneros, procede a continuación, acorde con la pauta metodológica que nos dimos al inicio de este Capítulo, traer a colación los principales precedentes administrativos que abordan esta cuestión, recordándose que los mismos, como dijimos, anteceden en el tiempo a la doctrina jurisprudencial sentada por el Alto Tribunal.

Renovada la peculiaridad en cuanto al origen temporal de la doctrina administrativa que se analizará, el precedente más relevante en este ámbito hay que encontrarlo en la resolución del TEAC de 29 de septiembre de 2011, acuerdo de este centro directivo del que ya dimos noticia en el apartado II.C.2. de este Capítulo, pero con un propósito distinto. Hecha la advertencia anterior para justificar las reiteraciones en que podamos incurrir, la referida resolución del TEAC resuelve un litigio sobre la extinción de una comunidad de bienes constituida por once comuneros sobre tres fincas urbanas situadas en un mismo inmueble y con valoraciones dispares[68]. Teniendo en cuenta este sustrato fáctico, se ha de añadir que las adjudicaciones de los distintos bienes consecuencia de la extinción de la comunidad se realizaron a favor de varios comuneros —abonándose en dinero a los demás el valor de sus respectivas cuotas— y, más importante, que tales operaciones fueron

68. Se especifica en el Antecedente de Hecho Primero de la resolución del TEAC de 29 de septiembre de 2011 (JT 2011, 1125) que la comunidad de bienes estaba constituida por once comuneros, que detentaban distintas cuotas —que oscilaban entre el 38% y el 3%— y por diferentes títulos, y que recaía sobre tres fincas urbanas partes de un mismo inmueble, «*una vivienda emplazada en la primera planta y dos locales para negocio, el primero de ellos ubicado en la entreplanta y el segundo en la planta baja, que valoraban en 269.825,20 euros, 399.518,32 euros y 660.409,45 euros, respectivamente*».

autoliquidadas por los correspondientes obligados sólo en concepto de ITP-AJD —modalidad AJD—, en el entendimiento de que materializaban excesos de adjudicación no sujetos a la modalidad de TPO *ex* artículo 7. 2 letra B) TRLITP-AJD.

Previas las actuaciones de comprobación e investigación desarrolladas acerca de las descritas operaciones, la Administración Tributaria competente dedujo en los mismos excesos de adjudicación sujetos al ITP-AJD —modalidad TPO— y giró la oportuna liquidación en tal concepto impositivo, acto de liquidación que fue impugnado por los obligados ante el Tribunal Económico-Administrativo Regional competente que estimó las reclamaciones económico-administrativas formuladas por éstos. De esa resolución del Tribunal Económico-Administrativo Regional competente nos interesa destacar algunos pasajes —que se toman de la transcripción que de los mismo hace la resolución del TEAC de 29 de septiembre de 2011— en los que se justifica la no sujeción al ITP-AJD —modalidad TPO— de las operaciones que nos ocupan.

Concretamente, sobre el carácter indivisible del objeto de la comunidad de bienes que se extingue sostiene el Tribunal Económico-Administrativo Regional competente que:

> *«lo primero que conviene señalar es que, aunque se trate de tres fincas urbanas, que forman parte de una casa, sobre la que existe una compleja distribución de cuotas entre numerosas personas, considera este Tribunal que, aun cuando pudiera eventualmente procederse a su división, lo cierto es que tratándose de viviendas y locales, aquélla afectaría de modo claro a los propios bienes, determinando un notable desmerecimiento de su valor; así pues, entendemos que no era posible la disolución del condominio con la división de las fincas y por ello cabía la adjudicación de las mismas a algunos de los copropietarios, a calidad de abonar a los restantes el exceso en dinero»*[69].

Y dicho lo anterior sobre la no divisibilidad del objeto de la comunidad de bienes, el Tribunal Económico-Administrativo Regional competente va a pronunciarse también sobre adjudicación del mismo. En este sentido, tras recalcar los requisitos que deben darse para que los excesos de adjudicación queden no sujetos a ITP-AJD —modalidad TPO— *ex* del artículo 7. 2 letra B) TRLITP-AJD, el órgano administrativo regional va a sentar que tal conclusión sobre la sujeción:

69. FD Segundo de la resolución del Tribunal Económico-Administrativo Regional competente extraído del Antecedente de Hecho Primero de la resolución del TEAC de 29 de septiembre de 2011 (JT 2011, 1125).

«sirve perfectamente para el supuesto de que la adjudicación se haga, no a uno, sino a varios condóminos, que compensan a los otros copropietarios en metálico, como sucede en este caso, siempre que los excesos de adjudicación que se pongan de manifiesto surjan, precisamente, de dar cumplimiento a lo dispuesto en el artículo 1062, párrafo primero, del Código Civil [...]

Por lo expuesto, este Tribunal considera aplicable al caso la excepción contenida en el artículo 7.º.2.B) del Texto Refundido de la Ley del Impuesto»[70].

Obvia la contrariedad de los pasajes trascritos con la actual jurisprudencia del Tribunal Supremo que hemos venido analizando en éste y previos apartados —se reitera que tales pasajes son anteriores en el tiempo a ésta—, los mismos son traídos a colación con el propósito de contextualizar el pronunciamiento que contiene la resolución del TEAC de 29 de septiembre de 2011 sobre la inevitabilidad de la adjudicación del objeto de la comunidad de bienes a uno sólo de los comuneros y la existencia de un procedimiento alternativo de distribución de tal objeto.

Pues bien, el TEAC inicia su discurso al respecto y, contestando los pasajes trascritos del Tribunal Económico-Administrativo Regional competente, afirma en primer lugar que «*cuando estamos ante bienes divisibles no es posible la exoneración de la tributación de los excesos de adjudicación derivados de la adjudicación de un bien divisible*»[71], para a continuación sentar no obstante que:

«cabe advertir sobre esta cuestión que este Tribunal Central no puede indicar a priori qué elementos patrimoniales constituyen bienes indivisibles o que desmerecerían mucho por su división, pues esta circunstancia constituye una cuestión de hecho que deberá ser apreciada en cada caso concreto para su calificación jurídica correcta, si bien es cierto que, en principio, los inmuebles deben considerarse como un bien que si no es esencialmente indivisible, sí desmerecería mucho por su división, y todo ello atemperado por el criterio ya sentado de que la indivisibilidad (que condicionará luego la proporcionalidad en el reparto y la evitabilidad o no de los excesos) es predicable no de cada bien concreto sino del conjunto de bienes que integren la comunidad»[72].

Resuelta así por el alto centro directivo la problemática sobre la indivisibilidad o no del objeto de una comunidad constituida sobre distintos bienes inmuebles —en términos similares a la STS de 30 de octubre de 2019 (RJ 2019, 4348)—, el TEAC se ocupa a continuación de la cuestión que nos

70. FD Segundo de la resolución del Tribunal Económico-Administrativo Regional competente extraído del Antecedente de Hecho Primero de la resolución del TEAC de 29 de septiembre de 2011 (JT 2011, 1125).
71. FD Cuarto de la resolución del TEAC de 29 de septiembre de 2011 (JT 2011, 1125).
72. FD Cuarto de la resolución del TEAC de 29 de septiembre de 2011 (JT 2011, 1125).

ocupa. Y en este sentido, tras preguntarse «*si en el caso de disolución de una comunidad integrada por varios bienes, todos ellos indivisibles, cualquier forma de reparto debe dar lugar la exoneración de tributación de los excesos de adjudicación*»[73], sobre la inevitabilidad de la adjudicación del objeto de la comunidad de bienes y el procedimiento alternativo de distribución del mismo fija el siguiente criterio:

> «*Tratándose de la disolución de una comunidad donde existan varios bienes indivisibles y se produzcan excesos de adjudicación, los mismos pueden quedar sujetos a la modalidad de Transmisiones Patrimoniales Onerosas si tales excesos hubieran podido evitarse o al menos minorarse con una adjudicación distinta de tales bienes (esto es, siempre que el exceso hubiera podido al menos en parte evitarse) respetando siempre los principios de equivalencia en la división de la cosa común y de proporcionalidad entre la adjudicación efectuada y el interés o cuota de cada comunero*»[74].

Aceptado que este criterio del TEAC sí se encuentra fundamentalmente alineado con la jurisprudencia del Tribunal Supremo analizada —y no tanto el ulterior criterio del alto centro directivo sobre la irrelevancia de que la adjudicación se haga a favor de varios comuneros—[75], queremos cerrar esta profundización en la resolución del TEAC de 29 de septiembre de 2011 (JT 2011, 1125) trayendo a colación un precedente más actual que renueva la vigencia del criterio que nos ocupa al menos en el ámbito económico-administrativo. Se trata de la resolución del Tribunal Económico-Administrativo Regional de La Rioja de 30 de septiembre de 2019 (JUR 2021, 343856), en la que se recoge que para afirmar la sujeción o no al ITP-AJD —modalidad TPO— de la extinción de una comunidad de bienes de objeto plural:

«*En el supuesto de que existiera una única comunidad de bienes habría que estar a la doctrina fijada por el Tribunal Económico-Administrativo Central en resoluciones dictadas para unificación de criterio de 29/09/11 (RG 591 y 3704/2010), en las que se vincula la sujeción o no sujeción a la modalidad de Trans-*

73. FD Cuarto de la resolución del TEAC de 29 de septiembre de 2011 (JT 2011, 1125).
74. Dispositivo de la resolución del TEAC de 29 de septiembre de 2011 (JT 2011, 1125).
75. Sumariamente, en el FD Quinto de la resolución del TEAC de 29 de septiembre de 2011 (JT 2011, 1125) se acepta, tal y como sucediera en la resolución de la instancia, la aplicación del supuesto de no sujeción previsto en el artículo 7. 2 letra B) TRLITP-AJD, aunque la adjudicación del objeto de la comunidad de bienes que se extingue se adjudique, como vimos, a varios comuneros. Esta posición del alto centro directivo, alejada de la actual jurisprudencia del Tribunal Supremo sobre la tributación en el ITP-AJD —modalidad TPO— de las extinciones parciales subjetivas de comunidades de bienes, es consecuencia de que la misma se basa en resoluciones jurisdiccionales del Alto Tribunal anteriores a los precedentes que conforman tal jurisprudencia.

misiones Onerosas del ITPAJD al hecho de que la distribución de los bienes realizada resultara inevitable»[76].

Una vez visto el precedente más relevante sobre la cuestión emanado en el ámbito económico-administrativo, procede a continuación dar cuenta de las principales resoluciones de la DGT que abordan igualmente la problemática de la adjudicación del objeto de la comunidad de bienes a uno sólo de los comuneros y del procedimiento alternativo de distribución del mismo. De las resoluciones de la DGT en respuesta a las consultas formuladas por los obligados tributarios nos interesa el criterio general sobre la materia que este centro directivo ha consolidado con éstas, y no tanto la proyección del mismo al caso concreto que se entra a conocer.

De esta forma, la DGT suele iniciar sus razonamientos al respecto repasando los presupuestos cuya concurrencia es precisa para aplicar el supuesto de no sujeción previsto el artículo 7. 2 letra B) TRLITP-AJD. Y ocupándose entonces del requisito de la indivisibilidad del bien, apunta *a contrario* lo siguiente sobre la existencia de un procedimiento de distribución alternativo a la adjudicación del objeto de la comunidad de bienes a uno sólo de los comuneros:

> *«En el supuesto de una única comunidad sobre varios bienes, habrá que atender al conjunto de todos ellos para determinar la indivisibilidad, ya que, aunque cada uno de los bienes, individualmente considerados, pueda tener la condición de indivisible, el conjunto de todos sí puede ser susceptible de división, por lo que el reparto o adjudicación de los bienes entre los comuneros deberá hacerse mediante la formación de lotes lo más equivalentes posibles, evitando los excesos de adjudicación. De ser posible una adjudicación distinta de los bienes entre los comuneros, que evitase el exceso o lo minorase, si no se lleva a cabo, existiría una transmisión de la propiedad de un comunero a otro que determinaría la sujeción al impuesto»*[77].

Este pasaje sobre la existencia de un procedimiento alternativo de distribución en aquellos casos en que el objeto plural de la comunidad de bienes es susceptible de ser dividido en lotes debe reputarse plenamente alineado con la jurisprudencia del Tribunal Supremo antes abordada —concretamente, con la STS de 30 de octubre de 2019 (RJ 2019, 4348)—, pues es el Alto Tribunal el que reconoce que ese criterio de la distribución mediante la formación de lotes equivalentes contemplado en tal resolución jurisdic-

76. FD Cuarto de la resolución del Tribunal Económico-Administrativo Regional de La Rioja de 30 de septiembre de 2019 (JUR 2021, 343856).

77. Resolución de la DGT de 21 de noviembre de 2023, en respuesta a la consulta vinculante número V3029-23. No obstante, este pasaje puede encontrarse en las contestaciones a las más de cincuenta consultas vinculantes formuladas en esta materia, desde la quizá primera contenida en la resolución de 12 de junio de 2017, en respuesta a la consulta vinculante número V1479-17.

cional ya preexistía en la resolución de la DGT de 16 de julio de 2019, en respuesta a la consulta vinculante número V1855-19.

Expuestos los precedentes más relevantes de la doctrina jurisprudencial y administrativa sobre la cuestión que nos ocupa, afirmada la alineación de unos y otros, pudiera parecer que es posible cerrar este apartado formulando las siguientes conclusiones sobre la tributación en el ITP-AJD —modalidad TPO— de las extinciones de comunidades de bienes cuyo objeto sea plural:

- La aplicación a tales extinciones del supuesto de no sujeción previsto en el artículo 7. 2 letra B) TRLITP-AJD exige que el objeto plural de la comunidad de bienes se repute indivisible y, por tanto, que la adjudicación a uno sólo de los comuneros resulte inevitable.

- Si el objeto plural de la comunidad de bienes se reputa divisible —aunque no lo sean los bienes que lo componen considerados individualmente—, la adjudicación de éste a uno sólo de los comuneros ya no resultará inevitable por existir un procedimiento alternativo de distribución del mismo. Esta circunstancia obstaría la aplicación del referido supuesto de no sujeción en la medida que la extinción de la comunidad de bienes no debiera regirse por el artículo 1062 CC, sino por el artículo 1061 CC.

- No obstante lo anterior, y atendiendo a la jurisprudencia del Tribunal Supremo, debe advertirse, por un lado, que la afirmación de la divisibilidad del objeto plural de la comunidad de bienes no es una cuestión sencilla de concurrir ciertas circunstancias en su extinción y, por otro lado, que la existencia de un procedimiento alternativo de distribución debe hacerse valer por la Administración Tributaria exactora.

Sin embargo, tales conclusiones son válidas únicamente para aquellos escenarios en los que se entienda que existe una sola comunidad de bienes con objeto plural, y no para aquellos otros en que se deduzcan tantas comunidades como bienes integran su objeto. Determinar cuando estamos ante unos u otros escenarios —menester que tratamos de abordar en el Capítulo 1 de este trabajo, particularmente en su apartado II.B.1.b)— es una cuestión cuya resolución se encuentra extramuros del Derecho Tributario y que debe procurarse exclusivamente desde el Derecho Civil, pese a las relevantes consecuencias que ello va a tener —*rectius*, tenía— en la exigencia del ITP-AJD —modalidad TPO—.

En efecto, si en relación con un patrimonio colectivo se deduce la existencia de tantas comunidades de bienes como elementos conforman su objeto, la disolución del mismo, del patrimonio colectivo, comportará *prima facie* la extinción de distintas comunidades de bienes de objeto unitario. A la extinción de esas distintas comunidades —de concurrir el resto de requisitos exigidos por el artículo 1062 CC, particularmente, el relativo a la indivisibilidad del elemento que conforma su objeto— podría aplicársele el supuesto de no sujeción previsto en el artículo 7. 2 letra B) TRLITP-AJD al resultar obviamente inevitable la adjudicación de su objeto a uno sólo de los comuneros.

Justificado entonces que el presupuesto de la inevitabilidad de la adjudicación del objeto (indivisible) a uno sólo de los comuneros no representa un problema en aquellos escenarios de patrimonio colectivo en que se deduzcan tantas comunidades como bienes, hemos de avanzar ahora que en tales escenarios la dificultad va a surgir en relación con la concurrencia del siguiente y último presupuesto para la aplicación del supuesto de no sujeción previsto en el artículo 7. 2 letra B) TRLITP-AJD: La satisfacción en dinero de la compensación al comunero no adjudicatario. Queremos decir, si la compensación a satisfacer en esos escenarios no se verifica en dinero es —*rectius*, era— posible que la Administración Tributaria competente deduzca una permuta entre los comuneros, en el entendimiento de que la adjudicación de otros bienes o derechos para compensar el exceso que se ha producido es en realidad una transmisión patrimonial sujeta al impuesto, particularmente si ésta, la adjudicación, se materializa en una equivalente adjudicación a favor del comunero que no resulta adjudicatario del objeto indivisible de otra de las comunidades de bienes que conforman ese mismo patrimonio colectivo.

Renovando entonces que las conclusiones antes formuladas sobre la inevitabilidad de la adjudicación a uno sólo de los comuneros se aplican únicamente a los escenarios de una comunidad de bienes con objeto plural, en el apartado que se inicia a continuación se aborda *ratione materiae* la problemática descrita en el párrafo precedente concerniente, exclusivamente, a aquellos patrimonios colectivos que se materializan en tantas comunidades como bienes en mano común.

II.C.4. El presupuesto de la satisfacción en dinero de la compensación al comunero no adjudicatario: Incidencia de la STS de 30 de octubre de 2019

Para finalizar con los requisitos cuya concurrencia se precisa para la aplicación del supuesto de no sujeción previsto en el artículo 7. 2 letra B)

TRLITP-AJD, es de decir que el último presupuesto demandado a tal propósito es que el comunero adjudicatario del objeto de la comunidad de bienes satisfaga en dinero al comunero no adjudicatario el valor de la cuota que éste entrega en la extinción de tal comunidad de bienes.

Como vimos en el apartado II.B.2.b) del Capítulo 1, este requisito para la aplicación del supuesto de no sujeción que nos ocupa —particularmente, en lo que se refiere a la exigencia de satisfacer en dinero el valor de la cuota entregada— tiene su origen en la estricta literalidad del artículo 1062 CC al que se remite el artículo 7.2 letra B) TRLITP-AJD. Sin embargo, y en resumen de lo dicho al respecto en el mencionado apartado del Capítulo 1, comprobamos entonces que la interpretación de esa exigencia se ha flexibilizado y que, acorde con la jurisprudencia de la Sala Primera del Tribunal Supremo y —especialmente— con el contenido de cierta reforma del Código Civil allí mencionada, sobre tal exigencia podemos decir, por un lado, que el origen de la compensación a satisfacer en dinero puede ser un efectivo extracomunitario existente o no en el momento de la extinción y, por otro lado, que dicha compensación ni siquiera ha de ser en metálico en la medida que se contempla su satisfacción por medios distintos del pago que, *ex* artículo 1156 CC, sean susceptibles de extinguir la obligación de compensar.

Resumidos en esos términos los aspectos *iuscivilísticos* de la flexibilización de la exigencia de satisfacción en dinero de la compensación al comunero no adjudicatario, sucede que de esta flexibilización también se ha hecho eco el Derecho Tributario, a través, fundamentalmente, de la STS de 30 de octubre de 2019 (RJ 2019, 4348). Aunque de esta resolución jurisdiccional ya dimos noticia en el apartado II.C.3. de este Capítulo, a continuación, ampliamos el sustrato fáctico del conflicto que en la misma se resuelve para comprender mejor los pronunciamientos que ésta contiene sobre la flexibilización de la exigencia cuyo análisis nos ocupa.

En efecto, la STS de 30 de octubre de 2019 (RJ 2019, 4348) aborda la *litis* surgida en relación con la extinción de una comunidad de bienes[78] consti-

78. Aunque la cuestión de la existencia de una o dos comunidades de bienes, que luego se analizará, no resultó finalmente trascendente a efectos de resolución de la *litis* habida, lo cierto es que ni la sentencia de la instancia ni la de la casación son claras en ese sentido pese a las consecuencias que ello debiera tener en la extinción del patrimonio colectivo, y como muestra de ello léase lo concluido al respecto en el punto (ii) *in fine* del FD Tercero de la STS de 30 de octubre de 2019 (RJ 2019, 4348):
«*debe destacarse como recapitulación que lo importante es que se haya extinguido el condominio, que el negocio jurídico escriturado el 4 mayo 2009 perseguía con claridad el ejercicio de una facultad de división de la cosa común, en la que se especifican los derechos que correspondían al comunero que transmite sus participaciones, recibiendo éste una parte equivalente sustitutiva de su cuota ideal en ambos condominios*».

tuida por dos personas —Nieves y Romualdo, siguiendo el nomenclátor dado por el Tribunal Supremo— sobre un local, del que ambos son dueños por mitades indivisas, y sobre una vivienda, respecto a cuya propiedad Romualdo detenta una cuota abstracta del 89% y Nieves la del 11% restante.

Teniendo en cuenta la valoración que dieron las partes al local —120.000 euros— y a la vivienda —300.000 euros— y las concretas cuotas de cada uno sobre estos elementos patrimoniales, resulta que la cuota de Nieves en la comunidad de bienes tendría un valor de 93.000 euros, mientras que la de Romualdo alcanza los 327.000 euros.

Esbozadas las características esenciales de la comunidad de bienes en cuestión, sucede que Nieves y Romualdo otorgaron escritura pública de extinción de ésta y de dación en pago, en virtud de la cual se adjudican a Nieves ambos inmuebles y ella compensa a Romualdo con otro inmueble distinto del que Nieves era plena propietaria, así como con el mobiliario habido en éste y la asunción de la deuda hipotecaria pendiente recaída sobre la vivienda a ella adjudicada. En el entendimiento de que el negocio jurídico descrito era subsumible en el supuesto de no sujeción previsto en el artículo 7. 2 letra B) TRLITP-AJD, Nieves sólo presentó autoliquidación en concepto de ITP-AJD —modalidad AJD—, mientras que la Administración Tributaria competente, previa incoación de procedimiento de comprobación limitada, practicó liquidación en concepto de ITP-AJD —modalidad TPO— por considerar, a grandes rasgos, que «*No puede considerarse la operación realizada extinción de condominio (...) y en el presente caso no se ha dado cumplimiento a lo previsto en el artículo 1062 del Código Civil al no tratarse de una única cosa ni haberse abonado el exceso en dinero*»[79]. A los efectos que se dirán, es de destacar que Romualdo, en la misma fecha en que se giró la referida liquidación administrativa, presentó autoliquidación en concepto de ITP-AJD —modalidad TPO— con motivo de la adquisición de la vivienda que Nieves le entregó en compensación.

Contra la precitada liquidación Nieves interpuso recurso de reposición y, contra la desestimación del mismo, formuló reclamación económico-administrativa que fue estimada mediante resolución del Tribunal Económico-Administrativo Regional de Andalucía de 28 de abril de 2016. Por el motivo que se dirá —y pese al riesgo de resultar reiterativos entonces—, creemos importante reproducir la literalidad del motivo aducido por el órgano administrativo regional para el acogimiento de la pretensión de la reclamante:

79. Este pasaje de la liquidación dictada por la Administración Tributaria competente se recoge en el Antecedente de Hecho Segundo de la STS de 30 de octubre de 2019 (RJ 2019, 4348).

> *«En cuanto a lo manifestado por la Administración de que no es aplicable la exención, ya que el pago del exceso de adjudicación no se realizó en metálico, sino que la adjudicataria de los bienes lo pagó mediante la entrega de una vivienda, se ha de señalar que, efectivamente, el* artículo 1062 del Código Civil *establece que el exceso deberá abonarse en metálico. La interesada le entregó una vivienda de su propiedad en compensación por el exceso de adjudicación producido por la extinción de los dos condominios, con lo que parece a primera vista que no se ha dado cumplimiento a lo dispuesto en el citado artículo 1062. Para dar cumplimiento a lo dispuesto en dicho artículo, y una vez que tenían el esquema de cómo tenía que ser el resultado de la operación, en el acto de la firma de la escritura, la interesada debería de haber entregado al interesado en metálico el importe del exceso de adjudicación, para de inmediato proceder a otorgar escritura de compraventa, por lo cual D.ª Tatiana* [Nieves] *vendía a don Abelardo* [Romualdo] *la vivienda propiedad de la primera. Por el dinero recibido por don Abelardo* [Romualdo] *no hubiera tributado nada por el concepto de ITP o AJD. Posteriormente, al otorgar la escritura de compraventa, don Abelardo* [Romualdo] *hubiera tributado por ITP, cosa que ha hecho por la adjudicación de la vivienda. Es decir que el resultado hubiera sido el mismo, con la única diferencia de forzar a las partes a otorgar una escritura de compraventa independiente»* [80].

Esta particular interpretación del Tribunal Económico-Administrativo Regional de Andalucía sobre cómo puede materializarse la obligación de compensación prevista en el artículo 1062 CC no fue aceptada por la Administración Tributaria competente, que interpuso recurso contencioso-administrativo contra el fallo trascrito que fue resuelto por la sentencia de la instancia, la STSJ de Andalucía (Málaga) de 27 de julio de 2017 (JUR 2018, 78577). Concretamente, el Alto Tribunal andaluz, siguiendo a la STSJ de Madrid de 29 de mayo de 2017 (JUR 2017, 186596), desestimó el recurso interpuesto por la Administración Tributaria competente aduciendo lo siguiente:

> *«el recurso debe ser desestimado, puesto que siendo lo esencial que deshaciendo el condominio no obtenga beneficio alguno ni ganancia patrimonial de ningún tipo quienes eran condueños, al caso se cumple, al ganar la recurrida con la disolución de la comunidad la cuota que le faltaba para completar el dominio exclusivo de los dos inmuebles en cuestión, perdiendo otro inmueble a cambio de dicha cuota, sin que se acredite ninguna diferencia de valor entre la cuota que acrece y el inmueble que a cambio transmite, sin que puede calificarse este supuesto como permuta ni, por tanto, que haya de tributar por transmisiones»* [81].

---

80. El texto trascrito, extraído del FD Segundo de la STSJ de Andalucía (Málaga) de 27 de julio de 2017 (JUR 2018, 78577), se corresponde con el FD Cuarto de la resolución del Tribunal Económico-Administrativo Regional de Andalucía de 28 de abril de 2016 que se reproduce en la sentencia del Alto Tribunal andaluz.
81. FD Quinto de la STSJ de Andalucía (Málaga) de 27 de julio de 2017 (JUR 2018, 78577).

Sin profundizar en los (dispares) hechos sobre los que versa la STSJ de Madrid de 29 de mayo de 2017 (JUR 2017, 186596) —apuntar solamente que se trataba de la extinción de una comunidad de bienes sobre dos inmuebles similares tras la cual se adjudicó a cada uno de los dos comuneros uno de los inmuebles que constituían su objeto—, es necesario sin embargo, para tratar de entender el fallo de la STJS de Andalucía (Málaga) de 27 de julio de 2017 (JUR 2018, 78577), reflejar el argumento decisorio de la misma contenido en el Fundamento de Derecho Tercero de la sentencia del Alto Tribunal madrileño:

> «*En nuestro caso la operación realizada se ajusta a la doctrina expuesta y es, por lo demás, absolutamente lógica; existen dos inmuebles en la comunidad de bienes de idéntico valor, por lo que los comuneros acuerdan la adjudicación de cada uno a cada uno de los matrimonios (en el caso del aquí demandante, su esposa ya había fallecido), de modo que ninguno recibe más de lo que le corresponde, no existiendo exceso de adjudicación, sino una simple concreción material de su derecho abstracto preexistente, que se materializa en el inmueble adjudicado. Reciben así la cantidad exacta correspondiente a su cuota de participación, siendo indiferente que lo hagan en metálico o, como en el caso de autos, en especie, con una mayor participación en otro inmueble. Lo esencial es que con ello no obtienen beneficio alguno ni ganancia patrimonial de ningún tipo, pues pierden en un inmueble lo que ganan en el otro. No podemos considerar este supuesto como permuta ni, por tanto, que haya de tributar por transmisiones*»[82].

Expuesto el argumento decisorio del Tribunal Superior de Justicia de Madrid en que se fundamenta el fallo de la STJS de Andalucía (Málaga) de 27 de julio de 2017 (JUR 2018, 78577), sucede que frente a esta última resolución jurisdiccional la Administración Tributaria competente formuló recurso de casación que fue resuelto por la STS de 30 de octubre de 2019 (RJ 2019, 4348). El recurso de casación fue admitido a trámite mediante Auto del Tribunal Supremo de 9 de abril de 2018 (RJ 2018, 1523), del que interesa destacar la redacción dada a la primera de las cuestiones formuladas que presentan interés casacional objetivo para la formación de jurisprudencia:

> «*Determinar, interpretando conjuntamente el artículo 7.2.B) del Texto Refundido de la Ley del Impuesto sobre Transmisiones Patrimoniales y Actos Jurídicos Documentados* [...] *y los artículos 23 y 61.2 del Reglamento del Impuesto sobre Transmisiones Patrimoniales y Actos Jurídicos Documentados* [...] si *la extinción de condominios formalizada en escritura pública notarial, cuando se adjudican los bienes inmuebles sobre los que recaen a uno de los condóminos, quien no satisface en metálico al otro el exceso de adjudicación, como exige el artículo 1062 del Código Civil, sino mediante la entrega de un bien inmueble de su propiedad, constituye para éste al que se adjudican los inmuebles una operación gravada por transmisiones*

82. FD Tercero de la STSJ de Madrid de 29 de mayo de 2017 (JUR 2017, 186596).

patrimoniales onerosas o por la modalidad gradual de actos jurídicos documentados, documentos notariales, del impuesto sobre transmisiones patrimoniales y actos jurídicos documentados» [83].

Más allá de alguna imprecisión en la formulación de la cuestión a la que a continuación se hace referencia, de la misma nos interesa destacar la premisa de la que va a partir la disquisición al respecto del Tribunal Supremo, en virtud de la cual la compensación por el exceso de adjudicación *prima facie* debería satisfacerse en metálico «*como exige el artículo 1062 del Código Civil*». Pues bien, sentada la premisa anterior y ya en análisis de la STS de 30 de octubre de 2019 (RJ 2019, 4348), el Alto Tribunal comienza su discurso respecto a cómo debe satisfacerse la compensación que corresponde al comunero no adjudicatario y entiende conveniente hacer la siguiente aclaración sobre cómo se satisfizo en el caso que nos ocupa:

> *«de la escritura de 4 mayo 2009 resulta de la compensación se realizó la siguiente manera:*
>
> *(a) Don Romualdo reconoce haber recibido de D.ª Nieves 21.000 € en una serie de muebles que existían en la vivienda.*
>
> *(b) Asimismo, D.ª Nieves transmitió a don Romualdo una finca [...] de la que era exclusiva propietaria, valorada en 174.280 €, transmisión que se realizó como dación en pago de su deuda. Con relación a esta cuestión, de los antecedentes de este recurso de casación resulta que don Romualdo tributó por TPO por esa finca que le transmitió D.ª Nieves, circunstancia que permite desactivar el argumento de la existencia de una permuta como negocio jurídico impeditivo a la aplicación del supuesto de no sujeción del artículo 7.2 B TRITPAJD.*
>
> *(c) Finalmente, la parte recurrente omite que de la escritura pública resulta que D.ª Nieves, adjudicataria de los dos inmuebles, asumió también la hipoteca sobre la vivienda adjudicada, cuyo saldo pendiente de amortizar ascendía a 148.000€»* [84].

Hecha tal aclaración, el Tribunal Supremo continúa su discurso y, en referencia a la asunción de deuda con garantía hipotecaria como parte en la satisfacción de la compensación, sienta lo siguiente sobre su consideración como compensación en metálico:

> *«Por tanto, así realizada la compensación, el presupuesto que sugirió la parte recurrente y que, en consecuencia, se recogió en el auto de admisión, resulta claramente incompleto pues, la asunción del importe de la deuda hipotecaria pendiente constituye una compensación en metálico.*

83. Apartado 3 —*rectius* 4— del Razonamiento Jurídico Segundo del Auto del Tribunal Supremo de 9 de abril de 2018 (RJ 2018, 1523).
84. Punto (ii) del FD Tercero de la STS de 30 de octubre de 2019 (RJ 2019, 4348).

En efecto, así lo ponen de manifiesto las recurridas en este recurso, cuya posición resulta avalada por las consultas vinculantes V1494-11, de 9 junio de 2011 y V2367-10, de 28 de octubre de 2010, en cuya virtud "también tiene la consideración de compensación en metálico la asunción por el adjudicatario de la parte de deuda del otro copropietario en el préstamo hipotecario común"»[85].

Como expresamente se refleja en el pasaje trascrito, este criterio del Alto Tribunal acerca de la asunción de deuda con garantía hipotecaria como medio para satisfacer en metálico la compensación que corresponde al comunero no adjudicatario es tomado directamente de la doctrina de la DGT al respecto. Más allá de las dos resoluciones de este centro directivo mencionadas en el pasaje trascrito, esa doctrina de la DGT podía encontrarse en otras resoluciones previas evacuadas en respuesta a consultas de obligados tributarios sobre el gravamen en el ITP-AJD —modalidad TPO— de extinciones de comunidades de bienes cuyo objeto es un inmueble hipotecado. Concretamente, en la resolución de la DGT de 1 de marzo de 2010 se da respuesta a la consulta planteada acerca de la extinción de una comunidad de bienes formada por dos comuneros —al 50%— que recae sobre una vivienda —valorada en 100.000 euros— y sobre la cual se ha constituido una hipoteca en garantía de un préstamo de 80.000 euros —adeudado por ambos comuneros también al 50%—. La comunidad de bienes descrita pretende disolverse adjudicando la vivienda a uno sólo de los comuneros, el cual compensará al otro por el exceso de adjudicación mediante un pago en metálico de 10.000 euros más la asunción del pago de la parte del préstamo hipotecario que le corresponde al último, operación respecto a la cual el centro directivo, tras citar el artículo 404 CC y el artículo 1062 CC, sienta lo siguiente:

«*conforme a los preceptos transcritos, el exceso originado por la adjudicación a uno de los copropietarios de un inmueble indivisible, cuando éste, además, constituya el único bien existente en la comunidad de bienes, pagando la diferencia en metálico al otro copropietario, no está sujeto a la modalidad de transmisiones patrimoniales onerosas del ITPAJD, pues en ese supuesto estaríamos ante un exceso de adjudicación inevitable en los términos que resultan del artículo 1.062 del Código Civil* [...]

A este respecto, cabe advertir que no obsta a la conclusión anterior el hecho de que la compensación de la consultante al otro comunero consista parcialmente en metálico y parcialmente en la asunción de su parte de deuda en el préstamo hipotecario común, pues eso no significa que la compensación no haya sido en metálico, sino que

85. Punto (ii) del FD Tercero de la STS de 30 de octubre de 2019 (RJ 2019, 4348).

tal compensación en metálico se ha destinado —por pacto entre ellos— a la cancelación de la deuda dineraria de dicho comunero»[86].

Aunque sea cierto —por confesado— que el Tribunal Supremo se inspira en la doctrina de la DGT para aceptar que la asunción de deuda con garantía hipotecaria es un medio para satisfacer en metálico la compensación prevista en el artículo 1062 CC, no lo es menos que el Alto Tribunal, antes de dictar su sentencia de 30 de octubre de 2019 (RJ 2019, 4348), ya había interiorizado tal circunstancia al sentar al respecto en la analizada STS de 26 de junio de 2019 (RJ 2019, 2772) que:

> *«a modo de conclusión, los excesos de adjudicación a que se refiere el art. 7.2.B del TRITPAJD son, en realidad, aquellos en que la compensación, sea en metálico o, como aquí ocurre, en asunción en pago de deudas, funciona cabalmente como elemento equilibrador de la equivalencia y proporcionalidad de las mutuas contraprestaciones del condómino transmitente y el adjudicatario»*[87].

Y volviendo ya a los razonamientos del Alto Tribunal en la STS de 30 de octubre de 2019 (RJ 2019, 4348), el Tribunal Supremo prosigue su discurso en relación con la cuestión que nos ocupa en este apartado y, dentro de los interrogantes que se plantean en torno a la misma, va a pronunciarse ahora sobre si la entrega al comunero no adjudicatario de un inmueble propiedad del otro comunero constituye o no satisfacción en metálico de la compensación que corresponde al primero de éstos. Pues bien, adelantando que el Alto Tribunal va a posicionarse a favor de este específico interrogante, es de decir que su pronunciamiento al respecto podría haber sido más motivado, pues el Tribunal Supremo, para justificar su posición, va a limitarse a aceptar (y reproducir) los argumentos del Tribunal Económico-Administrativo Regional de Andalucía —los antes trascritos— y de la Abogacía del Estado en los siguientes términos:

> *«Por último, conviene traer a colación el argumento utilitarista esgrimido por la resolución del TEARA impugnada en la instancia, al señalar que "la interesada [...] entregó una vivienda de su propiedad en compensación por el exceso de adjudicación producido por la extinción de los dos condominios, con lo que parece a primera vista que no se ha dado cumplimiento a lo dispuesto en el citado artículo 1062. Para dar cumplimiento a lo dispuesto en dicho artículo, y una vez que tenían el esquema de cómo tenía que ser el resultado de la operación, en el acto de la firma de la escritura, la interesada debería de haber entregado al interesado en metálico el importe del exceso de adjudicación, para de inmediato proceder a otorgar escritura de compra-*

86. Resolución de la DGT de 1 de marzo de 2010, en respuesta a la consulta vinculante número V0370-10.
En idéntico sentido puede verse también la previa resolución de la DGT de 23 de enero de 2009, en respuesta a la consulta vinculante número V0141-09.
87. FD Quinto de la STS de 26 de junio de 2019 (RJ 2019, 2772).

> *venta, por la cual D.ª Nieves vendía a don Romualdo la vivienda propiedad de la primera. Por el dinero recibido por don Romualdo no hubiera tributado nada por el concepto de ITP o AJD. Posteriormente, al otorgar la escritura de compraventa, don Romualdo hubiera tributado por ITP, cosa que ha hecho por la adjudicación de la vivienda. Es decir que el resultado hubiera sido el mismo, con la única diferencia de forzar a las partes a otorgar una escritura de compraventa independiente".*
>
> *En definitiva, este razonamiento parece avalar el alegato del Abogado del Estado relativo a que "no debe negarse la compensación en metálico por la circunstancia de que esa compensación en metálico se haya aplicado después para la compra de un inmueble sin relación con los de los condominios que se extinguen por la adjudicación"»*[88].

Este pasaje de la STS de 30 de octubre de 2019 (RJ 2019, 4348) nos suscita algunas reflexiones sobre los argumentos que se hacen valer para sostener que la entrega al comunero no adjudicatario de un inmueble propiedad del otro comunero sí que constituye satisfacción en metálico de la compensación que corresponde al primero.

Por una parte, no parece lo más adecuado que el Tribunal Supremo emplee un «*argumento utilitarista*» para, a efectos del artículo 1062 CC, convertir en compensación en metálico la adjudicación de un inmueble. En este sentido, no se nos escapa que Alto Tribunal, huyendo quizá del excesivo formalismo jurídico, parece haber decidido esa conversión atendiendo a que, al fin y al cabo, ya se había satisfecho el impuesto que correspondería pagar si la adjudicación del inmueble se hubiese reputado como una «compensación en especie» impeditiva, por tanto, de la no sujeción al ITP-AJD —modalidad TPO— *ex* artículo 7. 2 letra B) TRLITP-AJD del evidente exceso de adjudicación surgido. Pero siendo cierto lo anterior, no es lo menos, en coherencia con lo que apuntaremos en el apartado II del Capítulo 3, que la calificación jurídica de las operaciones debe realizarse atendiendo exclusivamente a la circunstancia concurrentes en el momento del devengo del impuesto, siendo «*irrelevantes para su calificación jurídica las incidencias posteriores*»[89]. Con todo, aunque pueda entenderse la aceptación por parte del Tribunal Supremo del mencionado «*argumento utilitarista*» por la razón antes esgrimida —el pago del impuesto correspondiente si la adjudicación

---

88. Punto (ii) del FD Tercero de la STS de 30 de octubre de 2019 (RJ 2019, 4348).
89. FD Quinto de la STS de 26 de junio de 2019 (RJ 2019, 2772).
Como veremos en el apartado II del Capítulo 3, el Tribunal Supremo va a emplear esta frase para negar la pretendida aplicación del supuesto de no sujeción previsto en el artículo 7. 2 letra B) TRLITP-AJD a las transmisiones de cuotas entre comuneros no extintivas de comunidades de bienes, a diferencia de lo que sucede con las similares —mas no equivalentes— transmisiones de cuotas entre comuneros que sí resulten extintivas de la situación de comunidad de bienes, las cuales, por tal circunstancia, si pueden valerse del supuesto de no sujeción que nos ocupa.

del inmueble se hubiese reputado como «compensación en especie»—, creemos que tal circunstancia debiera haber encontrado algún tipo de reflejo en la doctrina que el Alto Tribunal sienta con su sentencia de 30 de octubre de 2019 (RJ 2019, 4348), pues entendemos que la misma[90] hubiera sido distinta si el comunero no adjudicatario no hubiese satisfecho el impuesto correspondiente; o con otras palabras, ¿habría acordado el Tribunal Supremo la no sujeción al ITP-AJD —modalidad TPO— de la operación antes descrita si Romualdo no hubiese satisfecho el impuesto correspondiente?, ¿habría sentado el Alto Tribunal en tal escenario los mismos criterios interpretativos que finalmente fijó?, recuérdese que el propio Tribunal Supremo afirmó en este sentido que «*don Romualdo tributó por TPO por esa finca que le transmitió D.ª Nieves, circunstancia que permite desactivar el argumento de la existencia de una permuta como negocio jurídico impeditivo a la aplicación del supuesto de no sujeción del artículo 7.2 B TRITPAJD*».

Y, por otra parte, se echa de menos que el Alto Tribunal, más allá de adherirse a las tesis del Tribunal Económico-Administrativo Regional de Andalucía y de la Abogacía del Estado, hubiese construido su propio argumento jurídico al respecto valiéndose de la flexibilización del requisito que nos ocupa postulada desde el Derecho Civil. En efecto, en el apartado II.B. 2.b) del Capítulo 1 dábamos noticia del precedente jurisprudencial fundamental —la STS de 28 de julio de 2020 (RJ 2020, 2477)— que legitima *mutatis mutandis* que la compensación en dinero prevista en el artículo 1062 CC se satisfaga mediante metálico extracomunitario y, más relevante, traíamos a colación la reforma del artículo 1056 CC de la que creíamos posible deducir un criterio interpretativo en virtud del cual la referida compensación en dinero se podría abonar, además de con efectivo extracomunitario, «*con cualquier otro medio de extinción de las obligaciones*». Teniendo en cuenta las anteriores aseveraciones y recordando que la propia Sala Tercera de Tribunal Supremo ha dado a la dación en pago eficacia extintiva de las obligaciones[91], hemos de insistir en que el Alto Tribunal podría haber motivado *a fortiori* su decisión sobre la no sujeción al ITP-AJD —modalidad TPO— de la operación descrita y, haciendo valer una interpretación sistemática de los

90. Aunque en los próximos párrafos trascribiremos la doctrina que sobre el artículo 7. 2 letra B) TRLITP-AJD y concordantes se fijó en el FD Cuarto de la STS de 30 de octubre de 2019 (RJ 2019, 4348), adelantamos ahora que una lectura rápida del mismo, del FD Cuarto, nos confirmará que en los criterios interpretativos que allí se sientan no hay referencia alguna a la relevante circunstancia del pago del impuesto correspondiente por el comunero no adjudicatario.

91. Así acaece en la STS de 16 de junio de 2011 (RJ 2011, 5397), en cuyo FD Segundo se sienta al respecto que «*la dación en pago es un negocio jurídico que no aparece regulado expresamente en el Código Civil, pero que supone la entrega al acreedor de una prestación distinta de la inicialmente prevista ("aliud pro alio"), determinando la extinción de la obligación (cesion "pro soluto")*». En idéntico sentido léase la STS de 31 de enero de 2019.

preceptos en liza —fundamentalmente, los artículos 1062, 1056 y 1156 CC—, justificar que la entrega —*rectius*, dación en pago— al comunero no adjudicatario de un inmueble propiedad del otro comunero puede constituir satisfacción en metálico de la compensación que corresponde al primero.

Y en resumen de lo expuesto en los últimos párrafos, queremos destacar que las conclusiones alcanzadas por el Tribunal Supremo sobre la asunción de deuda con garantía hipotecaria y sobre la entrega de un inmueble al comunero no adjudicatario como medios adecuados para la satisfacción en metálico de la compensación que se contempla en el artículo 1062 CC van a encontrar reflejo en el primero de los criterios interpretativos que fija el Alto Tribunal con su sentencia de 30 de octubre de 2019 (RJ 2019, 4348). Así es, subrayando que la mencionada imprecisión en la formulación de la cuestión va a determinar la ausencia de cualquiera referencia expresa a la asunción de deuda con garantía hipotecaria, es en este pasaje en el que se aceptan tales conclusiones al disponerse que:

> «*La extinción de dos condominios, formalizada en escritura pública, cuando se adjudican los dos bienes inmuebles indivisibles sobre los que recaen a uno de los condóminos, que compensa el exceso de adjudicación parte en metálico y parte por la entrega de varios bienes muebles y de un bien inmueble de su propiedad del que era exclusivo titular dominical, constituye para el expresado adjudicatario un supuesto de no sujeción a la modalidad de transmisiones patrimoniales onerosas (TPO), debiendo tributar por la cuota gradual de la modalidad de actos jurídicos documentados (AJD) del ITPAJD, con independencia de que los copropietarios ostentasen participaciones distintas en cada uno de los referidos condominios*»[92].

Finalizado el discurso del Tribunal Supremo sobre los otros medios que pueden emplearse para satisfacer en dinero la compensación que corresponde al comunero no adjudicatario *ex* artículo 1062 CC, sucede que su discurso no va a quedar ahí y, a reglón seguido, el Alto Tribunal va a completar una reflexión *obiter dicta* sobre la equivalencia entre las cuotas y las prestaciones recibidas por los comuneros como circunstancia que permite la aplicación del supuesto de no sujeción previsto en el artículo 7. 2 letra B) TRLITP-AJD a la extinción de patrimonios colectivos. Concretamente, el Tribunal Supremo, tras sus pronunciamientos sobre los otros medios para satisfacer en dinero la compensación contemplada en el artículo 1062 CC, sienta lo siguiente sobre esa equivalencia entre las cuotas y las prestaciones recibidas por los comuneros:

---

92. FD Cuarto de la STS de 30 de octubre de 2019 (RJ 2019, 4348).
A riesgo de resultar reiterativos, volvemos a señalar la conveniencia de que se hubiese dado entrada de alguna manera en este criterio interpretativo a la relevante circunstancia del pago del impuesto correspondiente por el comunero no adjudicatario.

«Ahora bien, con independencia de todo lo anterior debe destacarse como recapitulación que lo importante es que se haya extinguido el condominio, que el negocio jurídico escriturado el 4 mayo 2009 perseguía con claridad el ejercicio de una facultad de división de la cosa común, en la que se especifican los derechos que correspondían al comunero que transmite sus participaciones, recibiendo éste una parte equivalente sustitutiva de su cuotas ideal en ambos condominios y, finalmente, que los condueños no han obtenido beneficio ni ganancia patrimonial, lo que determina la aplicación de nuestra jurisprudencia descrita en fundamento de derecho anterior y entender que resultaba procedente tributar por AJD»[93].

Antes de analizar qué quiere decir el Alto Tribunal con esa reflexión, creemos conveniente tratar de especificar a qué tipo de extinciones de patrimonios colectivos es aplicable la conclusión alcanzada. Y aunque el Tribunal Supremo va a sostener que no es obstáculo *per se* para la aplicación del supuesto de no sujeción previsto en el artículo 7. 2 letra B) TRLITP-AJD el hecho de que el patrimonio colectivo se organice como una comunidad de bienes con objeto plural o como una pluralidad de comunidades de bienes con objeto unitario[94], lo cierto es que la trascrita reflexión del Tribunal Supremo está orientada a solventar una problemática propia de los escenarios de extinción de patrimonio colectivo organizado en tantas comunidades de bienes como elementos conforman su objeto: La deducción en tales escenarios de permutas entre los comuneros por la adjudicación de bienes o derechos de naturaleza no dineraria para compensar al comunero no adjudicatario.

En efecto, anunciada esta problemática en el cierre del apartado II.C.3. de este Capítulo 2, la deducción de permutas en los escenarios descritos tiene su origen en la doctrina de la DGT, que, en numerosas resoluciones, ha advertido la existencia de este negocio jurídico cuando, sustancialmente, los comuneros de las comunidades de bienes constituidas extingan las mismas sin la debida separación e independencia, compensando el exceso que surja en una con la adjudicación del objeto de otra. De entre esas resoluciones traemos a colación aquella de 24 de mayo de 2011, en la que la DGT se pronuncia sobre la extinción de dos comunidades de bienes sobre distintos

93. Último inciso del punto (iii) del FD Tercero de la STS de 30 de octubre de 2019 (RJ 2019, 4348).
En la medida que se hace mención a ello, se apunta que en el FD anterior, el FD Segundo de la STS de 30 de octubre de 2019 (RJ 2019, 4348), se reflejan algunos de los principales referentes jurisprudenciales del Alto Tribunal sobre el supuesto de no sujeción previsto en el artículo 7. 2 letra B) TRLITP-AJD, y decimos algunos porque la STS de 30 de octubre de 2019 (RJ 2019, 4348) sí que da noticia de la STS de 28 de junio de 1999 (RJ 1999, 6133), pero omite cualquier mención a lo no menos relevante, como hemos visto, STS de 26 de junio de 2019 (RJ 2019, 2772).

94. Así se sostiene, con similares palabras, en el párrafo Segundo del punto (i) del FD Tercero de la STS de 30 de octubre de 2019 (RJ 2019, 4348).

inmuebles formadas por dos hermanos y constituidas, respectivamente, en los años 1999 y 2004 a raíz de la partición de la herencia de la madre y del padre. A partir de ese sustrato fáctico y aceptado que se generaran excesos de adjudicación, el centro directivo señala lo siguiente sobre la tributación en el ITP-AJD —modalidad TPO— de la extinción de tal patrimonio colectivo:

> «*se plantea la disolución de dos comunidades de bienes, ambas comunidades hereditarias, que incluyen bienes inmuebles urbanos, sin aportar datos sobre la forma de hacer la distribución de los bienes, pero señalando que se compensarán en efectivo las diferencias que puedan producirse al tratarse de inmuebles* [...]
>
> *La disolución de ambos condominios constituyen negocios jurídicos diferentes, y como tales, deben ser tratados no solo separada, sino, lo que es más sustancial, independientemente, es decir, sin que pueda procederse a compensaciones de bienes entre las mismas. En caso de que los comuneros intercambiasen inmuebles de una y otra comunidad de bienes como si se tratara de la adjudicación de los bienes de una única comunidad, tal intercambio tendría la consideración de permuta y estaría sujeta como tal a la modalidad de transmisiones patrimoniales onerosas conforme al artículo 23 del Reglamento del Impuesto*»[95].

Este contenido fundamental de la doctrina de la DGT sobre la deducción de permutas en la extinción simultánea de varias comunidades de bienes se mantendría en las sucesivas resoluciones del centro directivo, aunque, ciertamente, a tal contenido fundamental se le empezó a dar otra redacción —conservadora de lo sustancial— en resoluciones como la de 12 de junio de 2017[96]. Sin embargo, este mantenimiento de lo sustancial de la doctrina de la DGT va a quebrar a finales del año 2020, momento en el que el centro directivo interioriza las consideraciones del Alto Tribunal contenidas en la

---

95. Resolución de la DGT de 24 de mayo de 2011, en respuesta a la consulta vinculante número V1326-11.

96. Sumariamente, al contenido tradicional de la doctrina de la DGT antes trascrito se le da una nueva redacción que aparece ya en la resolución de la DGT de 12 de junio de 2017, en respuesta a la consulta vinculante número V1479-17. Como se ha advertido, esos cambios no son sustanciales, limitándose los mismos *grosso modo* a ubicar un texto equivalente, pero en pasajes separados, de forma que se sienta por una parte que «*Supuesto de que se trate de dos o más comunidades que se pretendan disolver simultáneamente. Ya se ha señalado que ello supone la existencia de tantos negocios jurídicos diferentes como comunidades haya, debiendo disolverse cada una de ellas de forma independiente, en los términos expuestos en el apartado anterior*» y, por otra, que «*En caso de disolución simultánea de varias comunidades en las que existan excesos de adjudicación y se originen compensaciones entre los comuneros, debe tenerse en cuenta que, al tratarse de actos jurídicos independientes, dichas compensaciones deben ser en metálico, sin compensar con bienes que formen parte de otra comunidad. Si los comuneros intercambiasen inmuebles de una y otra comunidad de bienes como si de la adjudicación de los bienes de una única comunidad de bienes se tratara, tal intercambio tendría la consideración de permuta*».

STS de 30 de octubre de 2019 (RJ 2019, 4348) sobre las compensaciones en especie satisfechas en escenarios de extinción simultánea de varias comunidades de bienes.

Así es, la ya referida resolución de la DGT de 21 de diciembre de 2020 es quizá el primer precedente en el que el centro directivo, ocupándose de la compensación al comunero no adjudicatario como presupuesto para la aplicación del supuesto de no sujeción que nos ocupa, va a modular el contenido fundamental de su doctrina al respecto y, tras reiterar el mismo en los términos visto, advierte que «*No obstante, por lo que se refiere a la necesidad de que la compensación sea en metálico, debe tenerse en cuenta la reciente doctrina del Tribunal Supremo, puesta de manifiesto en la sentencia 1502/2019, de 30 de octubre de 2019*»[97]. Ya en resoluciones posteriores, la DGT suele anudar a esa advertencia la trascripción de distintos pasajes de la STS de 30 de octubre de 2019 (RJ 2019, 4348), para finalmente, en lo ahora nos interesa, formular a la luz de tales pasajes las siguientes conclusiones sobre las compensaciones en especie satisfechas en escenarios de extinción simultánea de varias comunidades de bienes y sobre la existencia de permutas en los mismos:

> «*De lo argumentos expuestos en esta sentencia, cabe extraer las siguientes conclusiones del Tribunal Supremo:*
>
> *– La compensación en metálico a la que se refiere el artículo 1.062 del Código Civil, puede realizarse no solo en metálico, sino también mediante la asunción de la deuda de un préstamo hipotecario o la dación pago de un bien propiedad del condómino.*
>
> *– Que exista uno o varios condominios que se extinguen por completo como consecuencia de la adjudicación de los inmuebles a uno solo de los copropietarios no debe ser obstáculo per se para la aplicación del supuesto de no sujeción previsto en el artículo 7.2.B) del TRLITPAJD. Lo que resulta trascendente es que los bienes inmuebles resulten indivisibles y no resulte posible un procedimiento de distribución entre los copropietarios distinto al de adjudicación a uno solo de los condóminos. Es decir, que resulte inevitable la adjudicación a uno solo de los condóminos con exceso de adjudicación a compensar.*
>
> *– La indivisibilidad de cada bien individualmente considerado permite que el reparto o adjudicación de los bienes entre los comuneros se pueda hacer también mediante la formación de lotes lo más equivalentes posibles.*
>
> *– La tributación de la disolución de comunidades de bienes por la modalidad de actos jurídicos documentados, documentos notariales, requiere que se haya extinguido el condominio, que el negocio jurídico persiga con claridad el ejercicio de la facultad de división de la cosa común, que el comunero que transmite sus participaciones reciba*

97. Resolución de la DGT de 21 de diciembre de 2020, en respuesta a la consulta vinculante número V3616-20.

del otro comunero una parte equivalente sustitutiva de sus cuotas ideales en los condominios y que los condóminos no hayan obtenido beneficio ni ganancia patrimonial, es decir, que las recíprocas prestaciones sean equivalentes.

En síntesis, lo que el Tribunal Supremo determina en esta sentencia es que, en la disolución de comunidades de bienes sobre bienes indivisibles, si las prestaciones de todos los comuneros son equivalentes y proporcionales a las respectivas cuotas de participación, resultará aplicable el supuesto de no sujeción a la modalidad de transmisiones patrimoniales onerosas regulado en el artículo 7.2.B) del TRLITPAJD y, consecuentemente, procederá la tributación de la operación por la cuota gradual de la modalidad de actos jurídicos documentados, documentos notariales.

A este respecto, también cabe la formación de lotes equivalentes y proporcionales a adjudicar a cada comunero en proporción a sus cuotas de participación, en cuyo caso es indiferente que los bienes sean o no indivisibles, pues lo principal es que los lotes sean equivalentes y proporcionales a las cuotas de participación de los comuneros.

En definitiva, el Tribunal Supremo considera que, cumpliéndose los requisitos de indivisibilidad, equivalencia y proporcionalidad, la disolución simultánea de varias comunidades de bienes sobre inmuebles de los mismos condóminos con adjudicación de los bienes comunes a uno de los comuneros que compensa a los demás o mediante la formación de lotes equivalentes y proporcionales, deberá tributar por la cuota gradual de actos jurídicos documentados, documentos notariales, por resultar aplicable el supuesto de no sujeción regulado en el referido artículo 7.2.B); y ello, con independencia de que la compensación sea en metálico, mediante la asunción de deudas del otro comunero o mediante la dación en pago de otros bienes. En este último caso, en opinión del Tribunal Supremo, solo tributaría por la modalidad de transmisiones patrimoniales onerosas la transmisión de bienes privativos de un comunero al otro, pero no la de bienes que ya estaban en condominio, pues en tal caso no se produce transmisión alguna, sino disolución de una comunidad de bienes con especificación de un derecho que ya tenía el condómino que se queda con el bien»[98].

Dando por cerrado el excurso sobre la que creemos vigente doctrina de la DGT acerca las cuestiones que nos ocupan, procede ahora retomar la última reflexión del Alto Tribunal trascrita para, como dijimos antes, tratar de dilucidar qué quiere decir el Tribunal Supremo con la misma. Pues bien, en línea con lo advertido previamente, creemos que esta última reflexión de la STS de 30 de octubre de 2019 (RJ 2019, 4348) surge precisamente para obstar la problemática descrita de deducción de permutas que con sus resoluciones patrocinaba el centro directivo hasta que, como expuesto, tuvo que interiorizar las tesis de la propia STS de 30 de octubre de 2019 (RJ 2019, 4348)

98. Estas conclusiones de la DGT, que pasan a formar parte del contenido fundamental de su doctrina en la materia, son tomadas de la más reciente resolución de 12 de diciembre de 2023, en respuesta a la consulta vinculante número V3223-23.

y, en consecuencia, modular su doctrina al respecto[99]. O con otras palabras, la referida reflexión de la STS de 30 de octubre de 2019 (RJ 2019, 4348) nace para neutralizar la tradicional doctrina de la DGT sobre la existencia de permutas en la extinción simultánea de las comunidades de bienes en que se organice un determinado patrimonio colectivo.

Expuesto entonces el que creemos propósito principal de la mencionada reflexión del Alto Tribunal, para lograr el mismo el Tribunal Supremo digamos que va a desconocer que existen distintas comunidades de bienes en que se organiza el patrimonio colectivo y va a considerar que sólo se da una comunidad de bienes con objeto plural[100]. De esta forma, el Alto Tribunal anula el sustrato fáctico sobre el que el centro directivo construía su doctrina —la extinción simultánea de varias comunidades de bienes— y, en consecuencia, deja sin efecto la que era coherente exigencia de que esas extinciones, en cuanto negocios jurídicos diferenciados, «*deben ser tratados no solo separada, sino, lo que es más sustancial, independientemente, es decir, sin que pueda procederse a compensaciones de bienes entre las mismas*». Corolario de lo anterior, y no menos importante, es que ese desconocimiento de la existencia de distintas comunidades de bienes patrocinado por el Tribunal Supremo quita toda relevancia a la que denominábamos cuestión bizantina acerca de la organización de los patrimonios colectivos; esto es, ya no va a ser necesario preguntarse si éstos se organizan en tantas comunidades de bienes como elementos conforman su objeto o en una única comunidad de bienes de objeto plural en tanto que su extinción, en todo caso, va a llevarse a cabo considerando que sólo existe una única comunidad.

En este sentido, y a riesgo de resultar reiterativos, recuérdese que en el apartado I del Capítulo 1 trajimos a colación la reciente STS de 26 de abril de 2024 (JUR 2024, 145292), resolución jurisdiccional en la que el Alto Tribunal apunta lo siguiente al respecto:

99. Así si entiende también en el sector profesional, apuntando en este sentido POVEDA DÍAZ que «*a raíz de la Sentencia del Tribunal Supremo (STS) 1502/2019 de 30/10/2019, asumida por las Consultas Vinculantes (CV) V2739/2021 de 10/11/2021 y V2096/2022 de 30/9/2022, se abre paso una visión más clara y razonable*» (POVEDA DÍAZ, A.: «*El nuevo tratamiento fiscal de las extinciones de condominio*»). En términos similares se pronuncia JUÁREZ GONZÁLEZ en la presentación de su trabajo «*A vueltas con las extinciones de condominio: Estado de la cuestión a la vista de la jurisprudencia y doctrina administrativa reciente...*».

100. Es el centro directivo el que pone sobre la pista de que éste sea el medio para poder superar su tradicional doctrina al respecto, pues en sus resoluciones iniciales la DGT deduce las permutas del hecho de que «*los comuneros intercambiasen inmuebles de una y otra comunidad de bienes como si de la adjudicación de los bienes de una única comunidad de bienes se tratara*».

> *«resulta estéril, desde el punto de vista fiscal, la polémica que sugiere la parte recurrida sobre la existencia de una o de varias comunidades de bienes, en tanto que, como apunta la parte recurrente, dentro del ámbito civil se reconoce, también el llamado patrimonio colectivo, en el que un patrimonio conformado por bienes y derechos perteneciente en común a varias personas procedente de distintos negocios jurídicos intervivos y/o mortis causa que, en caso de no regularse especialmente como en algunos supuestos, se rige por las normas civiles propias de la comunidad de bienes; sin que al efecto sea relevante ni el título de adquisición, ni si se conformó mediante negocios jurídicos simultáneos o sucesivos»*[101].

Aceptado entonces que la extinción del patrimonio colectivo se lleve a cabo bajo la premisa de que éste se organiza en una sola comunidad de bienes de objeto plural, el Alto Tribunal continúa su discurso al respecto e, influenciado por los hechos definitorios de la *litis* que resuelve —en la que los dos bienes que conformarían ese objeto plural se atribuyen a un único comunero por reputarse el mismo indivisible—, va a condicionar la no sujeción al ITP-AJD —modalidad TPO— de tal extinción a dos circunstancias, por una parte, que el comunero no adjudicatario reciba una compensación por las cuotas que entrega —*«una parte equivalente sustitutiva de sus cuotas ideales en ambos condominios»* señala la STS de 30 de octubre de 2019 (RJ 2019, 4348)— y, por otra parte, que ningún comunero obtenga en la misma, en la extinción, beneficio o ganancia patrimonial alguna. Este pasaje de la reflexión del Alto Tribunal que nos ocupa nos suscita distintos comentarios.

Por un lado, si la extinción del patrimonio colectivo se lleva a cabo en el escenario expuesto en el párrafo anterior —disolución de una comunidad de bienes cuyo objeto plural se adjudica (inevitablemente, recuérdese) a uno sólo de los comuneros por reputarse el mismo indivisible—, la primera de las condiciones impuestas por el Tribunal Supremo —la compensación al comunero no adjudicatario por las cuotas que entrega— para la no sujeción de la misma al ITP-AJD —modalidad TPO— no puede sino reputarse adecuada, ya que ésta, la condición, no materializa algo distinto del requisito cuyo análisis nos ocupa. Pero pudiendo resultar obvio lo anterior, queremos precisar, en contraste con lo que diremos a continuación, que la no sujeción de la extinción en el escenario descrito es consecuencia del artículo 7. 2 letra B) TRLITP-AJD, o lo que es lo mismo, que se trataría de una mera extinción de comunidad de bienes en la que se generan excesos de adjudicación que quedarían exonerados de gravamen en concepto de ITP-AJD —modalidad TPO— de darse los presupuestos cuya concurrencia exige la aplicación de tal precepto.

---

101. FD Tercero de la STS de 26 de abril de 2024 (JUR 2024, 145292).

Por otro lado, puede suceder, como analizado en el precedente apartado II.C.3. de este Capítulo, que ese objeto plural de la comunidad de bienes que se extingue se repute divisible y, por tanto, que su disolución deba llevarse a cabo «*mediante la formación de lotes lo más equivalentes posible*». Pues bien, podría pensarse que el Alto Tribunal no se ocupa de este otro escenario de extinción del patrimonio colectivo en su reflexión cuyo análisis ahora nos ocupa, pero entendemos —como también hace la DGT en el último de sus textos trascritos— que no es así; al contrario, creemos que los términos empleados por el Tribunal Supremo en esa reflexión —en particular la referencia a «*que se especifican los derechos que correspondían al comunero que transmite sus participaciones*»— son así de escuetos y precisos con la pretendida finalidad de dar cabida en la misma también a las extinciones que se llevan a cabo en este otro escenario. Justificada entonces la proyección de la reflexión del Alto Tribunal a este otro escenario de extinciones, sucede que la primera de las condiciones impuestas por el Tribunal Supremo para la no sujeción de éstas al ITP-AJD —modalidad TPO— debe considerarse nuevamente adecuada, pero en esta ocasión porque tal condición no es más que otra forma de expresar el «*intercambio de cuotas por bienes*» ínsito a las especificaciones de derechos tal y como caracterizadas en el apartado II.B.1.a) del Capítulo 1. Por ello, y a diferencia de lo que afirmábamos en el párrafo precedente, la no sujeción al ITP-AJD —modalidad TPO— de este otro escenario de extinciones es consecuencia, no de la aplicación del artículo 7. 2 letra B) TRLITP-AJD, sino de la interpretación *a contrario* del artículo 7. 1 letra A) TRLITP-AJD, en virtud de la cual, y como razonado en el apartado II.A. de este Capítulo, no son gravadas por este concepto impositivo las adjudicaciones de bienes a los comuneros en proporción a su cuota verificadas en la extinción de comunidades de bienes.

Observará el lector que en los dos párrafos precedentes no se ha hecho referencia alguna a la segunda de las condiciones que el Alto Tribunal fija —que ningún comunero obtenga en la extinción beneficio o ganancia patrimonial alguna— para que ésta, la extinción, quede no sujeta al ITP-AJD —modalidad TPO—. Ello es consecuencia, fundamentalmente, de que el contenido de esa segunda condición, a diferencia de lo que sucede con el de la primera de ellas, no es desarrollado por el Tribunal Supremo ni en la STS de 30 de octubre de 2019 (RJ 2019, 4348) ni en resoluciones jurisdiccionales posteriores. Carentes por lo tanto de una interpretación auténtica de ese pasaje de la reflexión del Alto Tribunal que ahora nos ocupa, creemos sin embargo que de una lectura del mismo se puede inferir que esta segunda condición sólo comporta una lógica exigencia adicional en cuanto a la valoración de las prestaciones percibidas por los comuneros. Queremos decir, dependiendo de cuál sea el escenario en que se lleve a cabo la extinción de la comunidad de bienes —mediante adjudicación del objeto plural indivisible a uno sólo de los comuneros o mediante la formación de lotes equivalentes a adjudicar a cada uno de ellos—, esta segunda condición exige bien que la compensación recibida por el comunero no adjudicatario tenga un valor equivalente al del exceso de adjudicación generado por la atribución del objeto plural a uno sólo de los comuneros, o bien que los lotes formados con el objeto plural de la comunidad de bienes que se extingue tengan un valor equivalente al de las cuotas entregadas por los comuneros.

Más allá de su posible reflejo en el contenido fundamental de la doctrina de la DGT al respecto antes trascrito, la exégesis que se propone de la segunda de las condiciones fijadas por el Tribunal Supremo creemos que encuentra cierto refrendo en los escasos pronunciamientos de Tribunales Superiores de Justicia en que se ha tratado de interpretar este extremo de la STS de 30 de octubre de 2019 (RJ 2019, 4348).

En este sentido, señalamos, por una parte, a la STSJ del Principado de Asturias de 9 de noviembre de 2021 (JUR 2022, 5090), resolución jurisdiccional de la que creemos puede deducirse la exigencia de que la compensación recibida por el comunero no adjudicatario tenga un valor equivalente al del exceso de adjudicación generado. Concretamente, deducimos la presencia de esa exigencia en el pasaje en el que Alto Tribunal asturiano afirma, aunque sea referido a una comunidad de bienes con objeto unitario, que:

> *«lo esencial es que la extinción del condominio en el que concurrían la actora y sus dos hijas sobre un bien indivisible se produjo sin obtener beneficio alguno ni ganancia patrimonial de ningún tipo quienes eran condueños del inmueble en cuestión, perdiendo la recurrente un inmueble de su propiedad para satisfacer a una de sus hijas la cuota que le correspondía a ésta en la herencia de su padre, sin que se haya acreditado ninguna diferencia de valor entre la cuota que acreció a la recurrente y el inmueble que, a cambio, transmitió, sin que, dada la naturaleza de la operación realizada, pueda calificarse este supuesto como permuta ni, por tanto, haya que tributar por Transmisiones»*[102].

Y, por otra parte, hacemos referencia a diversas sentencias del Tribunal Superior de Justicia de la Región de Murcia y a la STSJ de Cataluña de 24 de febrero de 2021 (JUR 2021, 150693), resoluciones jurisdiccionales en las que se entiende *grosso modo* que la formación de lotes de valor equivalente al de las cuotas obsta la obtención de beneficios y ganancias patrimoniales por los comuneros que entregan las mismas, o en palabras del Alto Tribunal

102. FD Tercero de la STSJ del Principado de Asturias de 9 de noviembre de 2021 (JUR 2022, 5090).

murciano «*que los condueños no han obtenido beneficio ni ganancia patrimonial al ser idéntico el valor de cada uno de los inmuebles adjudicados*»[103].

Sin desconocer lo dicho hasta aquí, no podemos cerrar el análisis de la reflexión del Tribunal Supremo que nos ocupa sin hacer una precisión sobre la total realización del que creemos su principal propósito —obstar la deducción de permutas patrocinada por la pretérita doctrina de la DGT—. Queremos decir, pudiendo reputarse logrado ese propósito, creemos no obstante que aún puede deducirse una permuta en extinciones de patrimonio colectivo en que al comunero no adjudicatario se le compense con la entrega —dación en pago— de un inmueble propiedad del comunero adjudicatario sin que el primero de ellos practique por la misma autoliquidación en concepto de ITP-AJD —modalidad TPO—. En idéntico sentido se pronuncia la DGT, que, en la trascrita resolución de 12 de diciembre de 2023, en respuesta a la consulta vinculante número V3223-23, añade lo siguiente refiriéndose a esa entrega —dación en pago— de inmueble, «*solo tributaría por la modalidad de transmisiones patrimoniales onerosas la transmisión de bienes privativos de un comunero al otro, pero no la de bienes que ya estaban en condominio*». Creemos necesario realizar esta advertencia porque, como se ha denunciado, la STS de 30 de octubre de 2019 (RJ 2019, 4348) fija sus criterios interpretativos —en virtud de los cuales se obsta la deducción de permutas— atendiendo al hecho relevante que se da en la *litis*, esto es, que el comunero no adjudicatario había previamente autoliquidado el correspondiente impuesto, «*circunstancia que permite desactivar el argumento de la existencia de una permuta*» como reconoce el Alto Tribunal.

Teniendo en cuenta todo lo expuesto en los párrafos precedentes acerca de la reflexión *obiter dicta* del Tribunal Supremo relativa a la no sujeción al ITP-AJD —modalidad TPO— de las extinciones de patrimonio colectivo, procede ahora sí cerrar el análisis de esa reflexión concluyendo que el prin-

103. Puede encontrarse este pasaje en el FD Cuarto de la STSJ de la Región de Murcia de 16 de mayo de 2022 (JUR 2022, 203621), repetido en sucesivas resoluciones hasta la más reciente STSJ de la Región de Murcia de 6 de noviembre de 2023 (JUR 2023, 420443).
A esta cuestión de la no la obtención de beneficios y ganancias patrimoniales en este escenario de extinción de comunidades de bienes también se hace referencia, quizá de forma menos explícita, en la STSJ de Cataluña de 24 de febrero de 2021 (JUR 2021, 150693), resolución jurisdiccional en cuyo FD Quinto se apunta lo siguiente en este sentido «*No olvidemos que la causa negocial de este pacto es la extinción del condominio, cuestión a la que el TS en su sentencia de 30.10.2019, antes citada, ha dado valor principal, por encima de interpretaciones fiscales de carácter formalista que desconocen el trasfondo civil del negocio que se realiza. Si la causa era la extinción del condominio, que aquí nadie niega, y la adjudicación ha supuesto la formación de lotes iguales para proceder a esa adjudicación, no cabe que la AEAT realice valoraciones ficticias que no atienden a la causa del negocio*».

cipal logro de la misma hay que situarlo en la superación de la pretérita doctrina de la DGT en virtud de la cual este centro directivo, sustancialmente, entendía deducir permutas en los escenarios de extinción simultánea de las comunidades de bienes en que se organice el patrimonio colectivo. Tal superación, como se ha dicho, se logra fundamentalmente desconociendo que existan distintas comunidades de bienes de objeto unitario y considerando que sólo se da una comunidad de bienes con objeto plural, a cuya extinción el Alto Tribunal impone sendas condiciones que, de concurrir, van a determinar la no sujeción al impuesto de la disolución del patrimonio colectivo.

Finalizada la profundización en las distintas cuestiones sobre las que incide la STS de 30 de octubre de 2019 (RJ 2019, 4348) y a imagen de lo que hicimos en apartados precedentes, en las líneas que siguen debemos dar cumplimiento a la pauta metodológica que nos impusimos al inicio de este Capítulo y, en consecuencia, traer a colación los principales precedentes administrativos que abordan las cuestiones antes referidas. En esta ocasión, la exposición de tales precedentes administrativos debiera resultar más breve, pues, como ya se ha comentado, las principales conclusiones que se extraen de la STS de 30 de octubre de 2019 (RJ 2019, 4348) relativas a las cuestiones que nos ocupan ya han sido interiorizadas por los órganos administrativos.

Pues bien, en lo que al ámbito económico-administrativo se refiere, lo cierto es que no hemos podido hallar una resolución del TEAC en la que este centro directivo acepte expresamente, como hizo la DGT, esa interiorización de las principales conclusiones de la STS de 30 de octubre de 2019 (RJ 2019, 4348). Para encontrar un precedente que así lo haga hay que remitirse a la resolución del Tribunal Económico-Administrativo Regional de las Islas Baleares de 28 de abril de 2022 (JUR 2022, 346883), acuerdo en el que este órgano administrativo regional, tras hacer resumen de las principales conclusiones de la STS de 30 de octubre de 2019 (RJ 2019, 4348) y transcribir ampliamente sus pasajes, va a estimar la pretensión del contribuyente aduciendo que:

> *«En el presente caso se dan las circunstancias exigidas por el Tribunal Supremo en la parcialmente transcrita sentencia para entender procedente la tributación por la modalidad de Actos Jurídicos Documentados, y no por la de Transmisiones Patrimoniales Onerosas, que pretende la ATIB en la liquidación impugnada, al tratarse de la extinción completa del condominio mantenido sobre un bien inmueble cuya indivisibilidad e inevitable adjudicación a un solo comunero no es cuestionada y en la que la adjudicataria, que ya poseía el 58,33%, ha procedido a compensar a los otros*

comuneros en parte en metálico y en parte con la entrega de su cuota o participación en los condominios de otros inmuebles» [104].

Aceptada la resolución del Tribunal Económico-Administrativo Regional de las Islas Baleares de 28 de abril de 2022 (JUR 2022, 346883) como muestra de la interiorización en el ámbito económico-administrativo de las principales conclusiones de la STS de 30 de octubre de 2019 (RJ 2019, 4348), creemos que no es necesario ofrecer argumentos adicionales para justificar que esa interiorización ya se ha completado plenamente en la doctrina de la DGT. En efecto, en párrafos precedentes trascribimos ciertos pasajes de la resolución de este centro directivo de 12 de diciembre de 2023, en respuesta a la consulta vinculante número V3223-23, pasajes que reflejan inequívocamente el trasunto de esas principales conclusiones de la STS de 30 de octubre de 2019 (RJ 2019, 4348) al que denominamos nuevo contenido fundamental de la doctrina de la DGT en la materia. Y por si no fuera suficiente lo anterior, el propio Tribunal Supremo se ha manifestado en ese sentido y, en su sentencia de 30 de abril 2024 (JUR 2024, 141940), confirma la alineación de las tesis del centro directivo con la doctrina de la STS de 30 de octubre de 2019 (RJ 2019, 4348) al advertir que:

> «*Doctrina que es trasladable al caso que nos ocupa. Doctrina, por lo demás, que resulta pacífica, asumida por la Administración tributaria, y al respecto son de señalar no sólo la CV 2889/21, de 17 de noviembre, que es traída por la parte recurrente, anteriormente transcrita, sino otras como la CV 2739/21, de 10 de noviembre*» [105].

Una vez verificado el alineamiento de la doctrina administrativa con las principales conclusiones de la STS de 30 de octubre de 2019 (RJ 2019, 4348), debemos cerrar este apartado y, en coherencia con el título del mismo, tratar de sintetizar las relevantes aportaciones que esta resolución jurisdiccional realiza en relación con la cuestión de la compensación a satisfacer al comunero no adjudicatario. Así, de lo dicho hasta ahora se infiere que la incidencia de la STS de 30 de octubre de 2019 (RJ 2019, 4348) en tal cuestión es

---

104. FD Quinto de la resolución del Tribunal Económico-Administrativo Regional de las Islas Baleares de 28 de abril de 2022 (JUR 2022, 346883).
Además de la concreta solución al caso que hemos trascrito, creemos interesante reflejar también el texto que se antecede a la misma en el criterio que se fija con esta resolución del Tribunal Económico-Administrativo Regional de las Islas Baleares, pasaje en el que se señala que tal solución se alcanza «*En aplicación del criterio del Tribunal Supremo (Sentencia 30 de octubre de 2019, STS 3480/2019), que admite que la compensación a los comuneros salientes puede ser en metálico así como mediante asunción de deudas, y también mediante la entrega de bienes muebles e inmuebles, de modo que no habría permuta siempre que se trate de la extinción completa de comunidad sobre un bien indivisible y que se guarde el equilibrio y la proporción debida*».
105. FD Tercero de la STS de 30 de abril de 2024 (JUR 2024, 141940).

doble; por un lado, esta resolución jurisdiccional clarifica que ciertos negocios jurídicos —la asunción de deuda con garantía hipotecaria y la entrega (*rectius* dación en pago) de un inmueble propiedad del comunero adjudicatario— pueden considerarse medios adecuados para la satisfacción en metálico de la compensación al comunero no adjudicatario y, por otro lado, la STS de 30 de octubre de 2019 (RJ 2019, 4348) consigue dejar casi sin efectos la pretérita doctrina de la DGT sobre la deducción de permutas en los escenarios de extinción simultánea de las comunidades de bienes en que se organiza un patrimonio colectivo, logro que se alcanza *grosso modo* instando a que en tales escenarios se desconozca la existencia de distintas comunidades de bienes y se repute que, a efectos de extinción del patrimonio colectivo, sólo se da una comunidad de bienes con objeto plural.

Capítulo 3

La extinción de la comunidad de bienes en el Impuesto sobre Transmisiones Patrimoniales Onerosas: el tratamiento en el impuesto de distintos escenarios de extinción parcial

SUMARIO: I. LA SUJECIÓN AL ITP-AJD —MODALIDAD TPO— DE LAS TRANSMISIONES DE CUOTAS ENTRE COMUNEROS O EXTINCIONES PARCIALES SUBJETIVAS. II. LA (COHERENTE) NO SUJECIÓN DE LAS TRANSMISIONES DE CUOTAS ENTRE COMUNEROS EXTINTIVAS DE LA COMUNIDAD DE BIENES. III. UNA POSICIÓN AVANZADA EN LA MATERIA: LA NO SUJECIÓN DE LAS EXTINCIONES PARCIALES OBJETIVAS.

I. LA SUJECIÓN AL ITP-AJD —MODALIDAD TPO— DE LAS TRANSMISIONES DE CUOTAS ENTRE COMUNEROS O EXTINCIONES PARCIALES SUBJETIVAS

Analizado en el Capítulo anterior el tratamiento tributario dado a los excesos de adjudicación en la modalidad de TPO del ITP-AJD —particularmente, el supuesto de no sujeción de éstos *ex* artículo 7. 2 letra B) TRLITP-AJD—, procede a continuación, como hemos dicho en el apartado II del Capítulo 2, profundizar en la otra consecuencia principal que deriva de los distintos escenarios de disolución de las comunidades de bienes: La extinción parcial subjetiva y objetiva de éstas.

Pues bien, circunscribiendo el discurso ahora a las denominadas extinciones parciales subjetivas de comunidades de bienes, la problemática de estas operaciones en el ITP-AJD —modalidad TPO— surge por la no concurrencia en las mismas de uno de los presupuestos necesarios para la aplicación del supuesto de no sujeción previsto en el artículo 7. 2 letra B) TRLITP-AJD: La adjudicación a uno sólo de los comuneros del objeto de la comunidad de bienes que se extingue.

En efecto, recordando que en el apartado II.C.3. del Capítulo 2 afirmábamos, a grandes rasgos, que el trasunto a esa norma fiscal de este requisito exigido *ex* artículo 1062 CC debiera resultar sencillo, lo cierto es que en torno a este presupuesto se ha generado una considerable controversia que trae origen, fundamentalmente, de la pretensión (no poco común) de emplear el supuesto de no sujeción que nos ocupa en las operaciones de transmisión de cuota entre comuneros no extintivas de comunidad de bienes o, como también se las denomina, extinciones parciales subjetivas.

Es importante resaltar desde este momento que a la controversia descrita en el párrafo anterior son ajenas, en cierto modo, tanto las extinciones subjetivas no parciales —en tanto que resultan extintivas de comunidad de bienes— como las extinciones parciales objetivas —que pueden darse respecto a las ya referidas comunidades de bienes con objeto plural o patrimonio colectivo—, negocios jurídicos que disfrutan de un tratamiento tributario distinto en el ITP-AJD —modalidad TPO— que se analiza, separada y respectivamente, en los apartados que siguen.

Y volviendo ya a lo concerniente a las extinciones parciales subjetivas, en el apartado I del Capítulo 1 dábamos esbozo a las mismas al apuntar que los comuneros pueden transmitir su cuota al resto de comuneros o a un tercero sin mayores limitaciones —y que este negocio jurídico no puede reputarse *per se* como una extinción de comunidad de bienes en tanto que subsista la situación de indivisión—. De esta forma, atendiendo a tal sustrato *iuscivilístico*, las transmisiones de cuotas entre comuneros o extinciones parciales subjetivas de comunidades de bienes no podrían *prima facie* beneficiarse del supuesto de no sujeción recogido en el artículo 7. 2 letra B) TRLITP-AJD, afirmación que encuentra su más relevante fundamento en dos resoluciones del Tribunal Supremo: La STS de 12 de diciembre de 2012 (RJ 2013, 1033) y, como ya advertido, en la STS de 26 de junio de 2019 (RJ 2019, 2772).

Prior in tempore, en la STS de 12 de diciembre de 2012 (RJ 2013, 1033) se conocía de un caso de transmisión de cuotas entre algunos de los cuatro hermanos que, a partes iguales, formaban una comunidad de bienes de origen sucesorio cuyo objeto estaba constituido por cuatro inmuebles. Conviniendo ser más precisos, en la resolución jurisdiccional que comentamos se resuelve la *litis* acaecida respecto de una comunidad de bienes de origen sucesorio —«*cuya contemplación unitaria no ha sido discutida*», según apunta el Alto Tribunal— formada por cuatro hermanos, en *pro indiviso* y por partes iguales, y respecto a cuatro fincas independientes con valores muy dispares —de 735.007,76 euros, 139.555,01 euros, 1.000 euros y 25.955,39 euros, respectivamente—. En relación con estos hechos, sucede que mediante escritura pública dos de los hermanos adjudicaron a otro, el obligado tributario, el pleno dominio de sus respectivas cuotas indivisas por un precio de 225.379,54 euros cada una de ellas —cantidad que corresponde exactamente al 25% de la suma de los valores de las fincas, o sea al valor de cada de una de las cuotas abstractas del 25% entregadas por estos comuneros—. Por tal operación el obligado tributario sólo presentó autoliquidación en concepto de ITP-AJD —modalidad AJD—, por entender que la misma no estaba sujeta a la modalidad de TPO en la medida que se trataba de «*un exceso de adjudicación por la disolución de una situación de comunidad de bienes*». En cambio, la Administración Tributaria competente practicó liquidación en concepto de ITP-AJD —modalidad TPO— por exceso de adjudicación, aplicándole a la descrita operación el tipo impositivo del 7% en lugar del declarado del 1%, entendimiento de la cuestión que fue refrendado por el Tribunal Económico-Administrativo Regional de Asturias en su resolución de 13 de junio de 2008 pero que, sin embargo, fue rechazado por el Tribunal Superior de Justicia del Principado de Asturias que estimó el recurso contencioso-administrativo interpuesto por el obligado tributario.

A riesgo de perder el hilo conductor, creemos interesante profundizar, aunque sea someramente, en el motivo por el que el Tribunal Superior de Justicia del Principado de Asturias estimó, con su sentencia de 21 de julio de 2010 (JUR 2010, 296059), la pretensión del obligado tributario de aplicar a la operación descrita el supuesto de no sujeción previsto en el artículo 7. 2 letra B) TRLITP-AJD. Pues bien, frente al criterio de la Administración Tributaria competente —que aducía *grosso modo* que no podía hacerse valer ese precepto en tanto que no se trataba de un bien indivisible que se adjudica a un sólo de los comuneros, sino de cuatro fincas cuyo reparto pudiera haberse efectuado de otra manera, añadiendo además que, en todo caso, no se ha producido la extinción de un condominio sobre todas y cada una de las fincas—, el Tribunal Superior de Justicia del Principado de Asturias, tras traer a colación la doctrina ya vista sobre los excesos de adjudicación recogida en la STS de 28 de junio de 1999 (RJ 1999, 6133), va a acoger la pretensión del obligado tributario esgrimiendo fundamentalmente dos argumentos; por una parte, porque es imposible, «*de no mediar compensación económica*», la adjudicación de las cuatro fincas a cualquiera de los comuneros por la disparidad de sus valores y, por otra parte, porque «*resulta intranscendente que se trate de una extinción de condominio parcial al efectuar la adjudicación dos de los cuatro comuneros a favor de uno de ellos, pues obedece a la voluntad de aquellos de cesar en la extensión de condominio respecto de unos bienes que les habían sido adjudicados en herencia y que no son susceptibles de división material»*. Estándose plenamente de acuerdo con el Alto Tribunal asturiano en que la división material resulta sumamente difícil en el caso expuesto, creemos que ello no es razón suficiente para desconocer el requisito que a la división económica comunica la aplicación del artículo 1062 CC: La adjudicación a uno sólo de los comuneros.

Cerrado el excurso anterior y fijados los antecedentes fácticos definitorios de la *litis*, el Tribunal Supremo comienza su razonamiento sobre la tributación de la transmisión de cuotas entre comuneros en el ITP-AJD —modalidad TPO—, y así, tras hacer transcripción de los mandatos en liza, señala en primer lugar que:

> *«La excepción prevista en el artículo 7.2 B) del Real Decreto Legislativo 1/1993, de 24 de septiembre, requiere que se produzca, en el supuesto del artículo 1062 del Código Civil, la adjudicación a "uno"»*[1].

Sentada la premisa anterior, a continuación el Alto Tribunal resalta algunos hechos que reputa relevantes, destacándose entre ellos aquel concerniente a que «*Por efecto de la operación descrita la comunidad no desaparece, sino que queda constituida por un hermano que ahora tiene 3/4 partes de la comunidad en todos los inmuebles, cuya contemplación unitaria no ha sido discutida, y, otro, al que corresponde 1/4 parte restante*»[2]. Confrontando tal hecho relevante con la premisa antes deducida para la aplicación del supuesto de no sujeción previsto en el artículo 7. 2 letra B) TRLITP-AJD, el Tribunal Supremo prosigue con su razonamiento al respecto y manifiesta lo siguiente sobre el acomodo de esta transmisión de cuotas entre comuneros en el supuesto de no sujeción referido:

> *«Es claro que por la operación descrita no se produce la "adjudicación a uno" que es la previsión contenida en el artículo 1062.1 del Código Civil y a la que se remite el citado artículo 7.2 B del Real Decreto Legislativo 1/1993, de 24 de septiembre.*

---

1. FD Cuarto de la STS de 12 de diciembre de 2012 (RJ 2013, 1033).
2. FD Cuarto de la STS de 12 de diciembre de 2012 (RJ 2013, 1033).
   De forma previa, el Tribunal Supremo también destaca como hecho relevante la existencia de un exceso de adjudicación «*como consecuencia de la transmisión de su parte en la comunidad de dos hermanos a un tercero*». Ciertamente, esta afirmación sobre la existencia de un exceso de adjudicación no es precisa, pues, como ya dijimos, para su concurso se precisa la efectiva extinción de la comunidad de bienes de que se trate. De hecho, como veremos a continuación, el propio Tribunal Supremo va a separarse de tal afirmación cuando, a renglón seguido, confirma la sujeción al ITP-AJD —modalidad TPO— no por la vía del exceso de adjudicación contemplada en el artículo 7. 2 letra B) TRLITP-AJD, sino por aquella otra más genérica de la transmisión de toda clase de bienes y derechos recogida en el en el artículo 7. 1 letra A) TRLITP-AJD.

Lo que aquí realmente se ha producido es una transmisión de cuotas en la comunidad de bienes, sin que ésta desaparezca»[3].

Excluido por lo tanto que este tipo de transmisiones de cuotas entre comuneros —o extinciones parciales subjetivas— puedan subsumirse en el supuesto de no sujeción del artículo 7. 2 letra B) TRLITP-AJD por no comportar las mismas *per se* extinción de la comunidad de bienes de que se trate, finalmente el Alto Tribunal va a negar la existencia de exceso de adjudicación en tales operaciones y, como ya anticipado, va a considerar que éstas quedan sujetas al impuesto como simples transmisiones de toda clase de bienes y derechos. O en las mejores palabras del Tribunal Supremo sobre este tipo de transmisiones de cuotas entre comuneros:

«*A nuestro entender esta situación no es la prevista en el artículo 7.2 B) del texto citado. Contrariamente, tiene su asiento en el apartado uno del artículo 7 que considera transmisiones patrimoniales, sujetas al Impuesto, las que lo son de toda clase de "bienes y derechos" que integren el patrimonio*»[4].

Creemos importante detenernos ahora, aunque sea brevemente, en lo apuntado por el Alto Tribunal en el último pasaje trascrito, pues, en atención al mismo, la sujeción al ITP-AJD —modalidad TPO— de este tipo de transmisiones de cuotas entre comuneros sólo va a poder fundamentarse en el artículo 7. 1 letra A) TRLITP-AJD —que ordena el gravamen de la transmisión onerosa de toda clase de bienes y derechos—, y no en el artículo 7. 2 letra B) TRLITP-AJD al descartarse la existencia de exceso de adjudicación. Consecuencia de lo anterior, y acorde con lo apuntado en el apartado II.A. del Capítulo 2, la sujeción al impuesto de las referidas operaciones quedaría excluida si las mismas materializaran meras especificaciones o concreciones de un derecho abstracto preexistente —y determinaran a su vez la extinción de la comunidad de bienes de que se trate—.

Aunque la doctrina jurisprudencial vista sobre la tributación en el ITP-AJD —modalidad TPO— de las transmisiones de cuotas entre comuneros o extinciones parciales subjetivas resulte plenamente vigente, en esta materia, junto a las tesis (más parcas) contenidas en la STS de 12 de diciembre de 2012 (RJ 2013, 1033), deben colocarse otras más desarrolladas recogidas en la STS de 26 de junio de 2019 (RJ 2019, 2772). En efecto, tal y como señalamos en el apartado II.B. del Capítulo 2, el contenido principal de esta última resolución jurisdiccional debe situarse, no tanto en las manifestaciones *obiter dicta* que se hacían sobre la caracterización en general de los excesos de adjudicación, sino, como ya advertimos, en la tributación en el

3. FD Quinto de la STS de 12 de diciembre de 2012 (RJ 2013, 1033).
4. FD Quinto de la STS de 12 de diciembre de 2012 (RJ 2013, 1033).

ITP-AJD —modalidad TPO— de las transmisiones de cuotas entre comuneros o extinciones parciales subjetivas de comunidades de bienes.

Así es, con la STS de 26 de junio de 2019 (RJ 2019, 2772) se resuelve un litigio sobre la sujeción al ITP-AJD —modalidad TPO— de la extinción parcial subjetiva de una comunidad de bienes que, en un primer acto, formaron dos cónyuges y sus dos hijos con la adquisición de una vivienda (indivisible) en *pro indiviso* y por partes iguales (cuotas del 25%), para cinco meses después, en un segundo acto, otorgar escritura pública de modificación de la comunidad de bienes formada —se reitera, de modificación— en virtud de la cual los cónyuges adquieren de los hijos, por mitad y en *pro indiviso*, la cuota de participación de éstos, a cambio sustancialmente de asumir el pago de la parte de la deuda hipotecaria que a los hijos correspondía y de satisfacer a los mismos una pequeña cantidad adicional para completar el pago de sus haberes. Compensadas entonces las cuotas de los hijos por su valoración y no existiendo en su opinión excesos de adjudicación verdaderos de acuerdo con la interpretación de la STS de 28 de junio de 1999 (RJ 1999, 6133), los cónyuges presentaron autoliquidación únicamente por ITP-AJD —modalidad AJD—, en el entendimiento de que les era de aplicación el supuesto de no sujeción previsto en el artículo 7. 2 letra B) TRLITP-AJD, mientras que la Administración Tributaria competente acordó liquidar ITP-AJD —modalidad TPO— por considerar que el negocio jurídico descrito no es más que una transmisión de cuotas entre comuneros y no una extinción de comunidades de bienes a la que pueda resultar de aplicación el precepto referido.

Especificado entonces cuál es el *thema debatendi* de la STS de 26 de junio de 2019 (RJ 2019, 2772) y sentado que en la misma se enjuicia igualmente una similar transmisión de cuotas entre comuneros —no extintiva de la situación de comunidad—, el Alto Tribunal comienza su pronunciamiento al respecto realizando una precisión acerca de este negocio jurídico encaminada a resaltar que el mismo no determina, como se ha dicho, extinción de comunidad bienes. Concretamente, el Tribunal Supremo afirma en este sentido que:

> «*la denominación de extinción parcial del condominio solo puede ser aceptada si se matiza, inmediatamente, que ello se refiere a la perspectiva subjetiva del condominio, es decir, a la alteración de la composición subjetiva de los condóminos, pero no a la perspectiva objetiva, pues el condominio del bien permanece entre un menor número de copropietarios*»[5].

5. FD Tercero de la STS de 26 de junio de 2019 (RJ 2019, 2772).
Con el trasfondo de la aplicabilidad o no del supuesto de no sujeción contemplado en el artículo 7. 2 letra B) TRLITP-AJD, el Alto Tribunal añade a este pasaje que calificar un negocio jurídico como extintivo de comunidad de bienes «*tiene trascendencia por el singular régimen que, desde el punto de vista del hecho imponible transmisiones patrimoniales, tiene la extinción de comunidades de bienes indivisibles*».

Dicho lo anterior, y sin restar relevancia a la afirmación trascrita en cuanto impeditiva *per se* —como antes visto— de la existencia de exceso de adjudicación *stricto sensu*, el Alto Tribunal va a continuar su razonamiento en la materia que nos ocupa recordando la misma no fue analizada en la STS de junio de 1999 (RJ 1999, 6133), sino en la STS de 12 de diciembre de 2012 (RJ 2013, 1033), cuyo núcleo decisorio reproduce para anticipar que el asunto del que se conoce deberá resolverse en el mismo sentido[6].

Completado tal menester, el Tribunal Supremo procede a formar el juicio de la Sala en la cuestión de interés casacional sobre la que está llamado a pronunciarse, la cual quedó fijada previamente en determinar si la extinción parcial de comunidades de bienes cuyo objeto es un bien inmueble es una operación que «*surge de dar cumplimiento a la previsión contenida en el artículo 1062 del Código Civil, concurriendo, por tanto, la salvedad recogida en el artículo 7.2.B), párrafo primero, del Texto Refundido de la Ley del Impuesto sobre Transmisiones Patrimoniales y Actos Jurídicos Documentados*»[7]. En este sentido, el Alto Tribunal va a iniciar su discurso excluyendo que la operación descrita integre un supuesto de división de la cosa común con exceso de adjudicación no sujeto, exclusión que, en este primer momento, y a imagen de lo que hiciera en la STS de 12 de diciembre de 2012 (RJ 2013, 1033), fundamenta en la siguiente interpretación gramatical de los preceptos en liza:

> «*Desde luego que en esta conclusión no es irrelevante, como un elemento interpretativo, el alcance de la expresión "adjudicarse a uno" que utilizan el art. 1062 del CC, y en parecidos términos el art. 1056, párrafo segundo, del CC, a lo que se refiere el art. 7.2.B del TRITPAJD, que resultarían aplicables a la división entre partícipes de comunidad de bienes por remisión del art. 406 del CC*»[8].

Pero el Tribunal Supremo va a ir más allá en la justificación de esta conclusión, y así, a reglón seguido, profundiza en cuál es la verdadera sustancia del negocio jurídico que se examina para, en atención a la misma, volver a afirmar que éste no es extintivo de comunidad de bienes, sino meramente traslativo de la propiedad de las cuotas. O en las más acertadas palabras del Alto Tribunal:

6. FD Cuarto y Quinto *ab initio* de la STS de 26 de junio de 2019 (RJ 2019, 2772).
7. FD Segundo de la STS de 26 de junio de 2019 (RJ 2019, 2772).
En realidad, la cuestión de interés casacional trascrita es la segunda de las dos que se formulan, habiéndose prescindido de cualquier referencia a la primera («*Determinar si la extinción parcial del condominio existente sobre determinado bien inmueble tributa por la modalidad transmisiones patrimoniales onerosas o por la modalidad actos jurídicos documentados*») en la medida que su respuesta se antoja evidente atendiendo a lo dicho hasta ahora en este apartado.
8. FD Quinto de la STS de 26 de junio de 2019 (RJ 2019, 2772).

> *«lo realmente relevante es que en el negocio jurídico examinado no existe, en absoluto, el ejercicio de una facultad de división de la cosa común, en la que se especifiquen los derechos que correspondían al comunero que transmite su participación, recibiendo éste una parte equivalente sustitutiva de su cuota ideal. Tampoco existe una adjudicación a un comunero con finalidad extintiva del condominio. El negocio jurídico realizado es estrictamente traslativo del dominio, y no extintivo de una situación de condominio. Con la transmisión, o por decirlo con la expresión legal, el exceso adjudicado a otro u otros comuneros, cuando la comunidad se mantiene, aunque con menor número de miembros, no se ejercita un supuesto derecho de "salida" de la comunidad por el condueño que transmite su participación. Los condóminos que transmiten su participación indivisa en la cosa común ejercitan estrictamente su derecho de disposición sobre la cuota, ideal que les corresponde»*[9].

Y el Tribunal Supremo va a proseguir con su razonamiento en este sentido y, tras citar los artículos 392 y 399 CC para subrayar que la situación de comunidad de bienes no se altera por la reducción en el número de comuneros y que éstos pueden enajenar su cuota, añade al respecto que:

> *«Si el efecto de la división es puramente especificativo, el de la transmisión de la participación a favor, ya sea de un tercero, ya sea de otro comunero, no constituye más que el ejercicio de una facultad dispositiva sobre el dominio, que en este caso tiene una causa onerosa, pues se produce la asunción de deuda por parte de los comuneros que adquieren la participación de los transmitentes. No hay, con ello, el ejercicio de una pretendida facultad de separación de la comunidad, que aun en el caso de tratarse de cosa indivisible, no obliga a los que permanecen en la comunidad a adquirir necesaria y obligatoriamente la parte de quien desea separarse de la comunidad mediante su transmisión»*[10].

Una vez motivado que este tipo de transmisión de cuotas entre comuneros tiene carácter dispositivo, el Alto Tribunal, tras esbozar el hecho imponible del ITP-AJD —modalidad TPO—, va a centrarse ahora en justificar la inexistencia de especificación de derecho en el negocio jurídico examinado y, con ello, confirmar *a contrario* su sujeción al impuesto. En efecto, en el apartado II.A. del Capítulo 2 y en base a la jurisprudencia del Tribunal Supremo, concluimos que no quedan sujetas al ITP-AJD —modalidad TPO— las adjudicaciones de bienes a los comuneros en proporción a su cuota que se verifiquen en la extinción de comunidades de bienes —el «*intercambio de cuotas por bienes*»—, y ello porque las mismas no comportan una transmisión patrimonial —ni a efectos civiles ni a efectos fiscales—, no hay la adquisición derivativa que precisa el hecho imponible del impuesto, sino «*una mera especificación o concreción de un derecho abstracto preexistente*».

---

9. FD Quinto de la STS de 26 de junio de 2019 (RJ 2019, 2772).
10. FD Quinto de la STS de 26 de junio de 2019 (RJ 2019, 2772).

Atendiendo a la conclusión apuntada en el párrafo anterior, el Alto Tribunal comienza su razonamiento al respecto negando *ad limine* la existencia de especificación de derecho en el tipo de transmisión de cuotas entre comuneros que nos ocupa, y para ello apunta en este sentido que:

> *«La perspectiva de que, en virtud de la transmisión de su cuota de participación a otro u otros comuneros, quien sale así de la comunidad que, sin embargo, permanece como tal, no recibiría otra cosa que la especificación de su cuota ideal preexistente, esta idea, decimos, no se ajusta al contenido negocial ni a la auténtica naturaleza de las contraprestaciones»* [11].

Para justificar esta posición, y circunscribiéndose ya al caso concreto, añade el Tribunal Supremo que:

> *«En la operación aquí examinada no hay un efecto de especificación del derecho preexistente, ni para quien transmite, que recibe una cosa distinta, en este caso la exoneración de una deuda además de la suma de dinero que se calcula una vez deducido el importe de la deuda sobre el valor total del bien, pero tampoco para quien adquiere»* [12].

Y finalmente, descartada entonces la existencia de especificación de derecho, el Alto Tribunal, como ya hiciese en su STS de 12 de diciembre de 2012 (RJ 2013, 1033), insiste en la consecuente sujeción al ITP-AJD —modalidad TPO— de este tipo de transmisiones de cuota entre comuneros *ex* artículo 7. 1 letra A) TRLITP-AJD, afirmando en este sentido que:

> *«los dos comuneros que aumentan su participación, que son los sujetos pasivos del tributo, expresan con el acto gravado una capacidad económica susceptible de tributación, ya que adquieren un nuevo derecho y lo hacen de forma onerosa, en virtud de la asunción de una nueva obligación. El negocio jurídico no expresa la voluntad extintiva de los comuneros respecto a la situación de comunidad, y, lo que es más importante, desde el punto de vista del ordenamiento jurídico, no origina este resultado, sino que, por el contrario, la calificación jurídico tributaria que corresponde es la de un negocio jurídico traslativo del dominio con causa onerosa»* [13].

Expuesto en su totalidad el razonamiento del Tribunal Supremo sobre la inexistencia de especificación de derecho en el tipo de transmisiones de cuota entre comuneros que nos ocupa, es de señalar que el mismo dista de ser pacífico *ab origine*, ya que tres de los siete magistrados [14] que constituían la Sala que enjuició el caso formularon un voto particular con el que expresan su discrepancia del parecer mayoritario. A modo de justificación de la

11. FD Quinto de la STS de 26 de junio de 2019 (RJ 2019, 2772).
12. FD Quinto de la STS de 26 de junio de 2019 (RJ 2019, 2772).
13. FD Quinto de la STS de 26 de junio de 2019 (RJ 2019, 2772).
14. Se trata del voto particular formulado por los magistrados D. Nicolas Maurandi Guillén, Ángel Aguallo Avilés y Jesús Cudero Blas y que, como los mismos señalan, trae

atención a este voto particular, es de destacar, como se evidencia en la conclusión fina l del mismo[15], que la discrepancia que lo origina se concentra, fundamentalmente, en la cuestión de la especificación de derecho antes analizada, especificación de derecho que la decisión mayoritaria de la Sala reputa inexistente en el negocio jurídico enjuiciado y que los magistrados disidentes, sin embargo, consideran concurrente por los motivos que se dicen a continuación.

En efecto, para motivar su distinta posición en cuanto a la existencia de especificación de derecho en la operación tantas veces referida, los magistrados disidentes comienzan su discurso al respecto individualizando los tres escenarios de sujeción al impuesto que entienden deducir del artículo 7. 2 letra B) TRLITP-AJD —*rectius* del artículo 7. 1 y 2 del mismo cuerpo legal—, y así, tras hacer referencia en este sentido a las más genéricas adquisiciones de toda clase de bienes y derechos —artículo 7. 1 letra A) TRLITP-AJD— y a los excesos de adjudicación —artículo 7. 2 letra B) TRLITP-AJD—, añaden un *tertium genus* en los siguientes términos:

> «*Actos de especificación de la cuota abstracta mediante una entrega en metálico al comunero para los que se establece una salvedad o excepción a la sujeción al ITP.*
>
> *Tienen lugar cuando el derecho a abandonar la comunidad que tiene todo comunero, y puede imponer a los demás (artículo 400 del Código civil), no puede hacerse efectivo mediante la entrega a todos ellos de una porción de la cosa común; al mediar razones jurídicas o materiales que hacen imposible la división de la cosa común en varias porciones para especificar en ellas la cuota abstracta que tenían todos los copartícipes durante la indivisión*»[16].

---

origen de su discrepancia con una afirmación esencial en que entienden se sustenta la decisión mayoritaria de la Sala; a saber, que el negocio jurídico que se analiza es estrictamente traslativo del dominio y no extintivo de una situación de comunidad, sin que haya además especificación alguna de un derecho preexistente.

15. Expresado en el pie de página precedente los motivos fundamentales en que se sustenta la decisión mayoritaria de la Sala, en la conclusión final del voto particular, a modo de enmienda a los mismos, se señala que la calificación jurídico-tributaria de la transmisión de cuotas entre comuneros —no extintiva de comunidad de bienes— debió ser otra, «*su consideración de no sujeta al impuesto sobre transmisiones patrimoniales al no constituir la misma un negocio traslativo del dominio, sino un acto especificativo o de fijación de una cuota preexistente*».

16. Letra C) de la razón segunda del voto particular de la STS de 26 de junio de 2019 (RJ 2019, 2772).
Al objeto de que la operación descrita gané la salvedad o excepción a la sujeción al ITP-AJD —modalidad TPO—, se añade a continuación del texto trascrito que «*Así se constata en los artículos 821, 829, 1056 (segundo) y 1062 del Código civil, que son los preceptos a los que remite el artículo 7.2.B) del TR/ITP-AJD para delimitar los supuestos en los que opera esa salvedad o excepción a la sujeción al ITP que es establecida*».

Antes de proseguir con el razonamiento de los magistrados disidentes, entendemos conveniente comentar un pasaje del texto trascrito que reputamos fundamental para poder posicionarse a favor sea de la decisión mayoritaria de la Sala que de la posición del voto particular. Estamos haciendo referencia a la mención que se hace al ejercicio de la *actio communi dividundo* prevista en el artículo 400 CC —recuérdese, «*Ningún copropietario estará obligado a permanecer en la comunidad. Cada uno de ellos podrá pedir en cualquier tiempo que se divida la cosa común*»— como sustrato fáctico en el que surgen esos actos de especificación de la cuota abstracta mediante una entrega en metálico al comunero.

Como ya dijimos en los apartados II. y II. A. del Capítulo 1, cualquier modalidad de extinción de las comunidades de bienes —y entre ellas, la *actio communi dividundo*— está llamada a incidir en los presupuestos cuya concurrencia determina la existencia de tal situación; o lo que es lo mismo, esos hechos, actos o negocios jurídicos deben determinar, en los términos que se vieron, el cese de la indivisión y la transformación de las cuotas abstractas de los comuneros en una propiedad exclusiva y separada —el «*intercambio de cuotas por bienes*»—. Centrando el discurso en el requisito de la cesación de la indivisión en la medida que será el que devenga problemático en las líneas que siguen, conviene recordar ahora que la Sala Primera del Tribunal Supremo sentó lo siguiente sobre el ejercicio de la *actio communi dividundo* al que se refieren los magistrados disidentes y el mencionado requisito para la extinción de las comunidades de bienes: «*La actio communi dividundo tiene la función de cesar la comunidad y no cabe que se divida una parte y se mantenga la indivisión de otra; es decir, no se acepta la división parcial*»[17].

Concluido el necesario recordatorio sobre el ejercicio de la *actio communi dividundo* en tanto que sustrato fáctico en el que se originan esos actos de especificación antes referidos, los autores del voto particular prosiguen su razonamiento sobre éstos y, para justificar que los mismos materializan meras especificaciones de derecho, señalan lo siguiente al respecto:

«*Hay acto de especificación en metálico de su cuota al comunero que quiere abandonar la comunidad cuando, debido a la indivisibilidad de la cosa común, no resulta factible especificar en una porción de la misma aquella cuota.*

> *Y hay acto traslativo de la cuota de un comunero a otro a cambio de dinero cuando, a pesar de resultar divisible la cosa común, el que abandona la comunidad no lo hace llevándose la porción de la cosa común que le corresponde y podría segregar, sino*

17. FD Quinto de la STS de 15 de diciembre de 2009 (RJ 2010, 287).

que deja esa porción a otro u otros comuneros por el numerario que estos le entregan» [18].

Una lectura rápida de este pasaje del voto particular —de su párrafo primero, especialmente— podría inducirnos a pensar que en las transmisiones de cuotas entre comuneros —no extintivas de la situación de comunidad— sí que existe una suerte de acto de especificación de la cuota abstracta, pero, respetuosamente, creemos que eso no es así. Lo que se describe en ese párrafo primero del pasaje trascrito es algo que quizá pudiese reputarse parecido a lo que acontece en los (verdaderos) supuestos de extinción de comunidad de bienes cuyo objeto es indivisible, en la medida que en estos últimos supuestos, tal y como dijimos en el apartado II.C.2. del Capítulo 2, surge igualmente una obligación de pago a los comuneros que entregan su cuota. Pero las similitudes entre tales supuestos y las transmisiones de cuotas entre comuneros que nos ocupan terminan ahí, razón por la cual no creemos que puedan anudarse a unos y otros casos las mismas consecuencias jurídicas.

Queremos decir, en el apartado antes señalado destacábamos que en las extinciones de comunidad de bienes cuyo objeto es indivisible se dan, por un lado, la imperativa atribución a uno solo de los comuneros del objeto de ésta y, por otro, el nacimiento de la consiguiente obligación de compensar a los demás. Respecto a estos elementos definitorios de estas concretas extinciones de comunidad de bienes señalábamos, por una parte, que la atribución a uno sólo de los comuneros no representa una transmisión patrimonial, sino la especificación de un derecho abstracto preexistente, y, por otra parte, que la obligación de compensar al resto de comuneros carece de carácter oneroso, ya que es mera consecuencia de la necesidad de guardar la equivalencia en la división de la cosa común y que, por tal, no puede calificarse como compra de cuotas al resto de comuneros.

Pues bien, creemos que todo esto no ocurre en las transmisiones de cuotas entre comuneros de las que venimos analizando. En primer lugar, es difícil sostener que exista en este negocio jurídico una similar especificación de un derecho abstracto preexistente en tanto que no se da la circunstancia o contexto —la división de la cosa común con extinción de la comunidad de bienes— en que han de producirse esta suerte de concreciones de facultades jurídicas[19]; o, con otras palabras, no hay a estos efectos especificación de derecho sin división de la cosa común con extinción de la comunidad de bienes. Por idéntica razón —por no existir división de cosa común con

18. Razón tercera del voto particular de la STS de 26 de junio de 2019 (RJ 2019, 2772).
19. Esta afirmación sobre el contexto en que han producirse las especificaciones de derecho la deducimos de lo apuntado en el apartado II.A. del Capítulo 2. Siguiendo las

extinción de la comunidad de bienes—, tampoco es sencillo afirmar que la obligación de pago que surge en este tipo de transmisiones de cuotas entre comuneros carezca de carácter oneroso, ya que la falta de tal carácter en la similar obligación de compensar nacida en las concretas extinciones de comunidad de bienes antes referidas se vincula a la necesidad de guardar la equivalencia en la división de la cosa común, de manera que, en ausencia de ésta —de la división de la cosa común—, queda difuminada la finalidad compensatoria de la obligación y se refuerza su carácter oneroso que le acerca a la sujeción al impuesto.

Con todo, lo que nos interesa concluir de los párrafos precedentes es que, en contra del criterio sostenido por los magistrados disidentes, creemos que la existencia de especificación de derecho en el tipo de transmisión de cuotas entre comunero que nos ocupa no es consistente con la exigencia, sentada por el propio Tribunal Supremo, de que estas concreciones de facultades jurídicas traigan origen de la división de la cosa común con extinción de la comunidad de bienes. Esta exigencia, además, sí que es congruente con el sustrato fáctico —el ejercicio de la *actio communi dividundo*— en el que los magistrados disidentes habían ubicado el derecho a abandonar la comunidad de bienes que atribuyen a todos los comuneros; o con otras palabras, que el derecho a abandonar *ex* artículo 400 CC comporta necesariamente la división de la cosa común y la extinción de la comunidad de bienes —surgiendo entonces la necesidad de especificación de los derechos de los comuneros—, lo que no sucede en las meras transmisiones de cuotas entre comuneros —no extintivas de comunidad de bienes— fundamentadas en el artículo 399 CC, en las que esa especificación de derechos no es congruente —ni podría ser completa— por el hecho de que persiste la situación de indivisión respecto al objeto de la comunidad de bienes que no se ha extinguido.

Conscientes probablemente de la problemática expresada en el párrafo anterior —la inexistencia en el tipo de transmisiones de cuotas entre comuneros que nos ocupa de división de cosa común con extinción de la comunidad de bienes—, los magistrados disidentes, a reglón seguido, hacen implícita referencia a la misma y, en un intento de superarla, sostienen que:

resoluciones jurisdiccionales allí reseñada —particularmente, las SSTS de 27 de octubre de 1994 (RJ 1994, 8193) y de 28 de junio de 1999 (RJ 1999, 6133)—, señalábamos que no queda sujeto al ITP-AJD —modalidad TPO— el que hemos denominado «*intercambio de cuotas por bienes*», pero no cualquier intercambio de cuotas por bienes, sino aquéllos que acaecen en la división de la cosa común con extinción de la comunidad de bienes. Aunque notorio, es de subrayar que ni una ni otra circunstancia concurren en las transmisiones de cuotas entre comuneros que nos ocupan.

«Sucede en este caso, en fin de cuentas, lo mismo que en los supuestos de extinción total del condominio: aunque se mantenga la comunidad con menos partícipes, la transmisión de cuotas tiene efecto declarativo y no traslativo, por referirse a actos internos de la comunidad que solo concretan derechos abstractos preexistentes, sin que pueda hablarse de excesos de adjudicación cuando —como aquí sucede— se respetan las proporciones entre los condóminos. Por eso no hay transmisión, ni desde el punto de vista civil, ni desde la perspectiva estrictamente tributaria»[20].

Sin reiterar de nuevo los argumentos apenas aducidos que entendemos, respetuosamente, obstan la afirmación acerca de la existencia de especificación o concreción de derechos en el negocio jurídico analizado, sí creemos necesario, atendiendo a lo afirmado en el último pasaje transcrito, hacer una breve precisión acerca de la concurrencia o no de exceso de adjudicación en las transmisiones de cuotas entre comuneros —no extintivas de comunidad de bienes—. En efecto, coincidiendo con los magistrados disidentes en que no concurre en estos supuestos exceso de adjudicación, pensamos sin embargo que el camino para llegar a ese lugar común es otro distinto; queremos decir, en la aproximación más general que hicimos al concepto de exceso de adjudicación —en el apartado II.B. del Capítulo 2— destacábamos, siguiendo la STS de 12 de mayo de 2021 (RJ 2021, 2723), que el sustrato fáctico en el que se produce éste es también el de la extinción de la comunidad de bienes[21], por lo que no dándose la misma en las transmisiones de cuotas entre comuneros que nos ocupan debe descartarse igualmente la concurrencia de exceso de adjudicación.

Antes de cerrar este apartado formulando su correspondiente conclusión, procede dar cumplimiento a la pauta metodológica expresada al inicio del Capítulo 2 y, como en apartados anteriores, comprobar que la doctrina administrativa se encuentra alineada con la tesis vista del Tribunal Supremo sobre la sujeción al ITP-AJD —modalidad TPO— de las transmisiones de cuotas entre comuneros no extintivas de la comunidad de bienes. En este sentido, la DGT ha evacuado numerosas resoluciones relativas a la aplicación del artículo 7. 2 letra B) TRLITP-AJD en la que este centro directivo, profundizando en el presupuesto de la adjudicación del objeto de la comunidad de bienes a un solo comunero, sostiene lo siguiente sobre las referidas transmisiones de cuotas no extintivas de comunidades de bienes:

20. Razón cuarta del voto particular de la STS de 26 de junio de 2019 (RJ 2019, 2772).
21. A modo de recordatorio, en el apartado II.B. de este Capítulo nos hacíamos eco de la STS de 12 de mayo de 2021 (RJ 2021, 2723), resolución jurisdiccional en cuyo FD Segundo se sienta que es presupuesto ineludible para la existencia de exceso de adjudicación *«que alguno de los adjudicatarios en la extinción de la comunidad de bienes haya obtenido una ventaja»*.

> *«Adjudicación a un solo comunero. Este requisito supone la extinción de la comunidad al desaparecer la cotitularidad sobre la propiedad del bien. Por ello, si, existiendo varios comuneros, se adjudicaren bienes a uno en pago de su cuota de participación, permaneciendo el resto en la situación inicial de indivisión, no se habrá producido la extinción de la comunidad. Lo que habrá será una separación de uno o varios comuneros (también denominada disolución parcial), supuesto no previsto en el citado artículo 1062 del Código Civil, cuya literalidad exige que la disolución de la comunidad sea total, al contemplar exclusivamente el supuesto de que cuando una cosa sea indivisible o desmerezca mucho por su división, se adjudique "a uno", a calidad de abonar a los otros el exceso en dinero»*[22].

Complementando el pasaje anterior que, con carácter general, se limita a obstar la aplicación del supuesto de no sujeción que nos ocupa a las transmisiones de cuotas entre comuneros no extintivas de comunidades de bienes, nos interesa más traer colación otra resolución de la DGT en la que el centro directivo se pronuncia específicamente sobre la sujeción de las mencionadas transmisiones de cuotas al impuesto. Se trata de la resolución de 4 de julio de 2023, en la que la DGT, conociendo de un supuesto en el que dos comuneros —casados en régimen de gananciales— adquieren de los otros cuatro su participación en un condominio sobre dos tierras de secano con la pretendida finalidad de extinguir el mismo, va a afirmar sobre tal negocio jurídico que:

> *«la operación que se pretende llevar acabo no supone una disolución de las comunidades de bienes, que claramente se mantiene en los dos inmuebles, que van a continuar en común entre el consultante y su mujer [...] En consecuencia, la operación que se va a realizar es la transmisión de cuotas de participación indivisas sobre la propiedad de los inmuebles que efectúan cuatro de los comuneros a favor del consultante y su mujer, que también son copropietarios, lo cual encaja en el hecho imponible de la modalidad de transmisiones patrimoniales onerosas del Impuesto sobre Transmisiones Patrimoniales y Actos Jurídicos Documentados descrito en el artículo 7.1.A) del TRLITPAJD, a la cual queda sujeta la transmisión de las cuotas de participación indivisas sobre los inmuebles por el concepto de transmisión onerosa de bienes inmuebles»*[23].

Y por todo lo dicho en este apartado, y a riesgo de resultar reiterativo, conviene cerrar el mismo concluyendo que, acorde con la jurisprudencia del Tribunal Supremo —en particular, con la STS de 26 de junio de 2019 (RJ 2019, 2772)—, las transmisiones de cuotas entre comuneros no extintivas de la situación de comunidad no pueden reputarse como operaciones no suje-

---

22. Por todas, véanse las resoluciones de la DGT de 21 de diciembre de 2023, en respuesta a la consulta vinculante número V3223-23, de 21 de noviembre de 2023, en respuesta a la consulta vinculante número V3035-23, etc.
23. Resolución de la DGT de 4 de julio de 2023, en respuesta a la consulta vinculante número V1915-23.

tas al ITP-AJD —modalidad TPO—. Por un lado, porque tales operaciones no pueden integrar el supuesto de no sujeción del artículo 7. 2 letra B) TRLITP-AJD en la medida en que, al carecer de eficacia extintiva, no pueden generar ningún tipo de exceso de adjudicación, y menos uno que surgiese de dar cumplimiento a lo dispuesto en artículo 1062 CC, en tanto que el objeto de la comunidad de bienes no sería adjudicado a uno sólo de los comuneros tal y como exige este último precepto al que se remite el artículo 7. 2 letra B) TRLITP-AJD. Y, por otro lado, porque en las referidas transmisiones de cuotas entre comuneros tampoco existe especificación de un derecho abstracto preexistente que obstara el debido gravamen de la operación como lo que es, una mera transmisión onerosa susceptible de tributación *ex* artículo 7. 1 letra A) TRLITP-AJD, pues, en palabras del Alto Tribunal, los comuneros adquirentes de la cuota «*adquieren un nuevo derecho y lo hacen de forma onerosa, en virtud de la asunción de una nueva obligación*», sin voluntad extintiva de la situación de comunidad.

II. LA (COHERENTE) NO SUJECIÓN DE LAS TRANSMISIONES DE CUOTAS ENTRE COMUNEROS EXTINTIVAS DE LA COMUNIDAD DE BIENES

Justificado en el apartado anterior el gravamen de las transmisiones de cuotas entre comuneros en concepto de ITP-AJD —modalidad TPO—, procede a continuación ocuparse —como excepción a esa suerte de conclusión— de la problemática específica que se plantea en relación con la sujeción al impuesto de otras (y sucesivas) transmisiones de cuotas entre comuneros que sí comportan la extinción de la comunidad de bienes cuyo objeto es indivisible.

Esta problemática también es afrontada sea en la STS de 26 de junio de 2019 (RJ 2019, 2772) que en el voto particular formulado a la misma. Así es, el Tribunal Supremo va a pronunciarse sobre la cuestión descrita en la medida que una de las partes recurridas, en su escrito de oposición al recurso de casación, aducía *grosso modo* que, por motivos de justicia e igualdad, debería otorgarse el mismo tratamiento impositivo a las transmisiones de cuotas entre comuneros, ya sean las previas o la correspondiente a la extinción de la comunidad de bienes cuyo objeto es indivisible[24].

24. Concretamente, atendiendo a lo reflejado en el Antecedente de Hecho Quinto de la STS de 26 de junio de 2019 (RJ 2019, 2772), sobre esta transmisiones de cuotas entre comuneros esgrimía la parte recurrida que «*mientras la Ley no distinga con claridad, y no por remisión al Código Civil, en qué situación quedan los comuneros que materializan su derecho en ese bien indivisible, con carácter previo a la última disolución o "adjudicación a uno", procede otorgar a aquellos el mismo tratamiento que al último, por estrictos motivos de justicia e igualdad*».

Frente a la posición de la representación procesal de la parte recurrida —que parece calificar de insólito el resultado de que queden sujetas al impuesto las transmisiones de cuotas entre comuneros no extintivas de la comunidad de bienes y, en cambio, no queden sujetas a este gravamen la idéntica (y sucesiva) operación que sí resuelve la situación de indivisión—, el Alto Tribunal señala que el mencionado resultado «*no tiene nada de insólito*» y, en referencia a la sujeción de las primeras operaciones antes aludidas, añade que ello es así:

> «*porque el hecho imponible TPO se devenga el día en que se realice el acto o contrato gravado* [...] *y son irrelevantes para su calificación jurídica las incidencias posteriores. De manera que tan sólo el último exceso de adjudicación está no sujeto, por operar como extinción de la comunidad sobre cosa indivisible, y las anteriores serian adquisiciones sujetas a TPO, cada una en su respectiva fecha de devengo*»[25].

Pero el razonamiento al respecto del Tribunal Supremo no va a quedar ahí; al contrario, el Alto Tribunal, reforzando la motivación de su posición y enlazando en cierto modo con una problemática en esta materia descrita por la doctrina científica, destaca a continuación que:

> «*De seguir la tesis de los recurridos, bastaría adquirir una participación de una parte indivisa en una comunidad sobre cosa indivisible, y tributar por TPO, para que las posteriores adquisiciones de otras partes indivisas estuvieran no sujetas a TPO, de modo que al final, ese inicial adquirente, se hiciera con la totalidad de la propiedad de la cosa indivisible, habiendo tributado tan sólo por la adquisición de una participación inicial*»[26].

La aplicación de la tesis sostenida por la parte recurrida en el recurso de casación comporta una interpretación del artículo 7. 2. letra B) TRLITP-AJD determinante de los efectos no deseados que describe el Tribunal Supremo. Pero la oposición a esta exégesis —y a los resultados que de la misma derivan— no es nueva ni exclusiva del Alto Tribunal, al contrario, tiempo atrás fue el Profesor FALCÓN Y TELLA quien vino a mostrar su disconformidad con los resultados de esa tesis aduciendo, a grandes rasgos, que existiría especificación de derecho, y, por tanto, no sujeción al ITP-AJD —modalidad TPO— *ex* artículo 7. 2. letra B) TRLITP-AJD, en la medida que el adjudicatario en la extinción de la comunidad de bienes haya soportado el correspondiente gravamen en la adquisición del objeto de la misma.

De manera más concreta, FALCÓN Y TELLA iniciaba su razonamiento sobre el supuesto de no sujeción que nos ocupa advirtiendo que «*especialmente tratándose de la división de cosa común,* ***habrá que analizar las circuns-***

25. FD Quinto de la STS de 26 de junio de 2019 (RJ 2019, 2772).
26. FD Quinto de la STS de 26 de junio de 2019 (RJ 2019, 2772).

tancias del caso concreto para ver si el beneficiario de la adjudicación está concretando su derecho, o ampliando el contenido del mismo más allá de lo que tributó en su momento»[27]. Realizada esta advertencia, el Profesor de Madrid esboza dos supuestos diversos que ayudan a entender la problemática que afronta[28], tras lo cual concluye que:

> *«Obviamente, si no se entendiera así, es decir si se estimara que los excesos de adjudicación están siempre exentos cuando resulta jurídica o económicamente inviable la división, aunque la adquisición no haya tributado en su totalidad (ya sea por TPO, por ISD o por cualquier otro concepto, como IVA y AJD) en cabeza de los comuneros, la Hacienda pública podría reaccionar frente a estas posibles vías de elusión a través de un expediente de fraude de ley o conflicto en la aplicación de las normas, pero entiendo que no es necesario este mecanismo, sino que el problema puede solucionarse a través de una correcta interpretación del alcance de la no sujeción de los excesos de adjudicación»*[29].

Ciertamente, si confrontamos sus respectivos pasajes trascritos, comprobaremos que el Tribunal Supremo y el Profesor FALCÓN Y TELLA no se están ocupando de la misma cuestión, pues mientras que el Alto Tribunal aborda la problemática de la sujeción o no al ITP-AJD —modalidad TPO— de las transmisiones de cuotas entre comuneros previas a la última de éstas que sí extingue la comunidad de bienes cuyo objeto es indivisible, lo que al Profesor de Madrid le interesa es el gravamen por idéntico concepto impositivo de la adjudicación que se verifica en la extinción de la comunidad de

27. FALCÓN Y TELLA, R.: «Los excesos de adjudicación en TPO y en el IRPF: La STS 3 noviembre 2010», Quincena Fiscal número 1, 2011.
28. Por un lado, hace referencia FALCÓN Y TELLA al supuesto en que un comunero transmite a alguien ajeno a la comunidad de bienes su cuota del 10% para, más adelante, extinguirse la comunidad de bienes adjudicándosele al último —a quien había adquirido la cuota del 10% del comunero (llamémosle) originario— el objeto indivisible de ésta a cambio de la compensación por el 90% de cuota restante y, por otro lado, al caso en dos personas adquieren en *pro indiviso* un bien (indivisible) de un tercero y, posteriormente, extinguen la comunidad de bienes formada adjudicando su objeto indivisible a uno de los compradores a cambio de la correspondiente compensación.
    Expuesto ambos escenarios, considera FALCÓN Y TELLA que en el segundo caso «*la adquisición ya tributó por la totalidad del valor del bien, y la posterior especificación de derechos, aunque suponga un exceso de adjudicación, no tributa*», mientras que en el primer supuesto «*no tendría sentido alguno considerar no sujeto el exceso de adjudicación, pues aunque el piso es económicamente indivisible, el resultado práctico es el mismo que la venta de la totalidad del piso al adjudicatario y no tiene sentido alguno que dicho adjudicatario adquiera la totalidad tras la división de la cosa común, y sólo haya tributado por el 10 por 100 inicialmente comprado. Dicho de otro modo, en el ejemplo propuesto el adjudicatario no está concretando su derecho sino adquiriendo onerosamente el 90 por 100 restante, que no tributó en su momento*» (FALCÓN Y TELLA, R.: «Los excesos de adjudicación en TPO y en el IRPF...», *op. cit.*).
29. FALCÓN Y TELLA, R.: «Los excesos de adjudicación en TPO y en el IRPF...», *op. cit.*

bienes. Pero siendo cierto lo anterior, no lo es menos que los razonamientos de uno y otro sí que encuentran un lugar común al expresar *grosso modo* que la no sujeción de la adjudicación del objeto indivisible de la comunidad de bienes debiera estar vinculada de alguna forma a que el adjudicatario hubiese soportado el correspondiente gravamen en la adquisición del mismo, pues de lo contrario es difícilmente concebible la existencia de una especificación de derecho en que se fundamente la no sujeción al impuesto.

Independientemente de que compartamos —como lo hacemos— esa posición sobre la conveniente vinculación entre la no sujeción de la adjudicación del objeto indivisible de la comunidad de bienes y una previa tributación por la adquisición del mismo —¿se trataría de una propuesta del *lege ferenda* o deberían resolverse los supuestos patológico que en este sentido se presenten mediante el conflicto en la aplicación de la norma tributaria como propone FALCÓN Y TELLA?—, somos conscientes de que la jurisprudencia previa del Tribunal Supremo navega por otros derroteros. Queremos decir, en la ya analizada STS de 28 de junio de 1999 (RJ 1999, 6133) —nos remitimos al apartado II.C.2. del Capítulo 2—, el Alto Tribunal no conectó en modo alguno la existencia de especificación de derecho —y por tanto la no sujeción al impuesto que nos ocupa— con una previa tributación por la adquisición del objeto indivisible que se adjudica; al contrario, se limitó a afirmar que en estos supuestos de extinción de comunidades de bienes *«cada comunero, aun cuando tenga derecho sólo a una parte de la cosa, tiene realmente un derecho abstracto a que, en su día, se le adjudique aquélla en su totalidad, dada su naturaleza de indivisible»*[30]. Esta construcción teórica del Tribunal Supremo, que en el momento de su análisis ya calificamos como trascendental y sin expreso apoyo en precedentes *iuscivilísticos*, entendemos que resulta impeditiva de esa vinculación a la que nos referimos al inicio de este párrafo, pero se encuentra alineada con la posición del Alto Tribunal que venimos analizando en tanto que acepta la existencia de especificación de derecho pero en supuestos de extinción de comunidades de bienes, no en transmisiones de cuotas de comuneros previas a ésta.

Dando por cerrado este excurso sobre una posible vinculación del supuesto de no sujeción del artículo 7. 2 letra B) TRLITP-AJD con una previa tributación por la adquisición del objeto indivisible de la comunidad de bienes de que se trate, procede ahora recuperar el razonamiento del Tribunal Supremo sobre la patrocinada no sujeción al ITP-AJD —modalidad TPO— de las transmisiones de cuotas entre comuneros extintivas de la comunidad de bienes para señalar que el mismo, como era previsible, tampoco es compartido por los magistrados disidentes antes identificados que formularon el

30. FD Tercero de la STS de 28 de junio de 1999 (RJ 1999, 6133).

voto particular a la STS de 26 de junio de 2019 (RJ 2019, 2772). Así es, los magistrados disidentes inician la exposición de su parecer al respecto apuntando que «*la tesis que sostiene la mayoría de la Sección puede provocar efectos fiscales desiguales ante casos sustancialmente idénticos*»[31], y tras poner un ejemplo en el que los comuneros sucesivamente se van apartando de la comunidad de bienes —*rectius* van transmitiendo sus cuotas a otros comuneros— hasta la extinción de la misma, subrayan que, de seguirse la tesis de la mayoría, resultaría que «*todas las transmisiones estarían sujetas, salvo la última, esto es, aquella que determina la disolución total de la comunidad*»[32], solución que no reputan lógica y frente a la cual plantean los siguientes interrogantes:

> «*¿es lógica una consecuencia como esa? O, dicho de otro modo, ¿hay alguna diferencia relevante que justifique el gravamen de esas "incidencias" anteriores cuando son materialmente idénticas a las "incidencias" posteriores no sujetas?*»[33].

Aunque el parecer de los magistrados disidentes pueda resultar sugerente desde una perspectiva material —apegada al principio de capacidad económica—, entendemos, respetuosamente, que la respuesta que debe darse a los interrogantes planteados por ellos debe ser afirmativa desde el punto de vista de la legalidad. Así es, aceptando a efectos dialécticos que esas transmisiones de cuota o incidencias anteriores sean materialmente idénticas a la incidencia posterior —en realidad simultánea— a la extinción de la comunidad de bienes, lo cierto es que creemos que sí que hay una diferencia relevante y evidente que distingue unas y otra incidencia.

A saber, la última de las incidencias o transmisión de cuotas entre comuneros sí que comporta la adjudicación del objeto indivisible de la comunidad de bienes a uno solo de los comuneros y la consiguiente extinción de la misma, circunstancias éstas que materializan las consecuencias que derivan de la aplicación del artículo 1062 CC —tal y como vimos en el apartado II.B.2.b) del Capítulo 1— y que, por ello, se reputan demostrativas de que el exceso de adjudicación que entonces surge —en este caso sí, en tanto que existe extinción de la comunidad de bienes— lo es para «*dar cumplimiento a lo dispuesto en los artículos 821, 829, 1.056 (segundo) y 1062 (primero) del Código Civil*» tal y como exige el artículo 7. 2 letra B) TRLITP-AJD al ordenar el supuesto de no sujeción que nos ocupa. O dicho con otras palabras, sirviéndonos *a contrario* de lo apuntado por el propio Tribunal Supremo, en este último negocio jurídico que estamos analizando —la transmisión de cuotas entre comuneros que determina la adjudicación a uno solo de éstos del objeto indivisible de la comunidad de bienes y la consiguiente extinción

31. Razón quinta del voto particular de la STS de 26 de junio de 2019 (RJ 2019, 2772).
32. Razón quinta del voto particular de la STS de 26 de junio de 2019 (RJ 2019, 2772).
33. Razón quinta del voto particular de la STS de 26 de junio de 2019 (RJ 2019, 2772).

de la misma— subyace necesariamente «*la voluntad extintiva de los comuneros respecto a la situación de comunidad*», y es por ello que el exceso de adjudicación que surge puede quedar no sujeto al ITP-AJD —modalidad TPO— *ex* artículo 7. 2 letra B) TRLITP-AJD, exclusión del gravamen por este concepto impositivo que creemos que no puede extenderse a las previas transmisiones de cuotas entre comuneros, ya que en éstas la ausencia de voluntad extintiva respecto a la situación de comunidad es querida por los comuneros, en la medida que los mismos, si verdaderamente hubieran entendido acordar algo distinto de una mera transmisión de las cuotas, siempre podrían haber conseguido la extinción de la comunidad de bienes ejercitando la *actio communi dividundo*.

Sobre el ejercicio de la acción de división de la cosa común y la incidencia que ello puede tener en la cuestión que nos ocupa también se pronuncian, pero en otro sentido, los magistrados disidentes que formularon el voto particular a la STS de 26 de junio de 2019 (RJ 2019, 2772). Concretamente, estos magistrados, añadiendo nuevos argumentos en contra de las consecuencias que se derivarían de la tesis alcanzada por la mayoría, sostienen en este sentido que:

> «*Y cabría identificar, además, otra posible situación insólita, analizada por la doctrina científica: si hay acuerdo entre todos los condueños para disolver la comunidad y adjudicar el bien a uno de ellos, la operación no está sujeta; pero sí lo estaría cuando el acuerdo no es total, de suerte que el gravamen fiscal dependería de la voluntad de un tercero distinto del sujeto pasivo y abocaría al interesado a ejercitar la acción de división de la cosa común para evitar la sujeción al impuesto*»[34].

Respetuosamente, tampoco podemos compartir este argumento de los magistrados disidentes en cuanto a la relevancia que pudiera tener un acuerdo alcanzado entre algunos comuneros para determinar la no sujeción al ITP-AJD —modalidad TPO— de las transmisiones de cuotas entre los mismos *ex* artículo 7. 2 letra B) TRLITP-AJD. Queremos decir, la existencia de sólo un comunero que no se adhiera al acuerdo alcanzado por el resto para transmitir sus cuotas priva necesariamente a ese negocio jurídico de eficacia extintiva de la comunidad de bienes —ya que esta situación subsistiría entre el comunero no adherente y aquel otro que pudiese resultar adjudicatario en virtud del precitado acuerdo— y, al mismo tiempo, impide la adjudicación del objeto a uno sólo de los comuneros que exige el artículo 1062 CC al que se remite el supuesto de no sujeción que nos ocupa. O con otras palabras, el exceso de adjudicación que pretende verificarse en tal escenario —que no lo es, reiteramos, en la medida en que no existe extinción de la comunidad de bienes— no sería en ningún caso uno de ésos que surge

34. Razón quinta del voto particular de la STS de 26 de junio de 2019 (RJ 2019, 2772).

para *«dar cumplimiento a lo dispuesto en los artículos 821, 829, 1.056 (segundo) y 1062 (primero) del Código Civil»*, quedando entonces la transmisión o transmisiones de cuotas entre los restantes comuneros sujetas al ITP-AJD —modalidad TPO— como lo que son, meros negocios jurídicos traslativos del dominio con causa onerosa y, por tal, gravados por este impuesto *ex* artículo 7. 1 TRLITP-AJD[35].

En contraste con lo dicho en el párrafo anterior, creemos que la exigencia de unanimidad en el acuerdo entre los comuneros para extinguir la comunidad de bienes y adjudicar su objeto a uno sólo de éstos no debiera ser un presupuesto para la aplicación del supuesto de no sujeción del artículo 7. 2 letra B) TRLITP-AJD que sorprendiese a los magistrados disidentes, ya que, como señalado en el apartado II.B.2.b) del Capítulo 1, tal exigencia encuentra fundamento último en la propia redacción del artículo 1062 CC. Así es, en el mencionado apartado del Capítulo 1, haciendo referencia a la redacción de los artículos 404 y 1062 CC, ya señalamos que *«estos preceptos exigen que los comuneros alcancen un acuerdo —de una forma u otra, como veremos— para poder procederse a la adjudicación del objeto de la comunidad de bienes a favor de uno de ellos y evitar así la venta del mismo en pública subasta»*, adjudicación exigida por el artículo 1062 CC que no sería posible, insistimos, si alguno de los comuneros no se adhiriese al acuerdo suscrito por el resto para la transmisión de sus cuotas. En todo caso, esta no adhesión de uno de los comuneros al acuerdo suscrito por el resto no comportaría *per se* ni la extinción de la comunidad de bienes —que, como hemos dicho anteriormente, subsistiría entre el comunero no adherente y aquel otro que pudiese resultar adjudicatario en virtud del acuerdo— ni la venta de su objeto en pública subasta, pues para ello sería exigible una actuación adicional por parte de alguno de los comuneros subsistente, la petición de venta que suele instrumentarse a través del ejercicio de la *actio communi dividundo*.

Esta referencia a la acción de división de la cosa común nos permite reconectar con el pasaje trascrito de los magistrados disidentes para, por último, contestar en cierta medida sus afirmaciones sobre de quién depende la no sujeción al ITP-AJD —modalidad TPO— de las transmisiones de cuotas entre algunos comuneros *ex* artículo 7. 2 letra B) TRLITP-AJD y sobre la necesidad de ejercitar la *actio communi dividundo* para lograr la misma. En efecto, frente a lo apuntado por los magistrados disidentes y sin perder de vista cuál es la redacción del artículo 1062 CC, no creemos que pueda afir-

35. Recuérdese que esta última afirmación no puede obstarse aduciendo que exista en las descritas operaciones de transmisión de cuotas entre los restantes comuneros especificación de un derecho abstracto preexistente, pues, como ya vimos en este apartado, *«no hay a estos efectos especificación de derecho sin división de la cosa común con extinción de la comunidad de bienes»*.

marse que el gravamen o no de la operación descrita sea una circunstancia que dependa sólo del comunero que no se adhiere a tal acuerdo. Al contrario, la obligación de alcanzar la unanimidad en ese acuerdo compete en mayor medida al comunero que pudiese resultar adjudicatario del objeto de la comunidad de bienes en virtud de las transmisiones de cuotas pactadas, ya que es a él —sujeto pasivo del impuesto— a quien beneficia esa unanimidad en el acuerdo determinante entonces de la no sujeción de la operación descrita al ITP-AJD —modalidad TPO—. De no lograrse la unanimidad en el acuerdo, al referido comunero que pudiese resultar adjudicatario le queda siempre, como advierten los magistrados disidentes, la posibilidad de ejercer la *actio communi dividundo* como medio alternativo para lograr la no sujeción al impuesto, pero esa opción debe reputarse más teórica que práctica, en la medida que el ejercicio de la acción de división de la cosa común va a comportar, en todo caso, la extinción de la comunidad de bienes, pero no necesariamente la adjudicación de su objeto a ese comunero en tanto que la misma, por la falta unanimidad en el acuerdo, se determinará en la pública subasta.

Expuesto lo anterior justificativo de la no sujeción al ITP-AJD —modalidad TPO— de transmisiones de cuotas entre comuneros que sí comportan la extinción de la comunidad de bienes cuyo objeto es indivisible, es de señalar ahora, para dar cumplimiento a la pauta metodológica expuesta al inicio del Capítulo 2, que no se encuentra en la doctrina administrativa un pronunciamiento expreso asimilable a la tesis del Tribunal Supremo en esta materia, sin que ello signifique que no exista alineamiento con la posición del Alto Tribunal en la cuestión. Queremos decir, adherirse a la tesis que mantiene el Tribunal Supremo —la no sujeción al impuesto de las transmisiones de cuotas entre comuneros que ahora nos ocupan— no requiere estrictamente de un pronunciamiento administrativo expreso en ese sentido, pues, en realidad, tal tesis no es más que la concreción respecto a las transmisiones de cuotas de lo concluido en el apartado II.C.2. del Capítulo 2, de manera que basta remitirse a los precedentes allí señalados para confirmar que la doctrina administrativa, aunque no expresamente, se encuentra alineada con la posición del Alto Tribunal.

Y atendiendo a todo dicho, procede cerrar este apartado concluyendo que el exceso de adjudicación que surge en las transmisiones de cuotas entre comuneros de las que nos venimos ocupando va a quedar no sujeto al ITP-AJD —modalidad TPO— *ex* artículo 7. 2 letra B) TRLITP-AJD en tanto que tal operación, en palabras del Tribunal Supremo, opera «*como extinción de la comunidad sobre cosa indivisible*», o lo que es lo mismo, que tales transmisiones de cuotas entre comuneros no son sino un negocio jurídico más con eficacia extintiva de la situación de comunidad que queda no sujeto al impuesto en la medida que en el mismo concurren los presupuestos exigidos por el artículo 1062 CC al que se remite el artículo 7. 2 letra B) TRLITP-AJD.

III. UNA POSICIÓN AVANZADA EN LA MATERIA: LA NO SUJECIÓN DE LAS EXTINCIONES PARCIALES OBJETIVAS

Una vez examinados los distintos escenarios de sujeción al ITP-AJD —modalidad TPO— que pueden darse en las transmisiones de cuotas entre comuneros o extinciones parciales subjetivas de comunidades de bienes, para cerrar esta profundización en el más amplio genero de las extinciones parciales —menester que nos dimos en el apartado I del Capítulo 2— quedaría por analizar si son gravadas o no por este concepto impositivo las denominadas extinciones parciales objetivas.

Pero antes de acometer esa profundización en el aspecto tributario del mencionado negocio jurídico, es conveniente revisar su sustrato *iuscivilístico* recordando lo dicho sobre el mismo en el apartado II.A. del Capítulo 1. Pues bien, la extinción parcial objetiva de comunidades de bienes —al igual que la subjetiva— no se encuentra expresamente regulada en el Código Civil, aunque de la misma ha hecho esbozo la DGRN. Concretamente, como vimos en el referido apartado del Capítulo 1, este centro directivo, en su resolución de 4 de abril de 2016 (JUR 2016, 82036), hace elenco de ciertas operaciones que, no resultando plenamente extintivas de la situación de comunidad de bienes, se entiende sin embargo que tienden naturalmente a dicho resultado, razón por la cual considera la DGRN que a las mismas puede atribuírsele carácter extintivo. En ese elenco de operaciones se contempla en primer lugar, aun sin dársele tal denominación, la extinción parcial objetiva de comunidades de bienes, que es caracterizada por el centro directivo en los siguientes términos:

> «*En una comunidad que comprende varios bienes, los partícipes adjudican uno o varios bienes a alguno de ellos, en propiedad exclusiva, en pago de sus derechos en la comunidad, subsistiendo la comunidad entre los restantes partícipes no adjudicatarios sobre el resto de los bienes no adjudicados, con reajuste de las cuotas entre estos últimos*»[36].

Caracterizada así la operación de extinción parcial objetiva de comunidad de bienes de objeto plural, en el mencionado apartado del Capítulo 1 expresamos nuestra coincidente opinión con la DGRN en cuanto al carácter extintivo de la operación descrita, señalando entonces sobre la misma que «*puede reputarse como extinción de la comunidad de bienes al menos respecto a ese*

36. FD Tercero de la resolución de la DGRN de 4 de abril de 2016 (JUR 2016, 82036).

bien/es que se atribuye/n en propiedad exclusiva a uno solo de los comuneros»; o dicho con otras palabras, en tanto que uno o varios de los elementos integrantes del objeto plural de la comunidad de bienes se atribuya a uno sólo de los comuneros —como exige el artículo 1062 CC—, la misma, de concurrir el resto de los presupuestos requeridos para la aplicación de ese precepto, puede entenderse extinguida en la parte de su objeto que tales elementos representen. En coherencia con lo anterior, pusimos también de manifiesto nuestras dudas acerca de si tal carácter extintivo se extiende igualmente a los reajustes de cuotas definitorios, según hemos visto, de las extinciones parciales objetivas.

Pues bien, renovado el sustrato *iuscivilístico* del negocio jurídico que ahora nos ocupa, reiterando que el mismo materializa una posición avanzada en cuanto al entendimiento del requisito de la cesación de la indivisión como presupuesto esencial de la extinción de comunidades de bienes, al cierre del apartado II.A. del Capítulo 1 advertíamos que la tesis subyacente en esta posición avanzada de la DGRN ha sido interiorizada por la Sección 2.ª de la Sala Tercera del Tribunal Supremo, que en su sentencia de 17 de diciembre de 2020 (RJ 2020, 5009) ha reputado extintiva de comunidad de bienes, a efectos del supuesto de no sujeción previsto en el artículo 7. 2 letra B) TRLITP-AJD, cierta extinción parcial objetiva que ahora describimos —que, por cierto, no concuerda exactamente con la caracterización de esta operación hecha por la DGRN[37]—.

Así es, la STS de 17 de diciembre de 2020 (RJ 2020, 5009) resuelve un litigio relativo a la extinción de una comunidad de bienes formada por dos hermanos sobre distintos inmuebles recibidos por herencia materna. Entre esos inmuebles se encuentra una vivienda con garaje sita en Gijón, respecto a la cual los hermanos instan extinción de la situación de comunidad de bienes mediante adjudicación de la misma a uno de ellos que, por tal, compensa al otro por la cuota del 50% entregada. Es de señalar que el resto de fincas procedentes de la herencia materna permanecen en proindivisión entre ambos hermanos[38].

37. Sin ánimo de profundizar en este aspecto, decimos que no concuerda exactamente la operación enjuiciada en la STS de 17 de diciembre de 2020 (RJ 2020, 5009) con la caracterización que de la extinción parcial objetiva hace la DGRN pues en esta última el comunero adjudicatario abandona la comunidad de bienes, mientras que en la mencionada operación éste, el comunero adjudicatario, subsiste en la situación de proindivisión en que permanecen los restantes elementos del objeto de la comunidad de bienes.

38. Los hechos descritos se infieren de una suerte de relato fáctico que se hace en el FD Segundo de la STS de 17 de diciembre de 2020 (RJ 2020, 5009).

En relación con la operación descrita en el párrafo anterior, y según se deduce de la sentencia de la instancia, el hermano adjudicatario presentó autoliquidación en concepto de ITP-AJD —modalidad AJD— en el entendimiento de que el negocio jurídico celebrado materializa una disolución parcial de la comunidad de bienes que formaba con su hermano y de que el exceso de adjudicación generado era inevitable[39], circunstancias una y otra determinantes de la no sujeción a la modalidad de TPO del impuesto. Frente al entendimiento del obligado, la Administración Tributaria competente consideró en cambio que la operación descrita debería haber sido gravada en concepto de ITP-AJD —modalidad TPO— y, por ello, evacuó la correspondiente liquidación por tal concepto impositivo. Contra la liquidación se interpuso reclamación económico-administrativa que fue desestimada por el Tribunal Económico-Administrativo Regional del Principado de Asturias, resolución de cuya impugnación trae origen la sentencia de la instancia[40].

Sin necesidad de una mayor profundización en los hechos definitorios de *litis*, la sentencia de la instancia va a zanjar el asunto señalando lo siguiente sobre la tributación de la operación antes descrita:

> *«si bien es cierto que nos encontramos ante una cuestión que ha obtenido respuestas contrarias de diversas Salas de lo Contencioso-Administrativo de nuestros Tribunales Superiores de Justicia, este Tribunal se inclina por la tesis que contempla la extinción parcial de la comunidad de bienes con la adjudicación a uno de los comuneros de la cuota del otro a cambio de la equivalente contraprestación económica y en el supuesto de bienes que deban considerarse como inevitable— cual acontece con una vivienda o una plaza de garaje— como una de las excepciones previstas en el art. 7.2.b) del R.D. Legislativo 1/1993 y el art. 11.1.b) del R.D. 828/1995; lo que, en consecuencia, determina que el recurso deba de prosperar al no poder apreciarse —ni haberse acreditado— que se haya producido el exceso de adjudicación cuya consecuencia inexorablemente se requiere para que surja el hecho imponible correspondiente al impuesto de que aquí se trata»*[41].

Aunque quizá deberíamos detenernos en comentar ciertos aspectos no especialmente consistentes del pasaje trascrito —negación de la existencia de exceso de adjudicación y omisión de la subsistencia de la situación de proindivisión respecto al resto de inmuebles en comunidad de bienes—, lo relevante es que la sentencia de la instancia fue finalmente recurrida en

39. Estos hechos y circunstancias quedan reflejados en el FD Segundo de la STSJ del Principado de Asturias de 15 de octubre de 2018 (JUR 2018, 306000).
40. La información sobre la liquidación y su impugnación se encuentra en el FD Primero de la STSJ del Principado de Asturias de 15 de octubre de 2018 (JUR 2018, 306000).
41. FD Cuarto de la STSJ del Principado de Asturias de 15 de octubre de 2018 (JUR 2018, 306000).

casación por la Administración Tributaria competente. El recurso de casación fue admitido a trámite al entenderse que presentar interés casacional objetivo para la formación de la jurisprudencia la siguiente cuestión:

> «*Determinar si la cesión de cuotas de un condominio sobre determinado bien inmueble tributa por la modalidad de transmisiones patrimoniales onerosas o por la de actos jurídicos documentados del impuesto sobre transmisiones patrimoniales y actos jurídicos documentados y si, de hallarse sometida a la primera de las referidas modalidades —transmisiones patrimoniales onerosas—, ha de entenderse que la operación surge de dar cumplimiento a la previsión contenida en el artículo 1062 del Código Civil, concurriendo, por tanto, la salvedad recogida en el artículo 7.2.B), párrafo primero, del Texto Refundido de la Ley del Impuesto sobre Transmisiones Patrimoniales y Actos Jurídicos Documentados*»[42].

Antes de profundizar en cómo la STS de 17 de diciembre de 2020 (RJ 2020, 5009) resuelve finalmente la cuestión formulada, hemos de llamar la atención sobre la redacción dada a la misma por la Administración Tributaria recurrente. Queremos decir, en la cuestión formulada al Alto Tribunal, ésta, la Administración Tributaria recurrente, da importancia principal a la posible transmisión de cuotas entre comuneros y prácticamente omite cualquier referencia al carácter extintivo de comunidad de bienes del negocio jurídico celebrado. Formulada así la cuestión, no debiera resultar extraño que la operación antes descrita pudiera ser erróneamente calificada y se asimilara a las meras transmisiones de cuotas entre comuneros analizadas en el apartado I de este Capítulo 3 y que, como vimos allí, están sujetas al ITP-AJD —modalidad TPO—. De hecho, ello fue lo que efectivamente acaeció, ya que el Tribunal Supremo, en el auto de admisión, va a reputar *prima facie* que la jurisprudencia aplicable al caso sería la consagrada con la STS de 26 de junio de 2019 (RJ 2019, 2772), resolución jurisdiccional que, recuérdese, es referente jurisprudencial en cuanto a la tributación en el impuesto de las transmisiones de cuotas entre comuneros no extintivas de comunidades de bienes. Concretamente, el Alto Tribunal, haciendo referencia la cuestión planteada en el caso, va a señalar en este sentido que:

> «*la cuestión ha sido ya resuelta por la Sección Segunda de esta Sala de lo Contencioso-administrativo del Tribunal Supremo, entre otras, en las sentencias de 26 de junio de 2019 (RCA/4322/2017; ES:TS:2019:2297) y 16 de octubre de 2019 (RCA/6752/2017; ES:TS:2019:3665), en un sentido coincidente al que aquí propugna la parte recurrente*»[43].

---

42. Apartado 1 del Razonamiento Jurídico Segundo del Auto del Tribunal Supremo de 16 de enero de 2020 (RJ 2020, 5009).
43. Apartado 2 del Razonamiento Jurídico Segundo del Auto del Tribunal Supremo de 16 de enero de 2020 (RJ 2020, 5009).

Dándose por superada esta nueva incidencia en la formulación de cuestiones para la interposición de recursos de casación, interesa ya profundizar en el breve y trascendente razonamiento del Tribunal Supremo sobre el gravamen de la operación antes descrita en el ITP-AJD —modalidad TPO—. Y decimos breve porque el razonamiento del Alto Tribunal, como veremos, se reduce prácticamente a dos aportaciones con las que éste justifica que el negocio jurídico celebrado por los hermanos no sea tratado como una mera transmisión de cuotas entre comuneros, sino como una extinción parcial objetiva de comunidad de bienes.

En efecto, tras emplearse el primero de los Fundamentos de Derecho para trascribir aquéllos de la STS de 26 de junio de 2019 (RJ 2019, 2772), en el segundo el Tribunal Supremo inicia su razonamiento motivando que la doctrina fijada por esta resolución jurisdiccional no sea de aplicación a los autos en tanto que el supuesto de hecho juzgado difiere de aquél de la sentencia testigo. Para ello el Alto Tribunal afirma lo siguiente:

> «*La STS de 26 de junio de 2019 se refiere a un supuesto de extinción parcial subjetiva de condominio, en la que 4 copropietarios sobre un bien proindiviso se ven reducidos a dos, manteniéndose copropiedad sobre el bien indiviso.*
>
> *Por tanto, no se produce la "adjudicación a uno" que es la previsión contenida en el artículo 1062.1 del Código Civil y a la que se remite el citado artículo 7.2 B del Real Decreto Legislativo 1/1993, de 24 de septiembre, ni existe una adjudicación a un comunero con finalidad extintiva del condominio: el negocio jurídico realizado es meramente traslativo del dominio.*
>
> *En cambio, el asunto examinado en la presente casación versa sobre un supuesto de extinción parcial objetiva de condominio, en el que dos hermanos comuneros disuelven la proindivisión que ostentaban sobre una finca esencialmente indivisible (con salida de uno de los comuneros y adjudicación al otro, poniendo fin efectivo a la copropiedad sobre el bien), sin perjuicio de que mantengan la copropiedad en otros proindivisos diferentes (incluso con participación de terceras personas)* [...]
>
> *Por tanto, sí se produce aquí la "adjudicación a uno" que es la previsión contenida en el artículo 1062.1 del Código Civil y a la que se remite el citado artículo 7.2 B del Real Decreto Legislativo 1/1993, de 24 de septiembre; existe la adjudicación a un comunero con finalidad extintiva del condominio: el negocio jurídico realizado no es meramente traslativo de dominio, sino extintivo de una situación de condominio*»[44].

Justificado entonces que la STS de 26 de junio de 2019 (RJ 2019, 2772) no es de aplicación en tanto que la operación antes descrita difiere sustancialmente del negocio jurídico celebrado por las partes en el litigio que resuelve

44. FD Segundo de la STS de 17 de diciembre de 2020 (RJ 2020, 5009).

tal resolución jurisdiccional, al Alto Tribunal sólo le queda especificar cuáles son las consecuencias que ello tiene en cuanto a la tributación en el ITP-AJD —modalidad TPO— de la extinción parcial objetiva de comunidad de bienes recién deducida, y con ese propósito sienta el Tribunal Supremo que:

> *«La Sala entiende que, manteniendo la doctrina que se refleja en la sentencia 2297/2019 de esta Sala antes transcrita, en el presente caso la solución ha de ser distinta, por lo que procede la desestimación del presente recurso y respondiendo a la pregunta de la Sección Primera resolver que "la operación surge de dar cumplimiento a la previsión contenida en el artículo 1062 del Código Civil, concurriendo, por tanto, la salvedad recogida en el artículo 7.2.B), párrafo primero, del Texto Refundido de la Ley del Impuesto sobre Transmisiones Patrimoniales y Actos Jurídicos Documentados"»*[45].

O lo que es lo mismo, el exceso de adjudicación que necesariamente surge en las descritas extinciones parciales objetivas va a quedar no sujeto al ITP-AJD —modalidad TPO— en la medida en que concurren en tal operación los requisitos exigidos por el artículo 1062 CC —adjudicación del objeto de la comunidad de bienes a uno sólo de los comuneros y compensación al comunero no adjudicatario que entrega su cuota— al que se remite el artículo 7. 2 letra B) TRLITP-AJD. No obstante lo anterior, esta suerte de conclusión que deducimos del análisis de la STS de 17 de diciembre de 2020 (RJ 2020, 5009) debe enriquecerse añadiendo que en las extinciones parciales objetivas no siempre ha de surgir exceso de adjudicación, pues puede suceder, como expondremos más adelante, que el objeto de la comunidad de bienes sea divisible —en los términos vistos en el apartado II.C.3. del Capítulo 2— y, por tanto, susceptible de formarse lotes con el mismo; en tal caso, no se generará exceso de adjudicación alguno si la valoración de lote atribuido al comunero coincide con la de su cuota y, además, la operación así realizada seguirá estando no sujeta al impuesto pero *ex* artículo 7. 1 letra A) TRLITP-AJD *a contrario* en tanto que en la misma no habrá una transmisión sino una especificación de derecho.

Y siendo cierto que resulta difícil plantear reproche alguno a la motivación de la doctrina sentada por el Alto Tribunal, no lo es menos que ésta nos genera dos reflexiones críticas. Por un lado, no hubiera estado de más que el Tribunal Supremo hubiera hecho alguna mención en su doctrina a la cuestión de la cesación de la indivisión, presupuesto que debe concurrir en cualquier negocio jurídico para poder atribuirle carácter extintivo de comunidad de bienes y respecto al cual el Alto Tribunal omite toda referencia, adhiriéndose así, de forma implícita, a la posición avanzada de la DGRN en cuanto al entendimiento de este requisito. Y por otro lado, echamos de

45. FD Segundo *in fine* de la STS de 17 de diciembre de 2020 (RJ 2020, 5009).

menos que el Tribunal Supremo hubiese realizado algún pronunciamiento sobre los reajustes de cuotas que pueden darse en extinciones parciales objetivas en que la compensación al comunero no adjudicatario se satisface con la entrega de la cuota del comunero adjudicatario sobre los restantes elementos de la comunidad de bienes que permanecen en proindivisión, omisión del Alto Tribunal que creemos responde a la circunstancia de que en el asunto resuelto por la STS de 17 de diciembre de 2020 (RJ 2020, 5009) tal compensación fue satisfecha en dinero.

Para cerrar el análisis de la STS de 17 de diciembre de 2020 (RJ 2020, 5009), es de añadir que, salvo error por nuestra parte, el Tribunal Supremo no ha evacuado otra resolución jurisdiccional en la que expresamente se reitere esta doctrina sobre la tributación en el ITP-AJD —modalidad TPO— de las extinciones parciales objetivas de comunidad de bienes. Lo anterior no significa que no puedan encontrarse otros precedentes jurisprudenciales al respecto; al contrario, el Tribunal Superior de Justicia de Madrid y el Tribunal Superior de Justicia de la Región de Murcia han dictado no pocas sentencias en las que hacen suyas las tesis de la STS de 17 de diciembre de 2020 (RJ 2020, 5009) y, en su virtud, acuerdan o no la sujeción al impuesto de pretendidas extinciones parciales objetivas de comunidad de bienes.

No va a profundizarse en las resoluciones jurisdiccionales de estos Tribunales Superiores de Justicia en la medida que éstas suelen limitarse a dar noticia de la doctrina del Alto Tribunal sobre la cuestión que nos ocupa y a aplicar la misma, en uno u otro sentido, en el asunto que resuelven. Pero, no obstante lo anterior, sí queremos destacar las SSTSJ de Madrid de 3 de noviembre de 2023 (JUR 2023, 436640) y (JUR 2023, 451802), y no tanto por el sentido del fallo de estas resoluciones jurisdiccionales, sino por el hecho de que en la pretensión de las partes en los recursos queda reflejada la primera de las reflexiones críticas antes formuladas; concretamente, el Alto Tribunal madrileño afirma en este sentido que:

> *«Dicha operación es calificada de forma distinta por las partes. La Administración sostiene que no es un supuesto de disolución de proindiviso pues, el proindiviso continúa existiendo, razón por lo que resultaría aplicable las previsiones del art. 7.1 A) RDL 1/93, mientras que la parte actora afirma que se ha producido una disolución de la comunidad respecto de los inmuebles urbanos»*[46].

Concluido el análisis de la doctrina del Tribunal Supremo acerca de la tributación en el ITP-AJD —modalidad TPO— de las extinciones parciales objetivas de comunidades de bienes, procede ahora, en cumplimiento de la

46. FD Quinto de las SSTSJ de Madrid de 3 de noviembre de 2023 (JUR 2023, 436640) y (JUR 2023, 451802).

pauta metodológica que nos dimos al inicio del Capítulo 2, verificar si la doctrina administrativa sobre esta cuestión está alineada, fundamentalmente, con la tesis al respecto de la STS de 17 de diciembre de 2020 (RJ 2019, 2772).

Pues bien, salvo error por nuestra parte, no hemos encontrado una resolución del TEAC en la que este alto centro directivo haga suya expresamente la doctrina del Alto Tribunal sobre tributación en el ITP-AJD —modalidad TPO— de las extinciones parciales objetivas de comunidades de bienes. Sin embargo, sí existen en el ámbito económico-administrativo algunos pronunciamientos de Tribunales Económico-Administrativos Regionales que hacen suya la referida tesis de la STS de 17 de diciembre de 2020 (RJ 2019, 2772) para resolver las reclamaciones de las que conocen. Entre esos pronunciamientos queremos destacar la resolución del Tribunal Económico-Administrativo Regional de Castilla y León de 30 de septiembre de 2022 (JUR 2023, 381141), la cual, a imagen de lo que apuntábamos anteriormente respecto a las sentencias de los Tribunales Superiores Justicia, no nos interesa tanto por el sentido de su acuerdo sino por el tipo de extinción parcial objetiva en que aplica la doctrina del Tribunal Supremo que ahora nos ocupa.

A saber, la resolución del Tribunal Económico-Administrativo Regional de Castilla y León de 30 de septiembre de 2022 (JUR 2023, 381141) versa sobre la extinción de una comunidad de bienes constituida por cuatro comuneros propietarios, por cuartas e iguales partes indivisas, de tres inmuebles urbanos; concretamente, de una vivienda valorada en 36.000 euros, de otra vivienda valorada en 54.000 euros y de un local con idéntica valoración. Interesados en poner fin a la situación de indivisión, los comuneros otorgan escritura pública en virtud de la cual se extingue la comunidad de bienes efectuando las siguientes adjudicaciones, por un lado, al que denominaremos comunero adjudicatario se le atribuye en pleno dominio el primero de los inmuebles relacionados y, por otro lado, a los restantes comuneros se les adjudica en pleno dominio, por terceras e iguales partes indivisas, los otros dos inmuebles[47].

Resaltando que la valoración de la cuota del comunero adjudicatario —de 36.000 euros, resultantes de dividir por cuatro los 144.000 euros que suman la valoración de los tres inmuebles— coincide con la de elemento del objeto de la comunidad de bienes que le es atribuido —circunstancia que obsta *ad limine* la existencia de exceso de adjudicación—, resulta que

47. Se extraen estos datos del Antecedente de Hecho Primero de la resolución del Tribunal Económico-Administrativo Regional de Castilla y León de 30 de septiembre de 2022 (JUR 2023, 381141).

éste, el comunero adjudicatario, presenta las pertinentes autoliquidaciones del impuesto a las que sigue la oportuna liquidación de la Administración Tributaria competente en concepto de ITP-AJD —modalidad TPO—. No aceptadas las alegaciones formuladas por el comunero adjudicatario contra el acuerdo de liquidación, éste presentó también recurso de reposición que fue desestimado mediante resolución de la que nos interesa extraer los siguientes pasajes explicativos de su rechazo:

> *«no se trata de un único bien indivisible sino de tres, y uno de los comuneros se va de la comunidad recibiendo uno de los tres bienes y los otros tres comuneros se quedan con los otros dos bienes en comunidad, que las consultas vinculantes 432/18 y 62/19 de la Dirección General de Tributos establecen que "si, existiendo varios comuneros, se adjudicaren bienes a uno en pago de su cuota de participación, permaneciendo el resto en la situación inicial de indivisión, no se habrá producido la extinción de la comunidad", sino que "lo que habrá será una separación de uno o varios comuneros (también denominada disolución parcial), supuesto no previsto en el artículo 1062 del Código Civil cuya literalidad exige que la disolución de la comunidad sea total", y que de acuerdo con la consulta vinculante V2916-18, nos encontramos ante una permuta de cuotas en la que los consultantes tributarán por el concepto de transmisiones patrimoniales onerosas»*[48].

Reiterada la pretensión del obligado en la reclamación económico-administrativa que interpuso contra la resolución del recurso de reposición, el Tribunal Económico-Administrativo Regional de Castilla y León comienza su razonamiento respecto al *thema debatendi* y, tras citar algunos precedentes jurisprudenciales y administrativos sobre la tributación de la extinción de comunidades de bienes en el ITP-AJD —modalidad TPO—, hace el siguiente pronunciamiento acerca de la sujeción al impuesto de este tipo de extinciones parciales objetivas de comunidad de bienes:

> *«En este caso, como se dijo, existía un condominio entre cuatro personas sobre tres bienes indivisibles valorados en un total de 144,000,00 euros, correspondiendo a cada comunero una participación de 36.000,00 euros; y uno de ellos, el aquí reclamante, haciendo uso el derecho que le confiere el citado precepto, se separa de la comunidad siéndole adjudicado uno de los inmuebles, valorado en 36.000,00 euros, esto es, un valor estrictamente proporcional a su interés en la comunidad. En tal situación, entendemos que no se ha producido una transmisión patrimonial propiamente dicha, sino una mera especificación o concreción del derecho preexistente que Don* ***Dxy*** *tenía en la comunidad de bienes; es decir, un acto interno en el que no se*

48. Las frases entrecomilladas se corresponden con concretos pasajes de la resolución del recurso de reposición que se extractan en el Antecedente de Hecho Tercero de la resolución del Tribunal Económico-Administrativo Regional de Castilla y León de 30 de septiembre de 2022 (JUR 2023, 381141).

produce una traslación del dominio, y por ello no constituye el hecho imponible previsto en el artículo 7.º.1.A) TRLITPAJD»[49].

No pudiendo presentarse objeciones a este pronunciamiento del Tribunal Económico-Administrativo Regional de Castilla y León, queremos no obstante realizar un comentario sobre el mismo. Esto es, hemos traído a colación este concreto precedente del ámbito económico-administrativo en tanto que exponente, como antes advertíamos, de que ciertas extinciones parciales objetivas de comunidad de bienes van a quedar no sujetas al impuesto, no en virtud artículo 7. 2 letra B) TRLITP-AJD, sino *ex* del artículo 7. 1 letra A) TRLITP-AJD *a contrario* en la medida que materializan especificaciones de derecho; y como muestra de ello compruébese que el fundamento jurisprudencial último que la resolución del Tribunal Económico-Administrativo Regional de Castilla y León de 30 de septiembre de 2022 (JUR 2023, 381141) da a su pronunciamiento hay que situarlo, no tanto en la STS de 17 de diciembre de 2020 (RJ 2020, 5009) —que se cita—, sino en la también mencionada STS de 30 de mayo de 2019, resolución jurisdiccional de la que el órgano regional extrae ciertos pasajes a modo de justificación de su decisión:

«en el caso que nos ocupa a don ***Dxy*** *le fue adjudicado un bien inmueble indivisible y que el valor de ese bien —cuestión que no ha suscitado controversia alguna— era estrictamente proporcional al interés que tenía en la comunidad, cabe concluir que no se ha producido una transmisión patrimonial onerosa "inter vivos", de modo que no resulta aplicable el artículo 7 TRLITPAJD "en ninguno de sus apartados dado que no tiene acomodo en ninguno de los supuestos definidos en el apartado 1 del artículo 7, particularmente su letra A), ni tampoco ante ninguno de los previstos en el apartado 2 del mismo precepto, en particular en su letra B), puesto que no se ha producido ningún exceso de adjudicación (ni sujeto ni no sujeto)" y "no se tributará, por tanto, por la modalidad de transmisiones patrimoniales onerosas"»*[50].

Por último, salvo error por nuestra parte, la DGT no ha evacuado resolución en la que expresamente interiorice la doctrina de la STS de 17 de diciembre de 2020 (RJ 2020, 5009) en relación con la tributación de las extinciones parciales objetivas de comunidades de bienes en el ITP-AJD —modalidad TPO—. Al contrario, en el apartado I de este Capítulo trascribíamos el pasaje de determinada resolución de este centro directivo en que se materializa su alejamiento de la tesis del Tribunal Supremo sobre la no sujeción

49. FD Séptimo de la resolución del Tribunal Económico-Administrativo Regional de Castilla y León de 30 de septiembre de 2022 (JUR 2023, 381141).
50. Nuevamente, las frases entrecomilladas se corresponden con concretos pasajes de la STS de 30 de mayo de 2019 que se extractan en el FD Séptimo de la resolución del Tribunal Económico-Administrativo Regional de Castilla y León de 30 de septiembre de 2022 (JUR 2023, 381141).

al impuesto de estas operaciones. Concretamente, y a riesgo de resultar reiterativo, ese pasaje —que forma parte del que podríamos denominar contenido fundamental de la doctrina de la DGT sobre la aplicación del supuesto de no sujeción previsto en el artículo 7. 2 letra B) TRLITP-AJD— obsta cualquier proyección de la STS de 17 de diciembre de 2020 (RJ 2020, 5009) a este ámbito administrativo en la medida que sobre el analizado presupuesto de la adjudicación a uno sólo de los comuneros sienta lo siguiente:

> *«Este requisito supone la extinción de la comunidad al desaparecer la cotitularidad sobre la propiedad del bien. Por ello, si, existiendo varios comuneros, se adjudicaren bienes a uno en pago de su cuota de participación, permaneciendo el resto en la situación inicial de indivisión, no se habrá producido la extinción de la comunidad. Lo que habrá será una separación de uno o varios comuneros (también denominada disolución parcial)»*[51].

Y para cerrar este apartado que pone fin al trabajo, hemos de concluir que las extinciones parciales objetivas de comunidad de bienes, tal y como caracterizadas por la DGRN, van a quedar no sujetas al ITP-AJD —modalidad TPO—, exclusión de gravamen en este concepto impositivo que puede provenir bien de la aplicación del artículo 7. 2 letra B) TRLITP-AJD —cuando la operación genere exceso de adjudicación— o bien de la aplicación del artículo 7. 1 letra A) TRLITP-AJD *a contrario* —cuando la operación no materialice transmisión alguna sino una especificación de derecho—.

51. Este pasaje se encuentra en la resolución de la DGT de 21 de diciembre de 2023, en respuesta a la consulta vinculante número V3223-23, que fue la que trascribimos en el apartado I del Capítulo 3, pero también en muchas otras resoluciones del centro directivo anteriores y posteriores a ésta.

Bibliografía

ABELLA RUBIO, J. M.: «La división de la cosa común en el Código Civil», 2.ª edición, Dykyson, Madrid, 2005.

BAYONA GIMÉNEZ, J. J.: «La tributación de las comunidades de bienes», Marcial Pons, Madrid, 1997.

BOTÍA VALVERDE, A. y BOTÍA GONZÁLEZ, A. V.: «La tributación en el ITP y AJD de las disoluciones de comunidades».

Disponible en www.notariosyregistradores.com/web/secciones/fiscal/articulos-fiscal/disolucion-de-condominio-y-fiscalidad/

BOTÍA VALVERDE, A. y BOTÍA GONZÁLEZ, A. V.: «Disolución de condominio y fiscalidad».

Disponible en www.notariosyregistradores.com/web/secciones/fiscal/articulos-fiscal/disolucion-de-condominio-y-fiscalidad/

BOSCH CAPDEVILLA, E.: «La indivisión» en «División de la comunidad de bienes» (Directora: GETE-ALONSO Y CALERA, M. C.), Atelier, Barcelona, 2012.

CALVO VÉRGEZ, J.: «La tributación de las operaciones inmobiliarias en la imposición indirecta», Aranzadi, Cizur Menor, 2010.

CALVO VÉRGEZ, J. «Implicaciones fiscales derivadas del acto de partición de la herencia en el Impuesto sobre Sucesiones y Donaciones», *Quincena Fiscal* número 1-2, 2009.

CALVO VÉRGEZ, J.: «Delimitación de la modalidad transmisiones patrimoniales onerosas en el ITPyAJD: Algunas consideraciones», Revista Española de Derecho Financiero número 127, 2005.

CHECA GONZÁLEZ, C.: «Tributación de los excesos de adjudicación en el IIVTNU en las comunidades de bienes constituidas por actos "*inter vivos*"», Quincena Fiscal número 1, 2012.

DE PABLO VARONA, C.: «Los excesos de adjudicación producidos como consecuencia de la disolución de comunidades empresariales», Jurisprudencia Tributaria Aranzadi número 2, 2002.

DÍAZ-SÚNICO ABOITIZ, G.: «Excesos de adjudicación entre cónyuges con motivo de la liquidación del régimen económico matrimonial de separación de bienes: La dispar doctrina de la DGT», *Quincena Fiscal número 9*, 2010.

DÍEZ-PICAZO Y PONCE DE LEÓN, L.: «Fundamentos de Derecho Civil Patrimonial», tomo III, 5.ª edición, Aranzadi, Cizur Menor, 2008.

ECHEVERRÍA SUMMERS, F. M.: «Comentarios al art. 392 del CC» en «Comentarios al Código Civil», Aranzadi, Madrid, 2009.

ESPEJO RUIZ, M.: «Cuestiones controvertidas sobre la adjudicación de bienes entre los coherederos», Revista Aranzadi Doctrinal número 11, 2018.

EXPÓSITO CORRAL, A. A.: «Los excesos de adjudicación: Consecuencias fiscales», Quincena Fiscal número 4, 2009.

FALCÓN Y TELLA, R.: «Los excesos de adjudicación en TPO y en el IRPF: La STS 3 noviembre 2010», Quincena Fiscal número 1, 2011.

GALÁN SÁNCHEZ, R. M.: «Extinción de condominio o separación de comuneros: Su sujeción al ITP-AJD», Revista Derecho de los negocios n.º 243, 2010.

GARCÍA MORENO, V. A: «Impuesto sobre el Incremento del Valor de los Terrenos de Naturaleza Urbana, Impuesto sobre Sucesiones y Donaciones, Impuesto sobre Transmisiones Patrimoniales y Actos Jurídicos Documentados e Impuesto sobre la Renta de las Personas Físicas. Consecuencias tributarias de la división de la cosa común», Carta Tributaria (Revista de opinión) número 40, 2018.

GETE-ALONSO Y CALERA, M. C.: «Extinción de la comunidad ordinaria. La división» en «División de la comunidad de bienes» (Directora: GETE-ALONSO Y CALERA, M. C.), Atelier, Barcelona, 2012.

GIL CRUZ, E. M.: «Tributación de las adjudicaciones derivadas de la disolución de una comunidad de bienes», Quincena Fiscal número 1 y 2, 2010.

GOÑI RODRÍGUEZ DE ALMEIDA, M.: «La extinción parcial de comunidad», *Revista Crítica de Derecho Inmobiliario* número 734, 2012.

GUERRA REGUERA, M: «La disolución de comunidades de bienes con exceso de adjudicación compensado en el Impuesto sobre Transmisiones Patrimoniales y Actos Jurídicos Documentados», Quincena Fiscal número 4, 2017.

GUERRA REGUERA, M: «Consecuencias fiscales de la extinción de una comunidad de bienes», Tirant lo Blanch, Valencia, 2016.

GUTIÉRREZ BENGOECHEA, M.: «Fiscalidad de las comunidades de bienes por Operaciones Societarias», Gaceta Fiscal número 343, 2014.

GUTIÉRREZ MORENO, A.: «Excesos de adjudicación en partición de herencias: ¿AJD?».

Disponible en www.notariosyregistradores.com/web/secciones/fiscal/articulos-fiscal/excesos-de-adjudicacion-en-particion-de-herencias-ajd/

JUÁREZ GONZÁLEZ, J. M.: «A vueltas con las extinciones de condominio: Estado de la cuestión a la vista de la jurisprudencia y doctrina administrativa reciente. Posible incidencia de los valores de referencia».

Disponible en www.notariosyregistradores.com/web/secciones/fiscal/articulos-fiscal/ extinciones-de-condominio-estado-de-la-cuestion/

JUÁREZ GONZÁLEZ, J. M.: «La tributación en el ITP y AJD de las disoluciones de comunidades».

Disponible en www.notariosyregistradores.com/web/secciones/fiscal/articulos-fiscal/la-tributacion-en-el-itp-y-ajd-de-las-disoluciones-de-comu nidad/

KLAUS JOCHEN, A. D.: «El contrato de extinción parcial de la comunidad de bienes, ¿un embrollo jurídico? Comentario a la RDGSJyFP de 20 de diciembre de 2022», Cuadernos Civitas de Jurisprudencia Civil número 123/2013.

LALAGUNA HOLZWARTH, M: «La comunidad societaria en el Derecho Tributario».

Disponible en www.educacion.gob.es/teseo/imprimirFicheroTesis.do?idFichero =iQJwsRX1TcU%3D

LOZANO SERRANO, C.: «Excesos de adjudicación derivados de disolución de la sociedad conyugal», Jurisprudencia Tributaria Aranzadi número 299, 2001.

LUCHENA MOZO, G. M.: «Fiscalidad de la extinción de la comunidad de bienes en el Impuesto sobre Transmisiones Patrimoniales y Actos Jurídicos Documentados y en el Impuesto sobre el Incremento del Valor de los Terrenos de Naturaleza Urbana», Quincena Fiscal número 19, 2016.

MACARRO OSUNA, J. M.: «Implicaciones tributarias de la extinción del régimen económico-matrimonial y las comunidades de bienes», Quincena Fiscal número 9, 2023.

MARTÍNEZ LAFUENTE, A.: «Aspectos tributarios de la constitución y extinción de las comunidades de bienes», Carta Tributaria (Revista de opinión) número 33, 2017.

MARTÍNEZ LAFUENTE, A.: «Las comunidades de bienes no son sujetos de la cuota gradual del Impuesto sobre Actos Jurídicos Documentados».

Disponible en www.notariosyregistradores.com/web/secciones/fiscal/articulos-fiscal/las-comunidades-de-bienes-no-son-sujetos-en-ajd/

MENÉNDEZ HERNÁNDEZ, J.: «Aspectos controvertidos de algunos beneficios fiscales contenidos en el nuevo RITP», Revista de Información Fiscal número 20, 1997.

MORENO SERRANO, B.: «Impuestos. Incremento de Valor de los Terrenos de Naturaleza Urbana. Exceso de adjudicación. La extinción del condominio y la plusvalía», La Administración Práctica número 1, 2015.

MUGURUZA ARRESE, J. y GARCÍA ROSS, J. J.: «La tributación de los excesos de adjudicación resultantes de la liquidación de la sociedad de gananciales», *Jurisprudencia Tributaria* número 4, 2006.

MUÑOZ DEL CASTILLO, J. L., VILLARÍN LAGOS, M. y DE PABLO VARONA, C.: «*Comentarios al impuesto sobre transmisiones patrimoniales y actos jurídicos documentados*» (2.ª edición), Civitas, Madrid, 2008.

NAVARRO DÍAZ, R.: «Fiscalidad de las comunidades de bienes» en «Comunidad de bienes» (Coordinadora: REYES LÓPEZ, M. J.), 2.ª Edición, Tirant lo Blanch, Valencia, 2021.

ORÓN MORATAL, G.: «La extinción de condominio y sus efectos fiscales», Quincena Fiscal número 10, 2023.

PÉREZ DE ONTIVEROS BAQUERO, C.: «La división de la comunidad de bienes y exclusión de la acción de división», Aranzadi, Cizur Menor, 2014.

PÉREZ-FADÓN MARTÍNEZ, J. J.: «Gravamen por IVA o por ITP y AJD. Extinción de comunidades de bienes», Carta Tributaria (Revista de opinión) número 62, 2020.

PÉREZ-FADÓN MARTÍNEZ, J. J.: «Disolución de las comunidades de bienes», Carta Tributaria (Revista de opinión) número 27, 2017.

PONT MESTRES, M.: «Tratamiento tributario de las comunidades de bienes», Asociación de Asesores Fiscales, Madrid, 1975.

POVEDA DÍAZ, A.: «El nuevo tratamiento fiscal de las extinciones de condominio».

Disponible en www.notariosyregistradores.com/web/secciones/fiscal/articulos-fiscal/tratamiento-fiscal-extinciones-condominio/

REYES LÓPEZ, M. J.: «La acción de división en la comunidad de bienes: Análisis de los arts. 400 a 406 CC» en «Comunidad de bienes» (Coordinadora: REYES LÓPEZ, M. J.), 2.ª Edición, Tirant lo Blanch, Valencia, 2021.

RUBIO PILARTE, I.: «La extinción de condominios en el ITP y AJD. Comentario a la STS de 9 de julio de 2019», *Forum Fiscal: La revista tributaria de Álava, Bizkaia y Gipuzkoa* número 257, 2019.

RUIBAL PEREIRA, L.: «Tratamiento fiscal de las comunidades de bienes», Revista de Derecho Financiero y Hacienda Pública número 239, 1996.

SALCEDO BENAVENTE, J. M.: «Y se hizo la luz… Tributos abre la mano y alivia la fiscalidad de la extinción de condominio».

Disponible en www.hayderecho.com/2022/01/19/y-se-hizo-la-luz-tributos-abre-la-mano-y-alivia-la-fiscalidad-de-la-extincion-de-condominio/

SÁNCHEZ MANZANO, J. D.: «Notas críticas en torno a la doctrina administrativa sobre la ubicación de las comunidades de bienes y sociedades civiles en el marco de la imposición sobre la renta», Quincena Fiscal número 5, 2019.

SANMARTÍN MARIÑAS, J.: «La tributación de la extinción de los condominios».

Disponible en www.elnotario.es/index.php/hemeroteca/revista-77/practica-juridica/8361-la-tributacion-de-la-extincion-de-los-proindivisos

SERNA BLANCO, L.: «La tributación en actos jurídicos documentados, documento notarial, cuota variable de operaciones inmobiliarias no sujetas a IVA y su relación con la disolución de comunidades sobre bienes inmuebles», Quincena Fiscal número 16, 2015.

SERNA BLANCO, L.: «La tributación de la extinción del condominio en los impuestos indirectos», *Forum Fiscal: La revista tributaria de Álava, Bizkaia y Gipuzkoa* número 203, 2014.

SIMÓN ACOSTA, E.: «El concepto de "actividad empresarial" a efectos de considerar sujeta al Impuesto sobre Operaciones Societarias la constitución de una comunidad de bienes», Jurisprudencia Tributaria Aranzadi número 13, 2000.

SOLÉ RESINA, J.: «Régimen de la división» en «División de la comunidad de bienes» (Directora: GETE-ALONSO Y CALERA, M. C.), Atelier, Barcelona, 2012.

VÁZQUEZ MORENO, J. M.: «El criterio de la DGT sobre las disoluciones de comunidad en TPO y AJD a la luz de la doctrina y la jurisprudencia», Revista jurídica del Notariado número 112, 2021.

VERDESOTO GÓMEZ, M. «El Impuesto sobre Transmisiones Patrimoniales y Actos Jurídicos Documentados: Aspectos relacionados con la familia», *Quincena Fiscal* número 22, 2011.

TOVILLAS MORÁN, J. M.: «La no exigencia de impuesto sobre transmisiones patrimoniales onerosas en las disoluciones de comunidades de bienes», Quincena Fiscal número 6, 2005.

ZEJALBO MARTÍN, J.: «Tributación de la extinción parcial de comunidad».

Disponible en www.notariosyregistradores.com/ACTUALIDAD%20FISCAL/ CASOS-CONCRETOS/2013-disolucion-parcial-comunidad.htm

ZEJALBO MARTÍN, J.: «Tributación en ITP de la llamada extinción parcial de comunidad».

Disponible en www.notariosyregistradores.com/ACTUALIDAD%20FISCAL/ articulos/2012-extincion-parcial-comunidad.htm

ZUMAQUERO GIL, L.: «División de la cosa común para crear una nueva situación de condominio», Revista de Derecho Patrimonial número 25, 2010.